# DIE GESCHICHTE DER DEUTSCHEN IN AFRIKA

© 2013 Fackelträger Verlag GmbH, Köln
Emil-Hoffmann-Straße 1
D-50996 Köln
Alle Rechte vorbehalten

Satz und Gestaltung: e.s.n Agentur für Produktion und Werbung GmbH
Gesamtherstellung VEMAG Verlags- und Medien AG, Köln

ISBN 978-3-7716-4534-2

www.fackelträger-verlag.de

Alexander Emmerich

# DIE GESCHICHTE DER DEUTSCHEN IN AFRIKA

Von 1600 bis in die Gegenwart

| | |
|---|---|
| EINLEITUNG | 14 |
| | |
| **1. ERSTE KOLONISIERUNGS-** | |
| **VERSUCHE** | 26 |
| | |
| Neu-Kurland und Fort Jacob | 33 |
| | |
| Groß Friedrichsburg | 37 |
| *Die Gründung von Groß Friedrichsburg* | 43 |
| *Niedergang und Ende der Kolonie* | 49 |

| | |
|---|---|
| **2. DEUTSCHE ENTDECKER UND FORSCHER** | 54 |
| Heinrich Barth | 59 |
| Robert Koch | 66 |
| Gerhard Rohlfs | 69 |
| Gustav Nachtigal | 73 |
| Eduard Schnitzer – Emin Pascha, der Herr von Äquatoria | 75 |

| | |
|---|---|
| **3. DIE DEUTSCHEN KOLONIEN IN AFRIKA** | 84 |
| Deutsch-Südwestafrika | 96 |
| *Aus Lüderitzland wird Deutsch-Südwestafrika* | 100 |
| *Siedlungsversuche* | 103 |
| *Unruhen und erste Aufstände* | 105 |
| *Technik und Verkehr* | 113 |
| *Der Aufstand der Herero* | 118 |
| *Der Aufstand der Nama* | 133 |
| | |
| Deutsch-Westafrika | 137 |
| *Deutsche Kolonie Kamerun* | 141 |
| *Unruhen in Kamerun* | 146 |
| *Deutsche Kolonie Togoland* | 151 |
| *Die Kolonialfunkstelle in Togo* | 156 |
| | |
| Deutsch-Ostafrika | 164 |
| *Deutsche Schulen* | 171 |
| *Die Aufstände der Küstenbevölkerung und der Hehe* | 175 |
| *Die Brüder Denhardt und das Wituland* | 188 |
| *Der Uganda-Vertrag* | 189 |
| *Der Maji-Maji-Krieg* | 194 |

| | |
|---|---|
| **4. DER VERLUST DER KOLONIEN** | **202** |
| Der erste Weltkrieg in den deutschen Kolonien | 206 |
| *Togo* | 207 |
| *Kamerun* | 213 |
| *Deutsch-Südwestafrika* | 219 |
| *Deutsch-Ostafrika* | 225 |
| Der Versailler Vertrag und das Ende des deutschen Kolonialreiches | 230 |
| Reaktionen auf den Verlust der Kolonien | 234 |

| | |
|---|---|
| **5. KOLONIALE BEWEGUNG OHNE KOLONIEN** | **238** |
| Die koloniale Bewegung in der Weimarer Republik | 242 |
| Die NSDAP und Afrika | 247 |
| Der Zweite Weltkrieg in Nordafrika | 250 |

| | |
|---|---|
| **6. DEKOLONISATION UND TOURISMUS** | **264** |
| Die Rückforderungen der Herero an die Bundesrepublik | 273 |
| Auf Safari in Afrika | 277 |
| Afrikanistik | 286 |
| Deutsche Spuren in Afrika | 289 |
| AUSBLICK | 294 |
| Literatur | 304 |
| Liste der Gouverneure in den deutschen Kolonien in Afrika | 306 |
| Die preußischen Könige und deutschen Kaiser | 306 |
| Die Reichskanzler des deutschen Kaiserreiches | 307 |
| Register | 308 |
| Bildnachweis | 312 |

# EINLEITUNG

Nur wenige Erdteile und Kulturen scheinen von Deutschland aus ähnlich weit entfernt zu sein wie Afrika. Vieles ist dort anders als in unseren Breitengraden: Die Sonne steht zu Mittag im Norden, die Menschen fürchten eher die Hitze als die Kälte, der Sternenhimmel ist ein anderer, für Tiere scheint Afrika das Paradies zu sein – und für die Menschen die Hölle. Beinahe täglich erfahren wir aus unseren Medien von Armut, Hunger, Krankheiten, Kriegen, Katastrophen und Diktaturen in Afrika.

Auf den ersten Blick mag der Titel dieses Buches daher verwundern. Manch einer wird sich fragen, was die Geschichte Deutschlands mit der Geschichte Afrikas zu tun hat. Daher ist es nicht verwunderlich, dass die meisten kurz und knapp auf diese Frage antworten würden: Deutschland hat eigentlich nur sehr wenig mit Afrika zu tun! Dem ein oder anderen mögen die deutschen Kolonien Deutsch-Südwestafrika oder Deutsch-Ostafrika einfallen. Wieder andere könnten „Rommel, den Wüstenfuchs" erwähnen. Immerhin wurde er durch die Kämpfe in Nordafrika während des Zweiten Weltkrieges zu einem Mythos in Deutschland stilisiert. Denkt man weiter über das Verhältnis von Deutschland zu Afrika nach, mag einem der „Sarotti-Mohr" einfallen, die „Afri-Cola" oder generell die fast vergessenen Kolonialwarenläden mit ihren exotischen Produkten: Bananen, Tabak und Kaffee mögen heute Alltagsprodukte sein, doch ihre

„Jenseits von Afrika":
Der Safari-Tourismus in den ehemaligen Kolonien boomt – auch in Deutschland (links)

# EINLEITUNG

Mythos Afrika:
Der deutsche Getränkehersteller Mineralbrunnen AG trat in den 30er Jahren mit seiner „Afri-Cola" gegen die amerikanische Konkurrenz an.

Geschichte ist eng mit den deutschen Kolonien beziehungsweise mit dem kolonialen Handel verbunden.

Wieder andere denken an einen Safari-Urlaub, an Elefantenherden oder eine Löwenfamilie im Schatten einer Schirmakazie. Der weißgelbe Sand der Sahara erweckt Erinnerungen an Abenteuer und Entdeckungen, man denkt an die Romane aus der Feder Karl Mays. Die rötliche Umgebung Namibias – angeheizt durch Werbekampagnen der Tourismusindustrie – lädt hingegen zu romantischen Urlauben unter der Sonne Afrikas ein.

Einige mögen im Alltag ständig auf Afrika stoßen, ohne dass sie es bewusst wahrnehmen. Denn viele Plätze, Straßen und Örtlichkeiten sind nach deutschen Afrikaforschern und Entdeckern benannt, die Afrika bereisten, oder tragen gar den Namen einer afrikanischen Person oder eines afrikanischen Landes. Auch die im deutschen Sprachraum allmählich in Vergessenheit geratene Floskel „hier geht es zu wie bei den Hottentotten" hat seinen Ursprung in Zusammenhang mit Afrika. Wobei der Ausdruck „Hottentotten" ein abfällig und negativ konnotierter Begriff für die Nama ist, die im heutigen Namibia, dem damaligen Deutsch-Südwestafrika, leben. Nicht zu übersehen sind natürlich die drei Jahrzehnte Kolonialherrschaft des Deutschen Reiches, die jedoch nur von kurzer Dauer war, vergleicht man sie mit den Kolonialreiches Frankreichs und Englands. Gerade in diesen beiden Ländern ist der Einfluss der afrikanischen Kultur heute weitaus größer, da ihre Kolonialherrschaft bis weit in die zweite Hälfte des 20. Jahrhunderts andauerte.

Das Straßenschild in Swakopmund, Namibia, erinnert an Otto von Bismarck, den ersten Reichskanzler des Deutschen Reichs.
Die evangelisch-lutherische Felsenkirche (rechts) auf dem felsigen Diamantberg gilt als das Wahrzeichen der Lüderitzbucht, Namibia.

# EINLEITUNG

Unser Bild von Afrika ist auch geprägt von der humanitären Katastrophe durch Hunger und Kriege.

All das zeigt, dass es eine Verbindung zwischen Deutschland und dem Kontinent Afrika gibt, die vielleicht nicht besonders bewusst wahrgenommen wird, aber dennoch weiterhin ihren Einfluss auf unseren Alltag in der Gegenwart hat. Und von genau dieser Verbindung ist unsere heutige Vorstellung von Afrika geprägt.

Einerseits benutzen wir weiterhin Stereotypen und Klischees, die bereits im 19. Jahrhundert vorhanden waren, andererseits haben sich durch die Auseinandersetzung mit dem afrikanischen Kontinent neue Bilder und Erfahrungen hinzugefügt.

Wenn wir den Namen des Kontinents hören, fallen uns bestimmte Bilder ein. Wir assoziieren fremde Landschaften und Kulturen, Sprachen, von denen wir nicht das Mindeste verstehen, wilde Tiere, Wüsten, Dschungel, Steppen und Savannen. Ebenso fallen uns exotische Düfte und Gewürze ein, fröhliche Gesänge und unerforschte Orte. Gerade diese Vorstellung von Exotik prägte das Bild Afrikas seit der frühen Neuzeit und galt gemeinhin als attraktiv.

Mittlerweile gibt es aber auch andere, wirklichkeitsgetreuere Bilder, die uns Fotoreportagen, das Fernsehen und das Internet näher gebracht haben – wie zum Beispiel die große Hungersnot in Äthiopien Anfang der 1980er Jahre. Daher verbinden wir heute mit Afrika auch Hungersnöte, Wasserknappheit, Unterentwicklung, Guerillakriege und Diktaturen. Nicht zuletzt versucht man, den Rassismus

Beliebte Touristenmotive: Steppenzebras (links oben) leben bevorzugt in kleinen Herden und ernähren sich hauptsächlich von Gräsern. Ein schlafendes Löwenrudel (links unten) im Massai Mara Naturschutzgebiet, Kenia.

21

# EINLEITUNG

Die trockene Salz-Ton-Pfanne („Vlei") der Namibsand-Düne Sossusvlei im Namib-Naukluft Nationalpark.

europäischer Kolonialherren, der aus einem Überlegenheitsdenken heraus entstand, und der dazu führte, dass die Europäer den Kontinent unter sich aufteilten und beherrschten, zu relativieren.

Dennoch bleiben die Traumbilder von Afrika bestehen. Im Grunde kam sogar der Traum von der Zivilisationsflucht im Laufe der letzten Jahrzehnte hinzu. Je weiter die Zivilisation, die Globalisierung und die Technologie fortschreiten, umso mehr wünschen sich viele ein einfaches Leben in Einklang mit der Natur zurück. Diese Vorstellung wird häufig auf Afrika projiziert. Hinzu kommen bisweilen Abenteuerlust und Entdeckertriebe, die schon in der Vergangenheit immer wieder Menschen dazu veranlassten, nach Afrika zu reisen.

Doch woher stammt eigentlich das Wort „Afrika", mit dem wir so viel verbinden? Schon immer war klar, dass sich südlich des Mittelmeeres ein weites Land erstreckte, das in seiner Gegebenheit und Größe unbekannt war. Doch woher kam der Name? Blickt man zu-

# EINLEITUNG

rück in die römische Antike, so bezeichneten die Menschen damals mit dem lateinischen Wort „Africa" lediglich das Gebiet der gleichnamigen römischen Provinz, das sich weitgehend mit dem heutigen Tunesien deckt. Der restliche Teil Nordafrikas bis hin zum Nil war als Provinz „Lybia" bekannt, wovon der heutige Name des Staates Libyen abgeleitet ist. Wahrscheinlich ist der Name „Africa" von einem Stamm in Nordafrika abgeleitet worden. Verbreitet hat ihn der römische Senator, Feldherr und Eroberer Karthagos Publius Cornelius Scipio, der aufgrund seiner militärischen Verdienste den Beinamen Africanus erhielt. Andere Theorien besagen, dass der Ausdruck „Afrika" dem phönizischen Wort „afar" „Staub", dem griechischen aphrike „unkalt", dem lateinischen aprica „sonnig" oder dem lateinischen Wort Afer „Punier" entstammt. Unbestritten ist, dass in Afrika die „Wiege der Menschheit" steht. Von dort hat sich der Mensch über die Erde ausgebreitet.

Obwohl Afrika bereits seit der Antike im Bewusstsein der Europäer verankert war, wuchs das Interesse an diesem Kontinent nur langsam. Ab dem 17. Jahrhundert verschlug es nur einzelne Handelsunternehmen, wenige Entdecker und Militaristen nach Afrika. Doch im 19. Jahrhundert änderte sich dies zunehmend. Zu Beginn dieses Jahrhunderts war 10% des Kontinents unter europäischer Kontrolle, um 1900 war er nahezu unter den Europäern aufgeteilt. Vor allem als Ende der 1870er Jahre in Europa eine Wirtschaftskrise um sich griff, geriet Afrika als Absatzmarkt in das Interessensfeld der europäischen Mächte. Der zuvor existente „informelle" Imperialismus, gekennzeichnet durch wirtschaftliche und militärische Überlegenheit, veränderte sich in einen direkten „Imperialismus", der sich dadurch

Folge der Kolonialherrschaft: Die Apartheid in Südafrika begann Anfang des 20. Jahrhunderts in Folge der selbsterklärten Vorherrschaft der „weißen" europäisch-stämmigen Bevölkerungsgruppe. Zwischen 1940 und 1980 wurde die rassistisch motivierte Rassentrennung durch unmissverständliche Regeln und Verbote auf Schildern zur Trennung im öffentlichen Raum erreicht.

# EINLEITUNG

Der deutsche Reichskanzler Otto von Bismarck (1815-1898) sprach sich anfangs noch gegen deutsche Kolonien aus.

definierte, dass sich die europäischen Kolonialmächte direkt in die Angelegenheiten Afrikas einmischten. Jedweder Versuch dies zu verhindern, wie beispielsweise die in Berlin abgehaltene Kongokonferenz, scheiterte. Der Umgang der Europäer mit Afrika war ein Fieberthermometer, das das Weltmachtstreben der einzelnen Staaten nur allzu deutlich zeigte.

In diesem Zuge versuchte auch das Deutsche Kaiserreich, sich seinen „Platz an der Sonne" zu sichern. Nachdem sich Reichskanzler Otto von Bismarck lange Zeit gegen deutsche Kolonien aussprach, betrat schließlich auch das Deutsche Reich Anfang der 1880er Jahre die Weltbühne. Das deutsche Kolonialreich in Afrika blieb jedoch ein vergleichsweise kurzes Intermezzo und wurde durch den Versailler Vertrag nach dem Ende des Ersten Weltkrieges beendet. Kulturell jedoch überdauerten die deutschen Vorstellungen von Afrika, die sich in der Literatur, Musik und auch in der Populärkultur niederschlugen. Einflüsse des gesamten Afrika-Diskurses sind bis in die Gegenwart hinein zu spüren.

Doch auch die anderen europäischen Kolonialmächte, allen voran England, Frankreich und die Niederlande, verloren in Folge des Zweiten Weltkrieges ihren Kolonialbesitz sukzessive. Heute sind die afrikanischen Staaten in ihre Unabhängigkeit entlassen und die Dekolonisierung gilt als abgeschlossen.

Ein Blick in europäische Großstädte zeigt allerdings, dass das Beziehungsverhältnis zwischen ehemaligen Kolonien und Mutterland in keiner Weise beendet ist. Nach London zieht es nach wie vor Menschen aus den ehemaligen Kolonien, vor allem aus Indien oder Pakistan; das gleiche ist für Paris zu beobachten. Auch dort leben viele Menschen aus den ehemaligen Kolonien und bringen ihre Kultur und ihre Traditionen mit nach Europa. Der Austausch geht also weiter und lässt eine Gesellschaft entstehen, die in der Kulturwissenschaft als postkolonial bezeichnet wird.

# EINLEITUNG

Ende des 19. Jahrhunderts wurden die deutschen Kolonien und Schutzgebiete vom Deutschen Kaiserreich erworben und 1918, nach dem Ersten Weltkrieg, in Folge des Versailler Vertrags von 1919 verloren. Nach dem britischen, französischen und russischen Weltreich galten die deutschen Schutzgebiete 1914 als viertgrößtes Kolonialreich.

Untersucht man die Geschichte der Deutschen in Afrika, so ist ebenso ein weiterer Punkt zu beachten. Genauso wenig wie es die „Indianer" gibt, existieren die „Afrikaner". Beide Begriffe umschreiben lediglich die eurozentrische Sichtweise auf viele Völker und Menschen eines fremden Kontinents. Sie sind eine begriffliche Klammer, die es den Europäern vor allem sprachlich erleichtert, über die fremde Welt zu sprechen. Den Menschen und Völkern Afrikas wird man so allerdings nicht gerecht. Mit dieser eurozentrischen Sichtweise wurden – vor allem im Zeitalter des Kolonialismus – Städte gebaut, Grenzen gezogen und Staaten gebildet, ohne Rücksicht auf die tatsächlichen Verbindungen der einzelnen Völker zu nehmen. Für einen Europäer waren die Menschen eben alle „Afrikaner". Noch heute führen vor allem die Grenzbildungen in Afrika zu schlimmen Konflikten, deren Ende nicht absehbar ist, deren Anfänge aber in einer willkürlichen Kolonialpolitik der europäischen Mächte liegen. Vor diesem Hintergrund lässt sich die koloniale Zeit auch heute noch deutlich in Afrika spüren.

ERSTE KOLONISIERUNGSVERSUCHE

# ERSTE KOLONISIERUNGSVERSUCHE

Lange vor der Kolonialherrschaft durch das Deutsche Reich interessierten sich die Deutschen bereits für Afrika. In der sogenannten „Frühen Neuzeit" zwischen den Jahren 1500 und 1800 blickten Erforscher, Entdecker, Natur- und Geisteswissenschaftler in fremde Welten, versuchten die Erde zu vermessen und zu kartografieren. Wagemutige Entdecker bereisten unbekannte Gebiete, was nicht selten zur Folge hatte, dass diese neuen Gebiete schnell kolonisiert wurden. Getrieben von Abenteuerlust und Forschergeist zogen sie in die Ferne an exotische Orte, machten Aufzeichnungen und brachten diese zurück nach Deutschland. Dort lösten sie zum Teil ganze Begeisterungsstürme für die fremden Welten aus.

Dabei umfasste die „Frühe Neuzeit" in Europa einen vielschichtigen Übergang von der Feudalgesellschaft des Mittelalters bis hin zu einer modernen Industriegesellschaft. Während dieses Übergangs wurden Absatzmärkte in fremden Ländern genauso wichtig, wie koloniale Rohstoffe und Güter, die man in der Heimat für einen teuren Preis verkaufen konnte. So schufen Kolonien und Schutzgebiete die Grundlagen für den Reichtum Europas, von dem die Europäer heute noch zehren.

In dieser Phase des Aufbruchs in Europa richtete sich auch das Augenmerk der Deutschen auf Übersee und in Richtung Afrika. Durch die staatliche Zerstückelung kam es jedoch zu keiner gemeinsamen Initiative, überseeische Besitztümer für

Forschungsreisen europäischer Naturwissenschaftler weckten das Interesse an exotischen Welten.

# ERSTE KOLONISIERUNGSVERSUCHE

## DEUTSCHLAND VOM 17. BIS ZUM 19. JAHRHUNDERT

Die Menschen Deutschlands waren durchaus an den Entdeckungen der Frühen Neuzeit beteiligt. Doch Deutschland selbst trat als Staat dabei nicht auf. Anders als England, Frankreich oder die Niederlande war Deutschland keine Seefahrernation – und im Grunde gab es Deutschland, im heutigen Sinne, noch nicht einmal. Anders als im Zentralstaat Frankreich mit Paris als Hauptstadt, Regierungssitz und Mittelpunkt des kulturellen und wirtschaftlichen Lebens oder in England mit London als Hauptstadt eines Weltreiches, war Deutschland schon immer ein föderatives Konstrukt, das in unterschiedliche, zahlreiche Länder und Regionen mit verschiedenen Zentren der Macht, Politik, Kultur und Gesellschaft unterteilt war. Bereits im Mittelalter wanderte das Zentrum des Reiches mit den Dynastien und Herrschern, die an der Macht waren, von einem Ort zum anderen. Der Kaiser selbst war stets unterwegs und hatte im Grunde genommen keinen festen Sitz. Oft musste er auf seinen Reisen der Hausmacht eines verbündeten Fürsten vertrauen oder Umwege in Kauf nehmen, wenn ihm Feinde aus dem eigenen Land im Weg standen.

Ohnehin kam er nur durch Wahl der Kurfürsten an die Macht und nur in den seltensten Fällen durch die Weitergabe der Macht von Vater zum Sohn.

Dabei waren die mittelalterlichen Kaiser auch nie die absoluten Herrscher eines geeinten Reiches, wie es oft in der populären Vorstellung umschrieben wird, die machtvoll einen Zentralstaat verwalteten, wie einst die römischen Kaiser der Antike. Die Kaiser des Mittelalters und der frühen Neuzeit waren auf ihre Vasallen angewiesen, die oftmals eine stärkere Hausmacht besaßen als sie selbst. Die ohnehin nicht besonders ausgeprägte Zentralgewalt des Kaisers zerfiel im Spätmittelalter zusehend, während die Macht der deutschen Fürsten, vor allem die der Kurfürsten, stetig zunahm und den Föderalismus in Deutschland unterstrich.

So entwickelte sich die sogenannte deutsche „Kleinstaaterei". Bald glich die Landkarte der deutschsprachigen Gebiete einem Flickenteppich aus hunderten weltlichen und geistlichen Besitztümern auf sogenanntem „deutschem Boden".

Der aus der französischen Revolution hervorgegangene, selbstgekrönte Kaiser Napoleon Bonaparte führte 1806 schließlich den Zusammenbruch dieses alten Reiches herbei und ließ eine Flurbereinigung auf dem deutschen Gebiet durchführen, in der die meisten geistlichen Gebiete und Freien Reichsstädte an die umliegenden Herrschaftsbereiche angeschlossen wurden. Dennoch blieb der deutsche Flickenteppich von Bestand – wenn auch in etwas „aufgeräumter" Verfassung. An ihrem französischen Besatzer rieben sich die deutschen Fürsten. Progressive Kräfte waren zudem begeistert von der Idee eines vereinten und starken Nationalstaates – nicht zuletzt vor dem Hintergrund, dass die vereinten deutschen Länder gemeinsam Napoleon besiegen könnten.

Selbst über die napoleonische Zeit hinaus brodelte es um die Idee und Verwirklichung eines deutschen Nationalstaates. Die Diskussion um die Einheit Deutschlands bestimmte weite Teile der Politik des 19. Jahrhunderts. Hinzu kamen die Forderungen nach Demokratie, Bürgerrechten und einer Verfassung für ein vereintes Deutsch-

# ERSTE KOLONISIERUNGSVERSUCHE

Der Zug auf das Schloss Hambach am 27. Mai 1832 (links). Die viertätige Protestveranstaltung mit etwa 30.000 Menschen gilt noch heute als Sinnbild der Demokratie in ganz Deutschland.

Barrikadenszene auf dem Berliner Alexanderplatz während der Märzrevolution 1848.

land. Diese Forderungen breiteten sich zunehmend vom deutschen Südwesten aus und erstreckten sich bald über den deutschen Flickenteppich. Schließlich mündeten sie in die Märzrevolution von 1848 und die Gründung des Deutschen Kaiserreiches 1871. Die Kleinstaaterei sollte damit ein Ende haben, der Föderalismus aber blieb bis in die Gegenwart bestehen.

Weite Teile des 19. Jahrhunderts waren zudem von dem Dualismus zwischen Österreich und Preußen geprägt. Die alte Macht der Habsburger rang mit dem aufstrebenden Preußen, das aus der Mark Brandenburg hervorging. Diese Rivalität stand einem deutschen Kolonialreich im Wege. Zu sehr waren die Deutschen damit beschäftigt, den eigenen Nationalstaat zu verwirklichen. An ein Kolonialreich war nicht zu denken. Diese Anstrengung wäre nur möglich gewesen, wenn Deutschland – oder zumindest Preußen und Österreich – gemeinsame Sache gemacht hätten. Doch beide Mächte konzentrierten sich mehr darauf, die Vormachtstellung zu erhalten, während die kleineren Staaten sich bemühten, ihre Positionen zu behaupten. Erst die Reichseinigungskriege in den 1860er Jahren, in denen Österreich seine Vormachtstellung verlor, und schließlich die Reichsgründung von 1871 schufen eine Einheit, die sich als ein geeintes Deutschland betrachten konnte. Erst nachdem dies erreicht war, konnte sich die deutsche Nation Kolonien aneignen. Kolonialrevisionisten würden sagen, dass man es immerhin zum viertgrößten Kolonialreich weltweit brachte – wenngleich dies nur von kurzer Dauer und finanziell ein Misserfolg war.

# ERSTE KOLONISIERUNGSVERSUCHE

Am 31. Dezember 1682 ergreift Major Friedrich von der Groeben Besitz von der Küste Guinea.

die deutsche Wirtschaft zu benutzen. Vereinzelt reisten Kaufleute und Abenteurer jedoch auf den Schiffen der Engländer und vor allem der Niederländer mit um die Welt.

Den vorkolonialen Anfang machte schließlich das Herzogtum Kurland. Mit diesen zaghaften Versuchen begann die deutsche Kolonisierung Afrikas. Im Jahr 1651 richtete das kleine Kurland in Afrika eine Festung mit dem Namen Fort Jacob am Gambia-Fluss ein, die jedoch nur von kurzer Dauer war, aber den Beginn der kolonialen Bemühungen Deutschlands markierte. Bald entstand auch ein zweiter Stützpunkt, die Festung Groß Friedrichsburg. Beide Bestrebungen setzten in deutschen Köpfen den Gedanken frei, dass überseeischer Besitz möglich sei. Auch wenn beide nur von kurzer Dauer waren, bildeten sie die Grundlage für ein weiteres Streben nach Kolonien und sie begründeten eine kulturelle Tradition. Fortan spielte Afrika in der deutschen Kultur eine Rolle.

# ERSTE KOLONISIERUNGSVERSUCHE

## NEU-KURLAND UND FORT JACOB

Die deutsche Kolonialgeschichte und damit auch das Verhältnis von Deutschland zu Afrika begannen mit einer Kolonie des kleinen Herzogtums Kurland und Semgallen, das gerade einmal 200.000 Einwohner zählte. Kurland lag im heutigen Lettland und bestand aus einem deutschen Bildungsbürgertum und lettischen Bauern. Die Deutschen waren zudem reiche, wohl situierte Kaufleute und Reeder. Unter der Regierung von Jakob Kettler erreichte das kleine Herzogtum Kurland um die Mitte des 17. Jahrhunderts einen enormen Aufschwung und letztlich einigen Wohlstand.

Als Herzog Jakob Kettler 1645 Luise Charlotte von Brandenburg, die älteste Tochter des Kurfürsten Georg Wilhelm von Brandenburg, heiratete, erlebte das Kurland einen enormen Aufschwung, der nicht nur auf die Mitgift zurückzuführen war. Von Ehrgeiz getrieben plante Jakob Kettler Großes. Auf seinen Reisen durch Westeuropa konnte er die Aufbruchsstimmung vielerorts erleben. Die Europäer zog es in die weite Welt hinaus. Handelsbeziehungen wurden nicht mehr nur mit den direkten Nachbarn geschlossen, sondern auch mit anderen europäischen Mächten. Vor allem der Schiffsbau profitierte davon und bildete zugleich die Grundlage für den internationalen Handel.

Große Werften entstanden in den Hafenstädten Europas, die zugleich mächtig anwuchsen. Dies hatte der Herzog beobachtet und wollte ein Teil davon werden. Daher baute er sein Handelssystem aus und trieb aktiv Handel mit vielen europäischen Staaten, die weit entfernt von Kurland lagen.

Jakob Kettler wurde in seinen Unternehmungen von der holländischen Westindien-Kompanie inspiriert. Seine Heirat mit Luise Charlotte von Brandenburg brachte zudem den einzigartigen Vorteil, dass er von ihren Erfahrungen profitieren konnte, da sie als Anteilseignerin der holländischen Westindien-Kompanie 212 Siedler, Abenteurer und Entdecker nach Tobago geschickt hatte, um dort eine Kolonie zu gründen. Die-

Porträt des deutschen Herzogs Jakob Kettler (1610-1682), der von 1642 bis zu seinem Tod über das Kurland herrschte.

# ERSTE KOLONISIERUNGSVERSUCHE

se erste brandenburgische Kolonie war jedoch ein Fehlschlag. Man geriet einerseits mit den Einheimischen, andererseits mit den Spaniern in Konflikt. Auf diesen Erfahrungen aufbauend beabsichtigte Jacob Kettler Handelsniederlassungen in fremden Regionen zu errichten, um so vom internationalen Handel zu profitieren. Hierfür brauchte er in allererster Linie eine hochseetaugliche Flotte. Zu diesem Zweck bestellte er bei niederländischen und deutschen Werften Schiffe für sein Vorhaben.

Das Abenteuer Afrika begann für Jakob Kettler und das Kurland im Jahre 1649, als er die ersten beiden herzoglich kurländischen Schiffe *Walfisch* und *Krokodil* auf eine wagemutige Handelsexpedition zur Westküste Afrikas entsandte. Das oberste Ziel dieser Unternehmung war, einen Handelsstützpunkt auf der strategisch günstig gelegenen Insel St. Andrews Island 20 Meilen flussaufwärts im Gambia-Fluss zu begründen.

Was für das kleine Kurland wie Größenwahn klang, gelang dem Herzog. Die Kurländer erreichten die Westküste Afrikas und tauften den vorgegebenen Ort auf den Namen Sankt Andreas. Dies war der Beginn der neu-kurländischen Besiedlung. Sobald die Kurländer ihr Ziel erreicht hatten, wurde unverzüglich mit dem Bau einer Festung begonnen, die in Anlehnung an Jakob Kettler auf den Namen Fort Jacob getauft wurde.

Vom Erfolg dieser Gründung angetrieben dachte Kettler über weitere

Die kaiserlichen Kriegsschiffe bei einer Parade.

# ERSTE KOLONISIERUNGSVERSUCHE

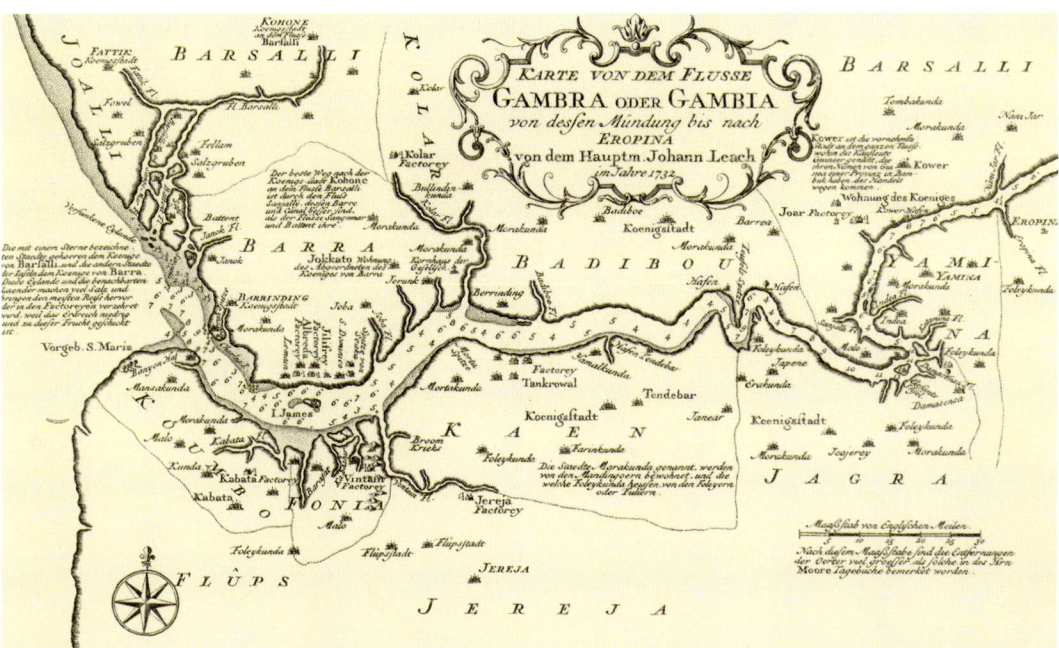

Landkarte (nach 1732) des Gambia-Flusses in Westafrika.

Kolonialprojekte nach. Er entsandte Schiffe nach Island und auf die Faröer-Inseln, und plante letztlich den Jahre zuvor geplatzten brandenburgischen Traum, eine Kolonie auf Tobago zu erreichen, wiederzubeleben. Doch trotz großer Bemühungen scheiterte dieser Versuch an den Einheimischen sowie den Spaniern, die das Gebiet alleine kontrollieren wollten.

Doch als sich die machtpolitischen Verhältnisse im baltischen Raum änderten, verlor das aufstrebende Kurland an Macht und Einfluss. Schweden interessierte sich bereits seit dem Ende des Dreißigjährigen Krieges für die Gebiete jenseits der Ostsee und marschierte im Jahr 1655 in Kurland ein. In der Folge entstand der zweite Nordische Krieg, in dessen Verlauf auch Jakob Kettler zwei Jahre in Gefangenschaft geriet.

Dieser europäische Konflikt hatte auch seine Auswirkungen auf Neu-Kurland am Gambia-Fluss. 1661 wurde das Fort von den Engländern belagert und erobert. Die Insel wurde in James Island nach dem Duke of York umbenannt. Die Insel blieb zwar in den Händen der Europäer, dennoch wechselte sie zwischen den verschiedenen Kolonialmächten und war sowohl britischer, wie auch französischer und holländischer Besitz. Damit war der kurländische Kolonialismus zu Ende. Der Traum von Herzog Jakob Kettler war geplatzt.

Die Insel jedoch, die er zum Zentrum seiner kurländischen Kolonie in Afrika machen wollte, behielt weiterhin politische, wirtschaftliche und geostrategische Bedeutung. Jede Macht, die die Insel anschließend kontrollierte, herrschte auch

# ERSTE KOLONISIERUNGSVERSUCHE

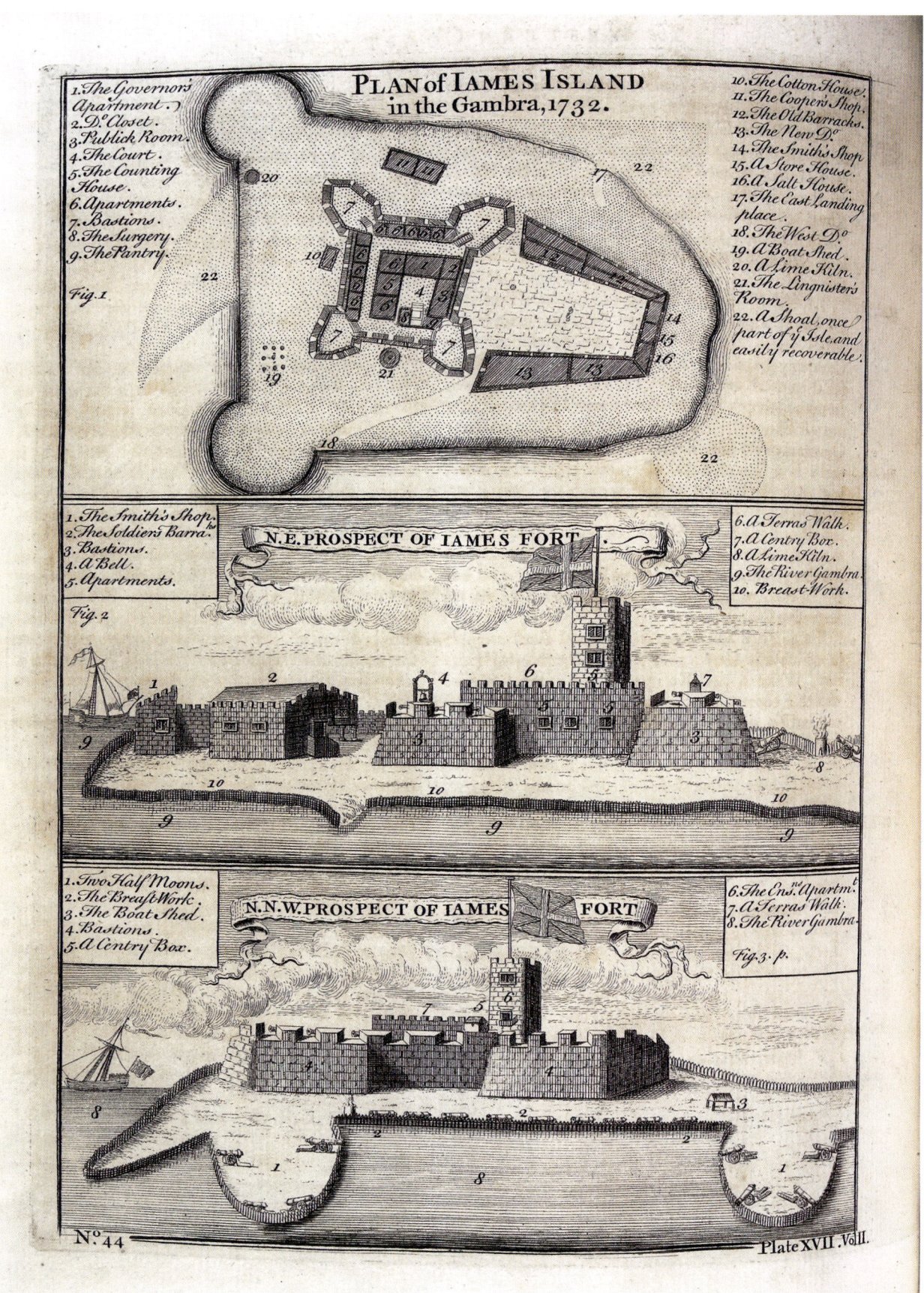

Plan des Fort James auf der St. James Island im Gambia-Fluss. Die Festung wurde 1651 durch Herzog Jakob Kettler als kurländische Handelsstation gebaut.

# ERSTE KOLONISIERUNGSVERSUCHE

am Gambia-Fluss. Dies bedeutete zugleich die Kontrolle über den Sklavenhandel in der Region sowie den Handel mit Edelmetallen, Pfeffer und Elfenbein. Zudem war das Gebiet in Westafrika ein bedeutender Standort für den Dreieckshandel zwischen Mittelamerika, Afrika und Europa. Erst nach 1783 ließen die einzelnen Mächte von der Insel und ihrer Festung ab, nachdem sie andere Handelsstationen in Westafrika errichtet hatten.

## GROSS FRIEDRICHSBURG

Die europäischen Entdeckungsreisen des 16. und frühen 17. Jahrhunderts führten fast zwangsweise zu einer Vergrößerung der Sicht auf die für Europäer bekannte Welt. Immer weiter drangen sie vor und entdeckten weitere Länder und Regionen. Zwar blieb diese Sichtweise stets eurozentrisch, dennoch nahmen die absolutistischen Herrscher deutlich wahr, dass die Welt größer war als

Ruinen des Fort James um 1920 (links). Nachdem 1807 ein Gesetz den Sklavenhandel im britischen Empire verabschiedete, wurden die Kanonen (rechts) vor allem zur Vereitelung des illegalen Menschentransports eingesetzt. 2011 wurde die Insel offiziell in Kunta Kinteh Island umbenannt.

Die Insel, die im heutigen Gambia liegt, trägt seit 2011 wieder ihren afrikanischen Namen. James Island wurde in Kunta Kinteh Island umbenannt. Acht Jahre zuvor wurde die Insel mit verschiedenen anderen Festungen entlang der westafrikanischen Küste zum UNESCO-Weltkulturerbe ernannt. Die Festung, die auf der Insel lag, ist heute zum größten Teil zerstört. Lediglich ein paar Mauerreste sind im Zentrum der Insel erhalten geblieben.

bisher gedacht. Diese Feststellung weckte Ambitionen und Visionen, das eigene Herrschaftsgebiet zu erweitern. Vor allem England, das bislang nur eine Randrolle im europäischen Geschehen spielte, rückte durch seine Atlantikhäfen in den Mittelpunkt des Weltgeschehens.

Ein weiterer Hintergrund für den Kolonialerwerb der europäischen Mächte im 17. Jahrhundert waren die ständigen Finanznöte, die durch

# ERSTE KOLONISIERUNGSVERSUCHE

Kriege, Hof, Beamtentum und Hungersnöte verursacht worden waren. Die merkantilistische Wirtschaftspolitik der absolutistischen Staaten wollte mit dem Außenhandel seine Kassen auffüllen. Hierfür lieferte die Seemacht der Niederlande das allseits bewunderte Vorbild.

Es dauerte nicht lange, bis auch der nächste deutsche Staat einen erneuten Siedlungsversuch unternahm. Dieses Mal gingen die Aktivitäten von der jungen, aufstrebenden Macht Brandenburg-Preußen aus. Doch wenige Jahre bevor es dazu kam, war das Land noch weit davon entfernt, über eine hochseetaugliche Flotte zu verfügen. 1675 verfügte Brandenburg praktisch über keine hochseetaugliche Kriegsflotte. Der schwedisch-brandenburgische Krieg zwang die Brandenburger jedoch zum Umdenken. Hilfe kam von den Niederländern, als sich der holländische Kaufmann und Reeder Benjamin Raule anbot, Brandenburg mit seinen Schiffen zu unterstützen. Daraufhin gelang es den Brandenburgern gemeinsam mit Raules Fregatten, 21 schwedische Schiffe zu kapern und letztlich den Sieg gegen Schweden zu erringen. Dieser Erfolg stärkte das Brandenburg-preußische Selbstbewusstsein und machte eine eigene, schlagkräftige Flotte notwendig. Raule erhielt daher den Auftrag, die kurbrandenburgische Marine weiter auszubauen und eine hochseetüchtige Flotte zu erstellen. Ab 1680 wurden

Entscheidend für den Besitz von Kolonien war eine hochseetaugliche Flotte. Abfahrt einer Kriegsflotte. Ölgemälde, von 1647.

# ERSTE KOLONISIERUNGSVERSUCHE

Die alte Börse und der Hafen von Königsberg, Ostpreußen (heute Kaliningrad, Russland). Foto, ca. 1890-1900.

in Pillau, dem befestigten Hafen von Königsberg, die brandenburgischen Schiffe gefertigt.

Die Erfolge gegen Schweden im Rücken ermutigten den brandenburgischen Kurfürsten Friedrich Wilhelm umso mehr. Er wollte nun nicht nur eine brandenburgische Flotte, er beabsichtigte diese auch einzusetzen. Eine Rolle spielten dabei Erinnerungen an seine Studienzeit in Leiden. Dort hatte er mit eigenen Augen gesehen, zu welchem Reichtum die Niederlande durch ihren Überseehandel gekommen waren. Für ihn stand nun fest: Er wollte ein eigenes Kolonialreich mit einem eigenen Überseehandel und einer schlagkräftigen Hochseeflotte, um Brandenburg zu einem reichen Land zu machen.

Doch die Vision des Kurfürsten war nicht leicht in die Tat umzusetzen. So verfügte die brandenburgische Marine im Jahr 1680 über genau 28 Schiffe. Verglichen mit der niederländischen Flotte, der größten Flotte der damaligen Zeit, von 16.000 Schiffen erschien die brandenburgische Marine klein und bedeutungslos.

Alleine das Vorhaben des Kurfürsten weckte Ängste und Befürchtungen vor einer instabilen Situation in Europa. Die anderen Mächte hegten Neid und Besorgnis. Insbesondere Holland fürchtete sich vor den brandenburgisch-preußischen Ambitionen. Ebenso erging es Frankreich. Und der Habsburger Kaiser Leopold I. war davon überzeugt, dass er keine neue Seefahrernation an der Ostsee wünschte.

ERSTE KOLONISIERUNGSVERSUCHE

# GESCHICHTE BRANDENBURG-PREUSSENS

Verglichen mit dem mächtigsten deutschen Staat und späteren Rivalen Österreich war Preußen verhältnismäßig jung. Zwar ging es direkt auf das alte Kurfürstentum Brandenburg zurück und spielte daher auch schon im Mittelalter eine bedeutende Rolle als Kurfürstentum. Das Königreich Preußen als solches war jedoch ein junger Staat der frühen Neuzeit.

Als „Preußen" bezeichnete man ursprünglich nur das eigentliche Herzogtum Preußen, das etwa dem heutigen Ostpreußen entspricht. Bereits als es noch „Mark Brandenburg" hieß, versuchte der sogenannte „Große Kurfürst" Friedrich Wilhelm, Kolonien zu erwerben, um das Großmachtdenken nach außen hin zu demonstrieren. Um sich mit dem Herzog von Sachsen gleichzustellen, der in Personalunion König von Polen war, krönte sich sein Sohn, Kurfürst Friedrich III. von Brandenburg, am 18. Januar 1701 selbst zu Friedrich I., König Preußen. Doch Preußen wurde in dieser Zeit von seinen Nachbarländern nicht als eigenständige Großmacht ernst genommen. Erst sein Enkel Friedrich II., der Große, der in der Thronfolge der Kurfürsten von Brandenburg als Friedrich IV. geführt wurde und im Volksmund der „Alte Fritz" genannt wird, schaffte es, durch seine Eroberungen und die erste polnische Teilung im Jahr 1772, den Titel „König von Preußen" zu erhalten. Danach wurde die Bezeichnung „Königreich Preußen" zunehmend auf den gesamten Brandenburgischen Staat ausgeweitet. Zunächst sprach man von „Brandenburg-Preußen", bald aber nur noch von „Preußen".

Im Siebenjährigen Krieg, der von 1756 bis 1763 dauerte und in seiner ganzen Komplexität auf mehreren Kontinenten ausgetragen wurde, schaffte es Preußen zudem, sich gemeinsam mit England gegen das Bündnis aus Österreich, Russland und Frankreich durchzusetzen. Nach Kriegsende war Preußen als Großmacht nicht mehr von der europäischen Landkarte wegzudenken. Der bereits mit den beiden Schlesischen Kriegen (1740-42 und 1744/45) beginnende Dualismus zwischen Österreich und Preußen innerhalb des Reiches wurde durch den Siebenjährigen Krieg verschärft und bestimmte letztlich die innerdeutsche Politik bis zum Ende des 19. Jahrhunderts, als sich Preußen schließlich auch gegen Österreich im Deutschen Krieg durchsetzen konnte.

Friedrich I., König von Preußen.

ERSTE KOLONISIERUNGSVERSUCHE

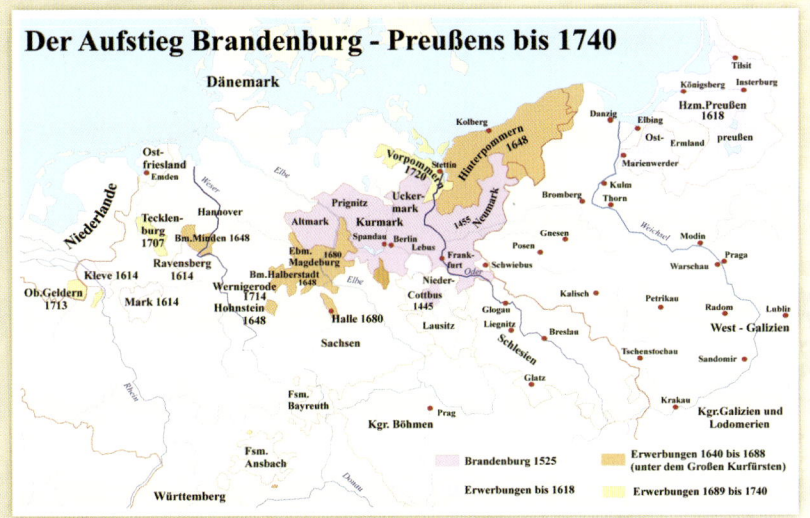

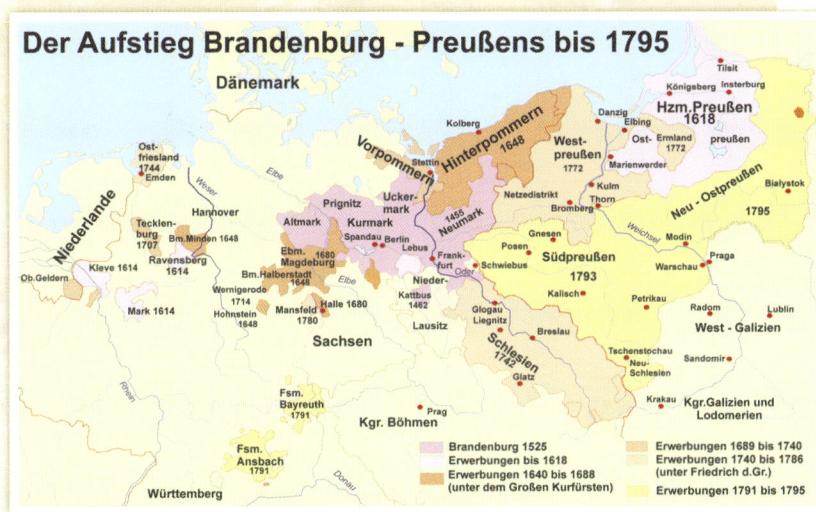

Die Karten veranschaulichen den Aufstieg des Kurfürstentums Brandenburg-Preußen von 1740 bis 1795.

Friedrich Wilhelm von Seydlitz (unten) in der Schlacht bei Roßbach am 5. November 1757. Preußen siegte über die Franzosen und die Reichsarmee.

Nach Österreich war Preußen auch das flächenmäßig zweitgrößte Land in Deutschland, was ebenfalls seine Ansprüche als Großmacht unterstrich. Doch der preußische Staat lag weit entfernt von den Zentren der Macht und der freien Reichsstadt Frankfurt am Main, wo traditionell die Königswahl der Kurfürsten im Mittelalter stattfand. Preußen lag dagegen weit im Nordosten des Deutschen Bundes und erstreckte sich dennoch, da Preußen auch Besitztümer in Westfalen hatte, über weite Teile Norddeutschlands bis hin zum Rhein.

# ERSTE KOLONISIERUNGSVERSUCHE

Doch die Stimmen der anderen europäischen Mächte konnten Kurfürst Friedrich Wilhelm keinesfalls von seinem Plan abbringen. Er bastelte weiter an seinem Kolonialreich. Hierfür legte der ehrgeizige Raule einen Plan vor. Demzufolge sollte Brandenburg an der westafrikanischen Goldküste mehrere befestigte Stützpunkte anlegen, wie es auch die anderen europäischen Seemächte zuvor getan hatten. Raule wurde im Zuge dessen zum brandenburgischen Marine-Generaldirektor erhoben. Um Friedrich Wilhelm die Entscheidung zu erleichtern, schlug Raule vor, dass der Kurfürst lediglich die Besatzung der Schiffe und seine Flagge zur Verfügung stellen sollte. Die Kosten und das restliche Risiko würde der holländische Reeder selbst tragen.

Im September 1680 stach letztlich eine Handelsexpedition bestehend aus zwei Schiffen unter der Führung der Fregatte *Morian* und ihrem Kapitän Philipp Pietersen Blonck vom Königsberger Hafen Pillau aus in See. Ihr Ziel war die westafrikanische Küste. Um ihren Auftrag zu erfüllen, verlor die Flotte die Wappen von Brandenburg an die Holländer.

An der afrikanischen Küste, am sogenannten Kap der drei Spitzen, angekommen, gelang es den beiden Schiffsoffizieren Jakob van der Bleke und Isaak van de Geer im Mai 1681, ein Freundschafts- und Handelsabkommen mit drei Ahanta-Anführern zu schließen. Der Vertrag sah vor, dass die Brandenburger innerhalb der nächsten 12 Monate eine befestigte Anlage auf dem Gebiet der Ahanta errichten durften. Diese sollte als Handelsstützpunkt und zugleich als Verteidigung gegen Piraten und andere europäische Mächte dienen. Die in diesem Gebiet ansässigen Afrikaner verpflichteten sich durch diesen Vertrag, ihre Waren ausschließlich den Brandenburgern anzubieten.

Zurück am brandenburgischen Hof war die Freude im August 1681

Die kurbrandenburgische Flotte mit der Fregatte *Chur Prinz von Brandenburg* im 17. Jh.

Des Großen Kurfürsten Fregatte „Kurprinz".

Die Fregatte, mit 30 Kanonen armiert, lief am 12. Juli 1682 mit der Fregatte „Moriahn" von der Elbe aus in See. Am 1. Januar 1683 wurde die große kurfürstlich-brandenburgische Flagge an Bord des „Kurprinz" auf Groß-Friedrichsburg gehißt.

# ERSTE KOLONISIERUNGSVERSUCHE

Der Leuchtturm von Pillau, Ostpreußen (heute Baltijsk, Russische Föderation) mit Sicht auf das Denkmal des „Großen Kurfürsten" Friedrich Wilhelm von Brandenburg, der nach 1635 die Seestadt zum Kriegshafen der ersten brandenburgisch-preußischen Marine aufbaute.

über diese Neuigkeit groß, als die Expedition den Vertrag mit den Ahanta feierlich präsentierte. Der Zusammenstoß mit den Niederländern und der Verlust der Wappen von Brandenburg trübte die ausgelassene Stimmung nicht. Durch diesen Erfolg war Kurfürst Friedrich Wilhelm nun vollends überzeugt und entschlossen, das Projekt fortzusetzen. Die nächsten zwei Schritte waren in der Euphorie schnell getan. Zunächst erteilte der Kurfürst den Auftrag für eine zweite Expedition, die das Gründungsvorhaben durchführen sollte. Darüber hinaus verkündete er mit dem „Edict wegen Octroyierung der aufzurichtenden Handelscompagnie auf denen Küsten von Guinea", eine brandenburgisch-afrikanischen Handelsgesellschaft zu gründen.

**Die Gründung von Groß Friedrichsburg**

Es dauerte fast ein Jahr, bis die zweite Expedition vorbereitet war. Am 12. Juli 1682 brach sie schließlich vom dänischen Glückstadt aus in Richtung des Kaps der drei Spitzen auf. Die Expedition stand unter dem Kommando von Major Otto Friedrich von der Groeben und bestand aus den Fregatten *Morian*, die von Kapitän Philipp Blonck befehligt wurde, und *Chur Prinz von Brandenburg*, die dem Befehl von Kapitän Mattheus de Voß unterstand. Gemeinsam segelten sie nun an die westafrikanische Goldküste, um dort die erste brandenburgisch-preußische Kolonie zu gründen.

Zu diesem Zwecke hatte der Kurfürst die Expedition folgendermaßen ausgestattet: Auf die Reise

# ERSTE KOLONISIERUNGSVERSUCHE

## BRANDENBURGISCH-AFRIKANISCHE-COMPAGNIE

Die Brandenburgisch-Afrikanische Compagnie (BAC) wurde im Beisein des Kurfürsten Friedrich Wilhelm, Benjamin Raules sowie mehreren Kaufleuten am 17. März 1682 in Berlin gegründet. Sie hatte zum Zweck, den Überseehandel mit Westafrika zu betreiben, wodurch Brandenburg-Preußen am Dreieckshandel dieser Zeitepoche zwischen Europa, Afrika und Amerika teilnehmen konnte. Das schloss auch den Handel mit Sklaven ein. Die Gesellschaft hatte ihren Sitz zuerst in Königsberg. Später wurde dieser nach Pillau verlegt. Aufgrund des leichteren Zugangs zum Atlantik über einen Nordseehafen zog der Sitz der Brandenburgisch-Afrikanischen Kompanie letztlich am 22. April 1683 nach Emden.

Die BAC galt gemeinhin als erste deutsche Aktiengesellschaft. Jeder, der Aktien im Wert von 200 Talern besaß, war Teilhaber der Gesellschaft und ab einer Einlage von 1000 Talern war man stimmberechtigt. Allen Angestellten der Handelsgesellschaft war es verboten, in überseeischen Gebieten Handel auf eigene Faust zu betreiben.

Die Gesellschaft wurde mit einem Grundkapital von 50.000 Reichstalern ausgestattet und erhielt für 30 Jahre das brandenburgische Monopol auf den Handel mit Pfeffer, Elfenbein, Gold und Sklaven in Westafrika. Darüber hinaus besaß sie die Befugnis, eigene Festungen und Stützpunkte anlegen zu dürfen. Kurfürst Friedrich Wilhelm gewährte der Gesellschaft zudem das Recht, in seinem Namen eigene Verträge mit der afrikanischen Bevölkerung zu schließen. Letztlich wurde der Gesellschaft gestattet, eine eigene Gerichtsbarkeit führen, eigenes Militär unterhalten und im Notfall eigene Verteidigungskriege in Übersee führen zu dürfen. Im Ausland wurde die BAC durch den Kurfürsten vertreten.

Als nächstes stellte sich die Frage nach dem Stammhafen der BAC. Die verschiedenen Ostseehäfen, allen voran Pillau, waren aus den unterschiedlichsten Gründen nicht für das Vorhaben geeignet. Im Winter waren Teile der Ostsee gefroren und schwer beschiffbar. Dies würde den Handel ungemein erschweren. Außerdem war die BAC

# ERSTE KOLONISIERUNGSVERSUCHE

somit immer dem Risiko ausgesetzt, dass Dänemark jederzeit den Öresund sperren könnte, wodurch die brandenburgischen Schiffe den Ostseeraum nicht verlassen könnten. Daher war es nur logisch und konsequent, dass die BAC einen Nordseehafen als ihren Stammhafen wählte. Der Kurfürst entschied sich für Emden, da der dortige Hafen als einer der besten Europas galt.

Die Expedition an die Westküste Afrikas verlief ohne weiteren Zwischenfall, so dass die Brandenburger am 1. Januar 1683 ihren ersten Stützpunkt, die Festung Groß Friedrichsburg, errichten konnten. Die Kolonie erhielt den gleichen Namen. Sie umfasste einen 50 Kilometer langen Küstenstreifen in Ghana sowie die Festungen Fort Dorothea, Fort Louise sowie den Stützpunkt Taccarary, der 1687 an die Holländer fiel.

Doch der gewünschte Erfolg stellte sich nicht ein. Anstelle des erhofften Gewinns verschlang die Kolonie erhielt Unmengen an Geld. Darüber hinaus schadeten die Kaufleute der Kompanie selbst, indem sie eigenständig Handel betrieben und anfällig für Korruption waren. Letztlich war die Flotte der BAC verglichen mit denen der anderen europäischen Mächte viel zu klein, um der Konkurrenz standhalten zu können. Immer wieder kam es auf hoher See zu Scharmützeln, in deren Folge Brandenburg mehr und mehr Schiffe verlor. Im Jahr 1692 blieb der BAC nichts anderes übrig, als den Bankrott zu erklären.

Der Kurfürst reagierte und ließ durch ein Edikt 1692 die BAC in die „brandenburgisch-africanischamericanische Compagnie" (BAAC) umstrukturieren. Diese neue Gesellschaft ähnelte ihrer Vorgängerin und sollte einmal mehr durch den Dreieckshandel Waren und Gelder nach Brandenburg bringen. Doch die Misere hielt an. Unter den Teilhaber kamen Streitigkeiten über die Ausrichtung der Handelskompanie auf, Korruptionsvorwürfe wurden laut, und nicht zuletzt litt die BAAC unter den Angriffen von Piraten oder den europäischen Konkurrenten. Im Jahre 1700 war die brandenburgische Flotte von einst 34 Schiffen im Jahr 1684 auf ein Drittel geschrumpft:. Sie zählte nur noch 11 Schiffe. Dies hatte zur Folge, dass die Stützpunkte Brandenburgs nicht mehr ausreichend versorgt werden konnten.

Friedrich I., Sohn des Kurfürsten und der spätere König in Preußen, besaß zudem nicht die gleiche Leidenschaft für ein Kolonialreich wie sein Vater. 1688 kam er nach dessen Tod an die Macht in Preußen-Brandenburg und führte 1711 die Handelskompanie schließlich wieder in den staatlichen Besitz über – ohne dass die Teilhaber der BAAC protestierten.

Der Handel mit Elfenbein, Sklaven und Rohstoffen waren Gründe zum Erwerb von Kolonien:
Elfenbeinhandel (links oben) im Kongo, ca. 1904. Eine Sklavenkolonne (links unten), der der schottische Missionar und Afrikaforscher David Livingstone begegnete, ca. 1860. Drei Stängel mit reifenden Früchten des schwarzen Pfeffers (Piper nigrum).

# ERSTE KOLONISIERUNGSVERSUCHE

hatte er zwei Festungsbauingenieure, einen militärischen Leiter sowie 40 Soldaten, die beiden Schiffsbesatzungen und zahlreiche Arbeiter mitgenommen. Sie sollten die Vision des großen brandenburgischen Kurfürsten verwirklichen.

Am 31. Dezember 1682 ergreift Major Otto Friedrich von der Groeben im Namen des Kurfürsten Friedrich Wilhelm von Brandenburg Besitz von der Küste Guinea.

Auf ihrem Weg nach Afrika kam es glücklicherweise zu keinem Zwischenfall mit einer anderen Seemacht oder gar mit Piraten, so dass Fracht und Menschen wohlbehalten in Afrika eintrafen. Lediglich drei Soldaten und zwei Matrosen gingen durch den rauen Seegang über Bord und fanden den Tod. Dies blieben jedoch die einzigen Verluste auf der Reise von Europa nach Afrika, wo die Expedition Ende Dezember 1682 eintraf.

Kurz nach Weihnachten, am 27. Dezember 1682, war es schließlich soweit: Die Expedition erreichte das Kap der drei Spitzen, ihr vorgegebenes Ziel. Otto Friedrich von der Groeben betrat erstmals afrikanischen Boden. War die Fahrt auf hoher See verhältnismäßig angenehm gewesen, kam es gleich nach der Landung zu einem ersten Zwischenfall mit den Niederländern, so dass die Brandenburger gezwungen waren, die Segel wieder zu setzen und das Weite zu suchen. Doch ihren Plan änderten sie nicht. Nahezu unbeeindruckt segelten die Brandenburger nur einige Meilen weiter und fanden in der Nähe der heutigen Stadt Princess Town in Ghana einen geeigneten Standort für ihre zukünftige Festung. Hier gingen sie vor Anker und betraten erneut das Land. Hinter der Küste vermuteten sie unzählige Schätze, vor allem Elfenbein, das weiße Gold. Darauf hatten sie es abgesehen. Es sollte die Kassen Brandenburgs füllen.

## ERSTE KOLONISIERUNGSVERSUCHE

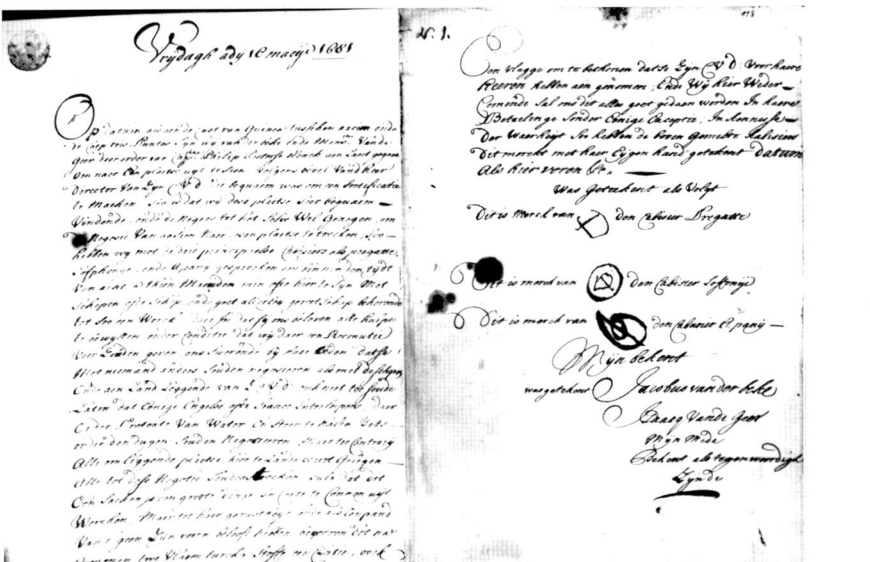
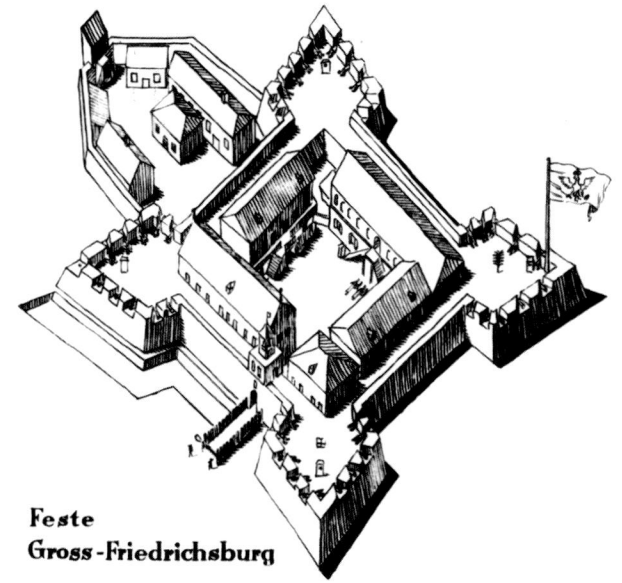

Feste Gross-Friedrichsburg

Der Freundschafts- und Handelsvertrag (links) zwischen den beiden Schiffsoffizieren Jakob van der Bleke und Isaak van de Geer sowie drei Ahanta-Häuptlingen, erlaubte den Brandenburgern, eine Niederlassung und ein Fort auf dem Territorium der Ahanta zu errichten. Die Zeichnung zeigt das Fort Groß Friedrichsburg in Guinea, das 1682 gegründet wurde.

Das Unternehmen des Kurfürsten Friedrich Wilhelm wurde am 1. Januar 1683 feierlich in Szene gesetzt. Diese zweite Expedition gründete nach ihrer Landung die Festung Groß Friedrichsburg. Tags zuvor hatten die Brandenburger mit Hilfe der friedlich gesinnten Afrikaner, die nunmehr ihre Verbündeten waren, mehrere Kanonen auf einen Hügel gezogen. Am Neujahrstag schließlich wurde eine feierliche Zeremonie abgehalten, deren Höhepunkt die Hissung der brandenburgischen Flagge auf dem Hügel war, der ursprünglich Manfro hieß, von den Brandenburger aber auf Großer Friedrichsberg umbenannt wurde.

Von der Groeben schrieb über die Gründung in seiner „Guineischen Reisebeschreibung" aus dem Jahr 1694: „Den ersten Januarii, Anno 1683, brachte Capitain Voß die grosse Churfürstliche Brandenburgische Flagge vom Schiffe, die ich mit Pauken und Schallmeyen aufgeholet, mit allen im Gewehr stehenden Soldaten empfangen, und einem hohen Flaggen-Stock aufziehen lassen, dabey mit 5 scharf geladenen Stücken das Neue Jahr geschossen, denen jedes Schiff mit 5 geantwortet, und ich wieder mit drey bedancket. Und weil Sr. Churfl. Durchl. Nahme in aller Welt Groß ist, also nennete ich auch den Berg: Den Grossen Friedrichs-Berg." Es darf darüber spekuliert werden, ob Otto Friedrich von der Groeben die Kolonie nicht auch nach seinem eigenen, zweiten Vornamen benannte. Nichtsdestotrotz taufte er das Fort und die gesamten Kolonie Groß Friedrichsburg.

In seiner Reisebeschreibung schilderte er auch weitere Teile der Zeremonie: „Indessen berief ich meine Offiziere nebst den zween

## ERSTE KOLONISIERUNGSVERSUCHE

Häuptlingen zu mir ins Zelt, gab ihnen mein Vornehmen abermals zu verstehen und begehrte, mich ihrer Treue durch einen Eid zu versichern. Worauf sie antworteten, dass ich daran nicht zu zweifeln brauchte, dafern ich mit ihnen Fetische saufen wollte, daß wir es gleichfalls treu mit ihnen meinten, sie nie verlassen und wider ihre Feinde verteidgten wollten. Da ichs eingewilligt, ward eine Schale mit Branntwein hergebracht und mit Schießpulver durchgerühret. Daraus musste ich die unangenehme Gesundheit anfangen, die beiden Häuptlinge folgten mir nach und beschmierten mit dem Rest den gemeinen Schwarzen die Zunge, damit sie auch getreu bleiben möchten." Vier Tage später wurde der 1681 geschlossene Vertrag zwischen Brandenburg und den Ahanta erneuert, weil zwei der damaligen Unterzeichner in einem Stammeskrieg gefallen waren. Dieser Vertrag regelte vor allem die Verpflichtungen der Afrikaner gegenüber den Kolonialherren. Sie sollten die Festung schützen, ausschließlich mit den Brandenburgern Handel betreiben, Frondienste übernehmen und die Siedler in ihr Gebiet lassen. Im Gegenzug erhielten sie von den Brandenburgern militärischen Schutz vor Angriffen benachbarter und verfeindeter Stämme.

Die Brandenburger begannen sofort mit dem Bau der Festung, hatten sie doch Baumaterialien und Pläne bereits aus Berlin mitgebracht. Ihr Grundriss war ganz daraufhin ausgelegt, sich sowohl gegen das Landesinnere wie auch gegen einen Angriff von Meer her verteidigen zu können. Der Innenhof bot Platz für mehrere zweigeschossige Gebäude, in denen bis zu 90 Personen Unterkunft finden konnten. Zudem dienten die Räumlichkeiten als Sklavengefängnisse sowie als Stauraum für Kolonialwaren.

Im Fort befand sich sowohl ein Glockenturm als auch das Haus des Kommandanten der Festung, der zugleich die Stellung eines Gouverneurs der brandenburgischen Besitztümer in Afrika einnahm. Die Besatzung von Groß Friedrichsburg bestand zunächst aus den 40 Soldaten, die ebenfalls auf der Expedition mit nach Afrika gekommen waren.

Während des Baus griff jedoch ein Fieber um sich, das die brandenburgische Besatzung stark dezimierte. Die beiden Bauleiter starben, von den 40 Soldaten waren zeitweise lediglich 5 einsetzbar. Auch von der Groeben erkrankte, er überstand das Fieber aber und kehrte im Sommer 1683 zurück nach Deutschland. Nach ihm wurde der Kapitän der *Morian*, Philipp Pietersen Blonck, neuer Kommandant von Fort Groß Friedrichsburg. Der Gründung des Forts folgten in den Jahren 1683 bis 1685 weitere Festungsbauten an der afrika-

# ERSTE KOLONISIERUNGSVERSUCHE

Das 1. Preußische Bataillon der Leibgarde in der Schlacht von Kolin am 18. Juni 1757. Die kriegerische Auseinandersetzung zwischen Preußen und Österreich bedeutet die erste Niederlage für den preußischen König Friedrich II. im Siebenjähriger Krieg (1756-1763).

nischen Küste. All diese weiteren Festungen standen unter dem Oberbefehl Groß Friedrichsburgs. Doch der Einflussbereich der Brandenburger blieb auf die unmittelbare Küstenregion beschränkt. Sie schafften es nicht, weiter ins Landesinnere vorzudringen.

Das lag vor allem an den ständigen Überfällen der Niederländer und feindlichen Afrikaner. Besonders die Seemacht der Niederlande kaperte unzählige brandenburgische Schiffe.

Trotz aller Schwierigkeiten blühte der Handel mit Sklaven und kolonialen Produkten in den folgenden Jahren auf. Gerade der Sklavenhandel machte es für Brandenburg notwendig, auch in der Karibik einen Außenposten zu etablieren. Daher schloss Raule mit der dänischen Westindien-Kompanie einen Vertrag über die Pacht der Antilleninsel St. Thomas.

## Niedergang und Ende der Kolonie

Die Blüte der Kolonie hielt nur kurze Zeit an, und dauerte im Grun-

## ERSTE KOLONISIERUNGSVERSUCHE

Blick vom Landesinneren auf die Stadt und den Hafen von Charlotte Amalie auf der Südseite der Insel St. Thomas. Foto von 1887.

de genommen gerade einmal ein Jahrzehnt. Ab dem Jahr 1695 setzte ein allmählicher Niedergang ein, der zum Teil selbstverschuldet war.

Brandenburg-Preußen verfügte nicht über die finanziellen Mittel und die militärische Ausstattung, um sein kleines Kolonialreich aufrecht zu erhalten. Kurfürst Friedrich Wilhelm war zwar nach wie vor von der Idee eines Kolonialreiches begeistert, doch fand er nur wenige Unterstützer, die seine Ansicht teilten. Bereits 1688 starb er und konnte seine Kolonien demnach nur wenige Jahre genießen. Ihm folgte sein Sohn Friedrich III. als Kurfürst, der von 1701 bis 1713 zum König in Preußen wurde.

Friedrich führte das Vorhaben seines Vaters weiter, obwohl er keinesfalls dessen Enthusiasmus für die Kolonie in Afrika teilte. Für Friedrich war es eine Frage des Respekts. Doch ohne die treibende Leidenschaft von oben war das Schicksal von Groß Friedrichsburg und den anderen Festungen besiegelt. Nach und nach verkam das Vorhaben. Die Flotte, die teilweise untätig

## ERSTE KOLONISIERUNGSVERSUCHE

vor Anker lag, hätte einer Reform bedurft und die Festungen in Afrika unterstützen sollen. Doch nichts geschah. Und so verfielen auch die Forts. Letztlich besaß nicht nur der König keine Begeisterung für die Kolonien, auch die Moral seiner Kolonialisten war gebrochen. 1711 erklärte Friedrich I. schließlich den Bankrott der Kolonie.

Das Schicksal von Groß Friedrichsburg besiegelte dann Friedrichs Sohn Friedrich Wilhelm I., der Preußen von 1713 bis 1740 als König regierte. Auch er konnte sich nicht für afrikanische Kolonien erwärmen. Im Gegenteil, er konzentrierte sich auf den Ausbau des preußischen Heeres und ließ in dieses Vorhaben alle übrigen finanziellen Mittel fließen. Zu diesem Zweck verkaufte er auch Groß Friedrichsburg und die umliegenden Festungen in den Staatsverträgen von 1717 und 1720 an die Konkurrenten der Niederländisch-Westindischen Kompagnie. So endete der brandenburg-preußische Kolonisierungsversuch nach etwa 35 Jahren.

Was in Preußen wie ein Verwaltungsakt klang, hatte für die Menschen in Afrika weitreichende Folgen: Spätestens seit der Bankrotterklärung war die Moral innerhalb von Groß Friedrichsburg gebrochen. Ohne die Unterstützung der Flotte konnten die Kolonisten die Festung nicht mehr lange hal-

Friedrich III., Kurfürst von Brandenburg, krönte sich am 18. Januar 1701 in Königsberg selbst zum König Friedrich I. von Preußen.

## ERSTE KOLONISIERUNGSVERSUCHE

ten. Zum eigenen Schutz entschlossen sich die Brandenburger daher für eine stärkere Zusammenarbeit mit den umliegenden Stämmen. Hierbei spielte ein afrikanischer Zwischenhändler mit Namen Jan Conny, teilweise auch Johannes Conrad genannt, eine gewichtige Rolle. Er hatte in den letzten Jahren weite Teile des umliegenden Hinterlands von Groß Friedrichsburg in seine Gewalt gebracht. Offensichtlich schien er so viel Macht zu besitzen, dass er politischen Druck auf den König in Preußen ausüben konnte. Auf Jan Connys Wunsch hin entließ Friedrich I. Generalgouverneur Frans de Lange und setzte 1710 Nicholas Dubois ein. Jener Dubois war es auch, der 1716 sich entschloss, den Schutz Groß Friedrichsburg vollständig Jan Conny zu übertragen. Danach kehrte er nach Preußen zurück.

Jan Conny war nun Herrscher über Groß Friedrichsburg und nutzte die Situation für seine Zwecke aus. Er führte Handel mit mehreren Nationen und ließ die Festung mit neuen Kanonen bestücken. Als der neue König aber die Kolonie an die Niederländisch-Westindischen Kompagnie verkaufte, weigerte sich Jan Conny, diesen Beschluss anzuerkennen. Er hatte schließlich die Macht über Groß Friedrichsburg vom letzten Generalgouverneur übertragen bekommen.

Die Niederländer pochten auf ihren Vertrag. Als Conny diesen weiterhin nicht akzeptierte, entsandten sie eine Flotte zur Festung. Die Afrikaner unter Jan Conny hielten den Angriffen zunächst stand. Es gelang ihnen, Groß Friedrichsburg bis 1724 zu verteidigen. Erst dann nahmen die Holländer die Festungen und die umliegenden Forts in ihren Besitz. Aus Groß Friedrichsburg wurde „Hollandia". Schon bald war die Festung für die Niederländer nur noch von geringem Interesse und sie geriet in Vergessenheit. 1815 wurde das Fort aufgegeben und ging 1872 in britischen Besitz über.

Die Geschichte vom Widerstand Jan Connys gegen die Übermacht der Holländer hallte jedoch bis ins Deutsche Reich. Dort hielt sich bis weit ins 19. Jahrhundert hinein die Geschichte eines „Negerkönigs", der aufopferungsvoll in seiner Treue zu Preußen mehrere Jahre den Holländern erbitterten Widerstand geleistet hat. Selbst nach der Aufgabe des Forts soll er mit der Brandenburgischen Flagge in den Urwald geflüchtet sein.

Heute sind nur noch Überreste von Groß Friedrichsburg erhalten. Die Hälfte der Außenmauern existiert nicht mehr, dafür ist das Haus des Gouverneurs noch recht gut erhalten. Seit 1979 gehört Groß Friedrichsburg zusammen mit insgesamt 35 anderen Festungen von ehemaligen Kolonialmächten entlang der Atlantikküste Ghanas zum Weltkulturerbe der UNESCO.

ERSTE KOLONISIERUNGSVERSUCHE

Landkarte von Afrika mit Deutschen Kolonien und Deutschem Reich im Größenvergleich, um 1910.

DEUTSCHE ENTDECKER UND FORSCHER

# DEUTSCHE ENTDECKER UND FORSCHER

Die Afrikaforscher (vorherige Doppelseite) der Expedition nach Zentralafrika 1850-54: v. li. James Richardson, Adolf Overweg, Heinrich Barth und Eduard Ludwig Vogel. Robert Koch (linke Seite) in seinem Laboratorium in Südafrika im Jahr 1896.

Afrika war den Europäern im 19. Jahrhundert zu großen Teilen nicht bekannt. Als sie sich die afrikanischen Länder einverleibten, waren die einzelnen Gebiete in ihrer Größe und Beschaffenheit oftmals unerforscht. Viele Regionen mussten erst durch mutige Forscher und Abenteurer für die Europäer entdeckt werden, während sie für die Afrikaner altbekannt waren. Nach der Entdeckung durch die Europäer wurden die neuen Gebiete vermessen und kartografiert, um letztlich verkehrstechnisch erschlossen zu werden. Dies geschah im 19. Jahrhundert zumeist mit der Eisenbahn und der Schifffahrt.

Doch was zunächst wie ein zivilisatorischer Auftrag klingt, brachte auch Schattenseiten mit nach Afrika. Die ehemals – aus europäischer Sicht – unberührte Wildnis erfuhr nun die Herrschaft der europäischen Mächte – nach europäischen Bräuchen, Sitten und Gesetzen. Missverständnisse waren vorprogrammiert. Handel, Landwirtschaft, Schulbildung und der Eisenbahnbau mögen von vielen als positives Geschenk betrachtet werden, die die Kolonialzeit mit sich brachte. Doch diesem Fortschritt standen Skandale und rassistische, willkürliche Gewaltherrschaft gegenüber.

Um 1900 hatten die Menschen jedoch noch nicht unseren heutigen Abstand, um über die Kolonialzeit entsprechend zu urteilen. Aus den unterschiedlichsten Gründen trieb es Abenteurer und neugierige Entdecker in dieser Zeit weit nach Afrika hinein.

# DEUTSCHE ENTDECKER UND FORSCHER

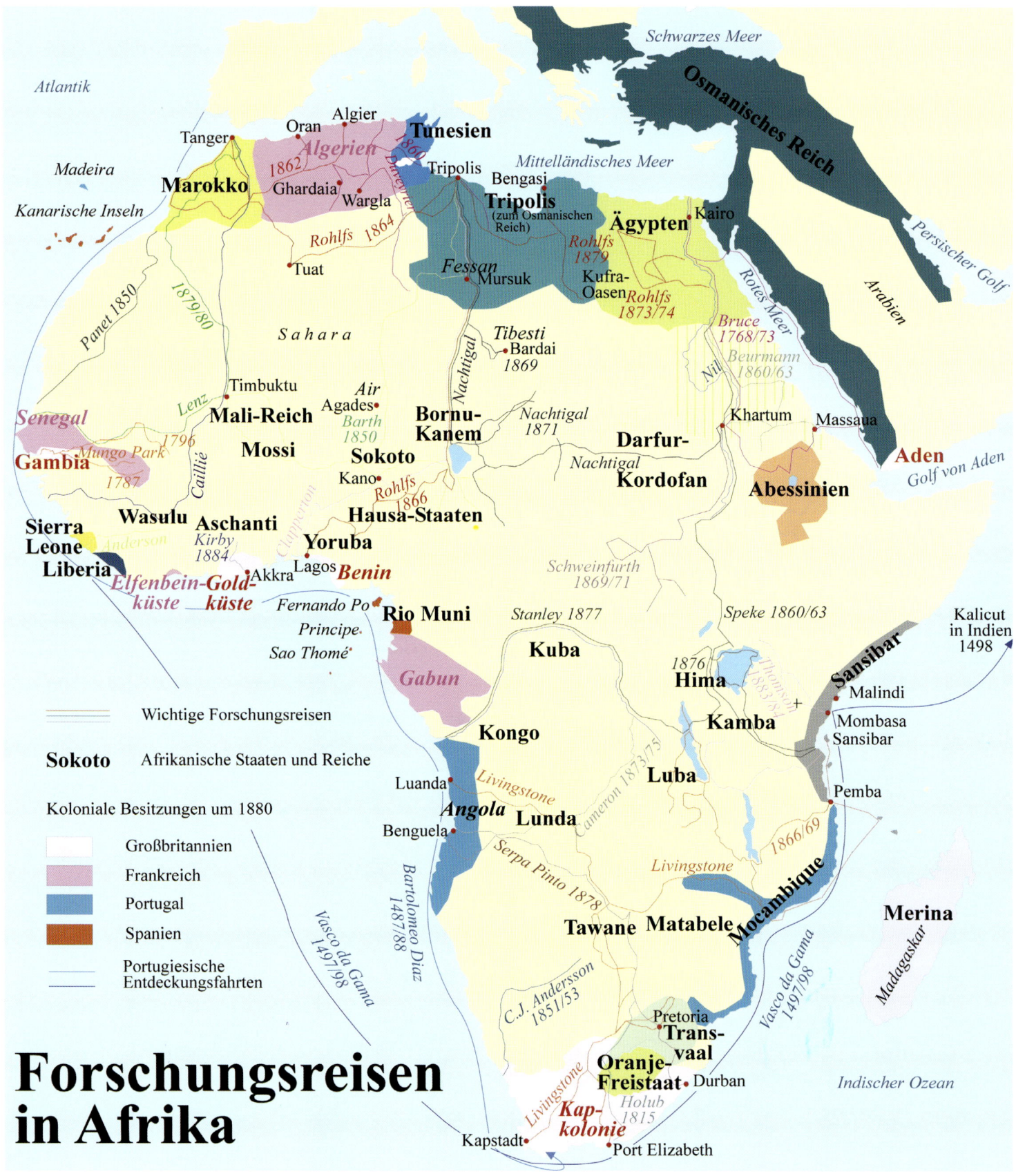

Forschungsreisen in Afrika

# DEUTSCHE ENTDECKER UND FORSCHER

Der deutsche Afrikaforscher Heinrich Barth (1821-1856) war jahrzentelang für viele ein Vorbild. Er beeinflusste Abenteurer, Forscher und Schriftsteller wie Karl May.

Zwischen 1487 und 1884 erforschten die Europäer den afrikanischen Kontinent (linke Seite) und besiedelten die unter europäische Schutzmacht gestellten Kolonien.

## HEINRICH BARTH

Jahrzehntelang war der deutsche Forschungsreisende Heinrich Barth in aller Munde. Für viele war er ein Vorbild und Held. Er beeinflusste Abenteurer und Forscher, aber auch Schriftsteller wie beispielsweise Karl May. Was sich der sächsische Autor ausdachte, erlebte Barth am eigenen Leib. Er durchquerte die Sahara, drang in unbekannte Gebirge, Wüsten und Urwälder vor, und streifte 20.000 Kilometer quer durch Afrika. Viele bezeichnen ihn auch als Vater der Afrikaforschung.

Heinrich Barth wurde 1821 in Hamburg als Sohn eines Kaufmanns geboren. Bereits als Kind träumte er von Abenteuern und Entdeckungsreisen. Er war sehr sprachbegabt und lernte früh Englisch. Später studierte er an der Berliner Universität Philologie, Alte Geschichte und Fremdsprachen. In dieser Zeit erwarb er Kenntnisse in Französisch, Arabisch, Spanisch und Italienisch. 1844 promovierte er mit einer Dissertation über die Handelsbeziehungen des antiken Korinths.

Nach ersten Studienreisen an die Orte der Antike in Italien und auf Sizilien zog es Barth nun nach Afrika. Zwischen 1845 und 1847 bereiste er erstmals den schwarzen Kontinent. Dabei wurde er 1846 an der Küste Nordafrikas überfallen und schwer verletzt. Doch dieser Zwischenfall erschütterte den tapferen Barth nicht weiter. Er reiste ins Niltal und besuchte die antiken Stätten Ägyptens. Über Kleinasien und Südosteuropa kam er nach Konstantinopel, von wo er wieder nach Berlin gelangte. Dort nahm er die Stellung eines Privatdozenten an und veröffentlichte seine Tagebuchnotizen „Wanderungen durch die Küstenländer des Mittelmeers".

In dieser Zeit vermittelte ihn der Forschungsreisende Alexander von Humboldt an eine englische Afrika-Expedition, die 1849 unter der Leitung von James Richardson nach Afrika startete. Gemeinsam mit dem Astronom und Geologen Adolf Overweg reisten Barth

## DEUTSCHE ENTDECKER UND FORSCHER

und Richardsons nach Algerien. Danach ging die Reise im Winter weiter nach Tunis bis nach Tripolis. Von dort sollte die Sahara bis an den Tschadsee in Richtung Süden durchquert werden. Das erste große Ziel der Expedition.

Darüber hinaus wollten sie mehr über die Machenschaften der Menschenhändler in Zentralafrika herauszufinden. Beide Ziele ordneten sich der allgemeinen Vorgabe unter, die britischen Handelskontakte zu den einzelnen Anführern der Region in diesem Gebiet zu verbessern.

Nachdem der Winter vorüber war, brach die Expedition als Karawane von Tripolis in den Süden auf. In ihrem Gepäck befanden sich allerlei Tauschwaren, medizinische Vorräte, Proviant, Zelte und ein Boot, das für die Erforschung des Tschadsees bestimmt war.

Nun begannen die Strapazen für die Gruppe in der existenzgefährdeten Wüste. Mehrfach wurde die Expedition von feindlichen Gruppen bedroht und überfallen. Nur indem sie einen Teil ihres Eigentums hergaben, kamen die Europäer immer wieder frei. Teilweise reisten sie 30 Stunden am Stück, um gefährliche Gebiete schnell hinter sich zu lassen.

Über Ghat ging es weiter nach Damerghu. Dort trennten sich die Wege der Deutschen und Engländer. Barth und Richardson waren immer wieder aneinandergeraten, weil sich Barth mehr um die Erforschung der fremden Kulturen kümmerte und die englischen Handelsinteressen außer Acht ließ. Die beiden Entdecker vereinbarten, sich in Kukawa, westlich des Tschadsees und im heutigen Nigeria gelegen, wieder zu treffen. Barth reiste weiter nach Kano im heutigen Nigeria.

Am 7. Mai 1851 traf Barth in Kukawa ein und wartete wie verabredet auf Richardsons. Doch dieser war sechs Tagesreisen vor Kukawa an den Reisestrapazen verstorben. Daher übertrugen die restlichen Engländer der Expedition Barth die alleinige Leitung. Der Deutsche beschloss Kukawa zum Ausgangspunkt verschiedener Forschungsreisen zu machen. Um weiter unbehelligt reisen zu können, nahm er den arabischen Namen Abd el-Kerin, Diener des Allerhöchsten, an und kleidete sich zudem wie ein Einheimischer mit teilweise sudanesischen und teilweise türkischen Sachen. Um das Vertrauen vieler Afrikaner zu gewinnen, verteilte er zudem überall großzügig Geschenke.

Obwohl auch Overweg an Malaria erkrankte und verstarb, wurde Barth noch immer von Abenteuerlust und der Neugier vorangetrieben. Er dachte nicht an die Rückkehr nach Europa. Vielmehr träumte er davon, einen afrikanischen Mythos mit eigenen Augen zu sehen: Timbuktu.

Gefangene Sklaven (oben) werden zum Markt getrieben.

Holzstich der Stadt Mosgou in Nigeria (unten), nach einer Illustration von Heinrich Barth von seiner Reise durch Nord- und Westafrika 1849-55.

# DEUTSCHE ENTDECKER UND FORSCHER

## DEUTSCHE ENTDECKER UND FORSCHER

Eine von Heinrich Barth angefertigte Skizze der Stadt Kukawa, unweit westlich des Tschadsees, in die der Afrikaforscher 1851 reiste.
1853 erreichte Barth die sagenumwobene Handelsmetropole Timbuktu (rechts).

So brach er zu einer letzten großen Forschungsreise auf. Barths Expedition erreichte am 7. September 1853 die sagenumwobene Stadt, deren Anfänge und Blütezeit im 12. Jahrhundert liegen. Aufgrund ihrer Lage an einer der bedeutendsten Handelsrouten der Tuareg, erlebte die Stadt ein wirtschaftliches Wachstum und entwickelte sich zu einer Metropole, die europäische Städte ihrer Zeit an Größe übertraf. Bereits im 13. Jahrhundert lebten 250.000 Einwohner in Timbuktu, es gab beinahe 180 Koranschulen und eine Universität mit 25.000 Studenten.

Heinrich Barth war von der Stadt fasziniert, in die es zuvor nur zwei weitere Europäer in den 1820er Jahren verschlagen hatte: Der Schotte Alexander Gordon Laing und der Franzose René Caillié. Laing hatte Caillié aber bezichtigt, nie in Timbuktu gewesen zu sein und seinen Reisebericht abgeschrieben zu haben. Barth konnte den Franzosen jedoch rehabilitieren.

Es war nicht einfach für Heinrich Barth in Timbuktu zu bleiben, denn für Christen war der Zutritt zur Stadt verboten. Schnell fiel seine Deckung auf und er wurde als Un-

DEUTSCHE ENTDECKER UND FORSCHER

Westafrikanische Tuareg-Krieger sitzen, bewaffnet mit Speeren und Schilden, auf ihren Pferden. Der traditionelle Kopfschleier Alasho wehrt nach Glauben der Tuareg böse Geister ab. Foto, ca. 1910. Ein Tuareg in der Sahara Wüste, Algerien (rechte Seite).

gläubiger an den Pranger gestellt. Überlebt hat Barth den Aufenthalt nur, weil er in Scheich Ahmed El Bakay, den gnädigen und toleranten Herrscher Timbuktus, einen Bürgen fand. Mit dieser Rückendeckung war es Barth nun erlaubt, Quellen und Zeugnisse der Geschichte und Kultur Timbuktus zu erforschen.

Im April 1854 brach Barth wieder auf und verließ die Stadt. Er reiste zurück nach Kukawa und machte sich schließlich auf den Heimweg nach Europa. Im August 1855 erreichte er Tripolis. Nach fast sechs Jahren, die er unterwegs war, hatte er viele unbekannte Flecken der europäischen Landkarte erkundet, fremde Kulturen erforscht und nicht zuletzt neue Sprachen gelernt. So konnte er nach seiner Rückkehr Haussa, mehrere Tuareg-Dialekte, Songhai, Fulani und Kanuri sprechen. Von diesen Sprachen legte er Vokabelsammlungen und Grammatiken an und begründete damit die deutsche Afrikanistik. Nach wie vor war er begeistert von Afrika und schätzte die Kultur und Geschichte des schwarzen Kontinents. Diese Geisteshaltung teilten nur wenige seiner Zeitgenossen. Seine fünf Bände „Reisen und Entdeckungen in Nord- und Zentral-Afrika" gehören bis heute zu den bedeutendsten Schriftquellen der europäischen Afrikaforschung.

## DEUTSCHE ENTDECKER UND FORSCHER

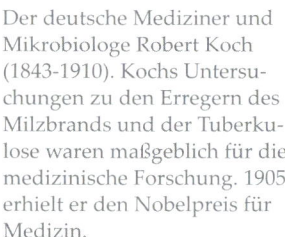

Der deutsche Mediziner und Mikrobiologe Robert Koch (1843-1910). Kochs Untersuchungen zu den Erregern des Milzbrands und der Tuberkulose waren maßgeblich für die medizinische Forschung. 1905 erhielt er den Nobelpreis für Medizin.

### ROBERT KOCH

Der Name Robert Koch ist heute durch viele Platz- und Straßennamen bekannt. Am meisten bringt man ihn allerdings mit dem Robert-Koch-Institut in Berlin in Verbindung, das regelmäßig bei sonderlichen Krankheitsfällen in den Medien auftaucht. 1905 erhielt Koch den Nobelpreis für seine Forschungen im Bereich der Infektionskrankheiten und gilt als Begründer der Bakteriologie. Seine Untersuchungen führten ihn im 19. Jahrhundert auch in die deutschen Kolonien, genau genommen nach Ostafrika, wo er Experimente für seine Thesen durchführte.

Robert Koch wurde 1843 in Clausthal im Harz geboren. Er verstarb 1910 in Baden-Baden. Obwohl Koch hauptsächlich als Schöpfer der modernen Mikrobiologie bekannt wurde, war er auch einer der Vorreiter der deutschen Tropenhygiene und wesentlicher Vorbereiter des kolonialmedizinisch ausgerichteten Hamburger Instituts für Schiffs- und Tropenkrankheiten. Darüber hinaus wurde er als tropenmedizinischer Expeditionsreisender und Forscher gefeiert. Koch bereiste sowohl Indien wie auch Ägypten auf der Jagd nach dem Erreger der Pest und stellte sich später in den Dienst des deutschen Kolonialismus, indem er in der deutschen Kolonie Neu-Guinea nach dem Erreger der Malaria suchte und in Deutsch-Ostafrika die Schlafkrankheit bekämpfte.

Sowohl in den afrikanischen Kolonien wie auch in den anderen Schutzgebieten war die Infizierung mit Malaria eine häufige Todesursache, an der auch viele deutsche Kolonisatoren verstarben. Aus diesem Grund war Kochs Forschungsarbeit von großer Bedeutung.

Die im Deutschen Reich geäußerte Sorge, dass die in Ostafrika vorherrschende Schlafkrankheit kaum an den Grenzen der deutschen Kolonien haltmachen werde, aber auch die Option, dass die deutsche Wissenschaft bei dem allseitig aufgenommenen Kampf gegen die Krankheit nicht zurückbleiben dürfe, veranlasste die koloniale Abteilung des Auswärtigen Amtes, eine Expedition nach Deutsch-Ostafrika zu entsenden, um die Infektionskrankheit zu erforschen. Diese Expedition wurde von Robert Koch geleitet.

## DEUTSCHE ENTDECKER UND FORSCHER

Die sogenannte Schlafkrankheit, auch Afrikanische Trypanosomiasis, war eine ernste Bedrohung der Kolonialmächte. Im britischen Uganda wurde sie Ende 1900 festgestellt und kostete innerhalb kurzer Zeit 250.000 Menschen das Leben. Für die Kolonialherren bedeutete diese Tragödie schlechthin den Verlust von Arbeitskräften. Zwar waren die Symptome – wie Apathie, Sprachstörungen, Schlafschwierigkeiten und körperliche Schwächen bis hin zum Tod - allgemein bekannt, dennoch blieb die Ursache der Krankheit unklar. Aufgrund ihrer Wichtigkeit für die koloniale Wirtschaft suchten alle Kolonialmächte händeringend nach einer Arznei gegen die Seuche.

Die wissenschaftlichen Voraussetzungen, auf die Koch in Ostafrika zurückgreifen konnte, waren ausgezeichnet. Schnell machte er Fortschritte bei seinem Aufenthalt in der Kolonie von Januar bis Oktober 1905. Kochs Forschungsarbeiten wurden jedoch im Herbst unterbrochen. Die Verleihung des Nobelpreises am 12. Dezember zwang ihn nach Europa zurückzukehren. Nachdem er mit seiner Ehefrau Hedwig von Hamburg aus nach Deutsch-Ostafrika zurückgekehrt war konnte Koch erst im darauffolgenden Frühjahr seine Forschungen wieder aufnehmen.

Robert Koch in seinem Labor in Berlin, um 1900.

# DEUTSCHE ENTDECKER UND FORSCHER

## DEUTSCHE ENTDECKER UND FORSCHER

Als Koch im Mai 1906 mit drei Assistenten in Deutsch-Ostafrika eintraf, musste sich das Team zunächst auf die Suche nach einem Seuchenherd machen, um die Untersuchungen überhaupt durchführen zu können. Fündig wurden sie erst, nachdem sie die Grenze zur britischen Nachbarkolonie überschritten hatten. Im August richteten sie auf einer der Ssese-Inseln im Victoriasee ein Forschungslager auf, in dem sie täglich über 1000 Afrikaner behandelten. Sie führten Listen über die Erkrankten, untersuchten deren Blut und verordneten Injektionen.

Koch und seine Assistenten schrieben zumeist Atoxyl, ein arsenhaltiges Präparat, mit dessen Verabreichung sie einige Erfolge vorweisen konnten. Allerdings stand es im Verdacht, den Erreger nicht zu vernichten, sondern stattdessen starke Nebenwirkungen hervorzurufen. Der deutsche Forscher wollte diesen Verdacht nicht wahrhaben und verordnete weitere Medikamente. Erst als einige Kranke starke Sehstörungen erlitten, wurde Robert Koch einsichtig. Er setzte Atoxyl jedoch nicht ab, reduzierte es aber bei den meisten Patienten.

Dabei entwickelte Koch eine Theorie, die er auch lautstark propagierte. Um die Ansteckungsgefahr durch die Tsetse-Fliege zu verringern, mussten die Afrikaner aus Regionen, in denen die Fliege stark vertreten war, umgesiedelt werden. Was dem Arzt nur logisch erschien, stieß bei den Afrikanern jedoch auf Unwillen. Niemand war bereit sein Zuhause zu verlassen.

Zudem wollte Koch Internierungslager einrichten, die als Forschungsstätte fungieren sollten. Nach Kochs Abreise im Oktober 1907 wurden drei solcher Schlafkrankenlager in Deutsch-Ostafrika eingerichtet, in denen Experimente mit verschiedenen Chemikalien an Afrikanern durchgeführt wurden.

### GERHARD ROHLFS
Der spätere Afrikaforscher Gerhard Rohlfs wurde 1831 in Vegesack bei Bremen als dritter Sohn eines Landarztes geboren. Seine Eltern hofften, dass der Junge in die Fußstapfen seines Vaters treten und ebenfalls Arzt werden würde. Doch Gerhard war nicht nur ein schmächtiges Kind, er interessierte sich auch nicht

Der deutsche Afrikareisende Gerhard Rohlfs (1831-1896).

Zur Erforschung der Schlafkrankheit untersucht Robert Koch mit Friedrich Karl Kleine (oben) ein Krokodil in Deutsch-Ostafrika, 1906.

Patienten in einem Schlafkrankenlager am Victoriasee (unten), 1907.

DEUTSCHE ENTDECKER UND FORSCHER

## DEUTSCHE MISSIONEN IN AFRIKA

Bereits im frühen 19. Jahrhundert, lange bevor das Deutsche Reich gegründet war und die Deutschen begannen, Schutzgebiete und Kolonien zu erwerben, arbeiteten deutsche Missionen in Afrika. Ihre Motivation war weder wirtschaftlich noch politisch bedingt. Sie strebten nicht nach einem Kolonialreich, sondern hatten einzig und alleine eine religiöse Motivation, um in Afrika zu wirken: Sie wollten das Christentum verbreiten und das Evangelium predigen.

Die Rheinische Mission wurde 1828 aus einem Zusammenschluss verschiedener Missionsvereine gegründet. Noch im selben Jahr schickte sie die ersten Missionare nach Afrika. Dort gründeten sie eine Niederlassung mit dem Namen „Station Wupperthal" in der Kapkolonie, dem heutigen Südafrika, und arbeiteten eng mit den Engländern und Niederländern zusammen. Die Rheinischen Missionare wirkten danach nicht nur in den kolonialisierten Gebieten, sondern missionierten auch weiter nördlich der Kapkolonie. Diese Region wurde später zu Deutsch-Südwestafrika.

Den Konflikt mit den Herero und Nama versuchten die Rheinischen Missionare erfolglos zu schlichten. Als die deutschen Kolonien nach dem Ende des Ersten Weltkrieges verloren wurden, ging die Arbeit der Rheinischen Missionare dennoch weiter, wenngleich auch in einer anderen Form. Sie trat ihre Gemeinden an die reformierte Kirche der Niederlande ab.

Die Rheinische Mission in Südwestafrika wurde vor allem durch den Missionar Carl Hugo Hahn vertreten. Er wurde am 18. Oktober 1818 auf Gut Aahof bei Riga als Sohn eines Landwirtes und Gutspächters geboren. Nachdem er zunächst als junger Mann der Ingenieurschule der russischen Armee beigetreten war, fasste er noch vor seinem 20. Geburtstag den Entschluss, sein Leben zu verändern: Er wollte Missionar werden.

Hahn besuchte die reformierte Pfarrschule in Elberfeld und wurde schließlich in Barmen von der Rheinischen Missionsgesellschaft als Missionar ausgebildet. 1841 wurde er ordiniert und nach Afrika geschickt. 1842 traf er in Windhoek ein und

# DEUTSCHE ENTDECKER UND FORSCHER

Ein deutscher Missionar (links oben) hält vor der Anlegung einer Missionsstation eine Eingeborenenversammlung ab, Foto um 1891.

Das Schulzimmer mit Schülern der deutschen Missionsschule in Kibri, Südkamerun (links unten) und die Kirche der Rheinischen Mission in Stellenbosch, Südafrika.

baute die Missionsstation Neu-Barmen in Otjikango am Swakop auf. Ab 1844 fing er an, bei den in Südwestafrika ansässigen Herero zu missionieren. Er lernte ihre Sprache und war bald fähig in ihr zu predigen. Er verband sein Schicksal eng mit dem der Herero. Den Aufstand gegen die deutschen Kolonialherren erlebte er allerdings nicht mehr. Hahn verstarb 1895 in Südafrika.

Neben der Rheinischen Mission war vor allem die Norddeutsche Mission in Afrika tätig. Sie wurde 1836 in Hamburg aus einem Zusammenschluss von lutherischen und reformierten Vereinen gegründet. Später verlegten die Missionare den Sitz nach Bremen, was ihr in Afrika teilweise auch den Namen „Bremen Mission" einbrachte. Neben anderen Schwerpunkten konzentrierte sie ihre Arbeit vor allem auf Gebiete in Westafrika, an der sogenannten Goldküste in der deutschen Kolonie Togoland.

Eine der ersten und wichtigsten Tätigkeiten der Norddeutschen Mission war die Entwicklung einer überregionalen Schriftsprache, die auf vielen Dialekten der Ewe-Sprache basierte. Hierzu verwendeten sie lateinische Buchstaben und fügten Lautzeichen hinzu. Danach sorgten sie für die Verbreitung dieser Sprache, übersetzten die Bibel und Schulbücher und ließen diese drucken. Diedrich Westermann, einer der Begründer der deutschen Afrikanistik, erarbeitete schließlich im Dienste der Mission, die Typografie der Sprache und verfasste ein Wörterbuch sowie eine Grammatik. Darüber hinaus versuchten die Missionare das Gebiet zu christianisieren. Hierfür bauten sie Kirchen und Schulen und ermöglichten Ausbildungen in handwerklichen Berufen.

Als der Erste Weltkrieg ausbrach, wurde Deutsch-Togoland von Frankreich und England erobert und die Missionare zunächst inhaftiert. Danach wurde das Gebiet unter den Siegern aufgeteilt und die Arbeit der Norddeutschen Mission verboten.

für die Vorstellungen seiner Eltern. Mit 17 verließ er das Gymnasium und ging zum Militär. Dort schien er zunächst seine Bestimmung gefunden zu haben. In den Reihen der schleswig-holsteinischen Armee wurde er wegen großer Tapferkeit schnell befördert und ausgezeichnet. Nach der Niederlage im Krieg gegen Dänemark 1851 löste sich die Armee jedoch auf.

Rohlfs versuchte es nun seinen Brüdern gleich zu tun und dem Wunsch seiner Eltern zu entsprechen. Er nahm ein Medizinstudium auf, wechselte von Heidelberg nach Würzburg und von dort nach Göttingen, nur um das Studium wieder abzubrechen. Danach stellte er sich für kurze Zeit in den Dienst der österreichischen Armee, desertierte jedoch kurz darauf und ging schließlich 1856 zur Fremdenlegion nach Afrika, in der er einige Jahre als Arzt diente.

Der umtriebige und rastlose Rohlfs, der sich sein Leben lang auf nichts festlegen konnte, erreicht nun das, was er immer suchte: Er hatte seine Freiheit. Um diese zu genießen, rasierte er sich den Kopf, verkleidete sich als Araber, nannte sich Musta-

Eigenhändig überbringt Generalkonsul Gerhard Rohlfs 1885 dem Sultan von Sansibar, Barghash bin Said, das kaiserliche Beglaubigungsschreiben über die fortan zu deutschen Schutzgebieten erklärten Länder auf dem ostafrikanischen Festland.

fa und zog als Wanderarzt durch Marokko und Algerien. Für eine kurze Zeit arbeitete er als Leibarzt des Sultans von Marokko, doch auch dort hielt es ihn nicht lange.

Er wollte Nordafrika noch besser kennenlernen und beschloss intensiv Arabisch zu lernen und den Islam zu studieren. Danach setzte er seine Reisen fort. Mehrfach geriet er in lebensgefährliche Situationen, wurde überfallen, reiste in Karawanen und erkrankte an verschiedenen Fiebern.

Schließlich setzte er sich in den Kopf, die Sahara von Nord nach Süd zu durchqueren und die sagenumwobene Stadt Timbuktu zu besichtigen. Auf seiner Reise gelang es ihm zwar nicht, nach Timbuktu zu gelangen, dennoch lieferte er wichtige kulturelle und geographische Beschreibungen der Sahara. Er übersendete seine Aufzeichnungen seinem Bruder, der sie in Deutschland veröffentlichen ließ. Auf diese Weise wurde aus dem rastlosen Abenteurer ein geschätzter Afrikaforscher und Geograph. Vor allem seine fesselnden Reisebeschreibungen machten ihn im Deutschen Reich berühmt und beliebt.

Gegen Ende seines Lebens kehrte er nach Deutschland zurück. Gerhard Rohlfs starb am 2. Juni 1896 in Rüngsdorf bei Bad Godesberg. Seine Schriften und seine Bibliothek vermachte er seiner Heimatstadt Bremen, die diese im Museum Schloss Schönebeck noch heute aufbewahrt.

Der deutsche Afrikaforscher Gustav Nachtigal (1834-1885).

## GUSTAV NACHTIGAL

„Am vorgestrigen Tage, mein gütiger Onkel und meine allervortrefflichste Tante, bin ich hier glücklich angekommen, nachdem ich schon einige Tage zuvor den afrikanischen Boden zu Stora, dem Hafenorte von Philippville, einem weiter westlich gelegenen Städtchen an der Küste, betreten hatte." Dies schrieb Gustav Nachtigal von seiner ersten Landung in Afrika an seinen Onkel und seine Tante. Was so harmlos klingt, war nicht nur ein bedeutender Schritt für Gustav Nachtigal, sondern auch für die deutsche Kolonialgeschichte.

# DEUTSCHE ENTDECKER UND FORSCHER

Onkel und Tante spielten für den am 23. Februar 1834 in Eichstedt in der Nähe von Stendal geborenen Gustav Nachtigal eine wichtige Rolle, nachdem sein Vater schon früh an Tuberkulose verstarb. Nachtigal studierte Medizin und arbeitete dann als Militärarzt. Als auch er an Tuberkulose erkrankte, riet ihm sein Arzt zu einem Aufenthalt in Nordafrika. Da ihm aber selbst die Mittel fehlten, finanzierte sein Onkel die Reise. Er sorgte zudem dafür, dass Gustav bei einem Handelspartner in Algerien unterkam. Der rege Briefwechsel, der zwischen Gustav und seinem Onkel Dietrich Nachtigal entstand, ist erhalten geblieben und beschreibt Gustav Nachtigals erste Eindrücke in Afrika.

In Algerien lernte er zunächst Arabisch und begann mit Beobachtungen der Flora und Fauna. Ende 1868 lernte er den Afrikareisenden Gerhard Rohlfs kennen. Rohlfs war zu diesem Zeitpunkt auf der Suche nach einem passenden Boten, der Geschenke des preußischen Königs Wilhelm, des späteren Deutschen Kaisers, nach Kuka zum Sultan von Bornu bringen könnte. Diese Geschenke sollten als Dank dienen, dass der Sultan Heinrich Barth entsprechend unterstützt hatte.

Nachtigal nahm diesen Auftrag dankend an und bereitete eine große Expedition vor. Seine Reise sollte vor allem der weiteren Erforschung Nordafrikas dienen.

Zwischen 1869 und 1874 erforschte Gustav Nachtigal mit seiner Karawane von fünf Mann und acht Kamelen die östlichen Regionen der Sahara und des Sudans.

Von Februar 1869 bis August 1874 durchquerte er weite Teile Nordafrikas. Dabei wollte er durch möglichst viele Gebiete reisen, durch die bislang noch kein Forscher vor ihm gekommen war. Seine Reiseberichte zeugen einerseits davon, dass er weder Geograph noch Botaniker war, dennoch gelang es ihm spannende und detaillierte Aufzeichnungen seiner Expedition anzufertigen.

Nach seiner Forschungsreise kehrte er auf direktem Weg nach Deutschland zurück. Zu Hause wurde er jubelnd empfangen und erhielt mehrere Auszeichnungen. Als Dank wurde er 1882 zum Generalkonsul des Deutschen Reiches in Tunis ernannt. Zwei Jahre später, als Kamerun und Togo unter Deutschen Schutz gestellt werden sollten, ernannte Bismarck ihn zum Reichskommissar für Westafrika, wo mehrere deutsche Kaufmannshäuser seit Jahren Handel betrieben. Nachtigal nahm dieses Amt dankend an und schuf die deutschen Schutzgebiete Togoland, Kamerun und Südwestafrika. Auf der Rückreise nach Deutschland erlag Nachtigal einer Malariainfektion. Er starb am 20. April 1885.

Obwohl Nachtigals Wirken entscheidend für den Erwerb von drei deutschen Kolonien war, stand er dem Erwerb von Schutzgebieten sehr kritisch gegenüber. In Deutschen Reich wurde er zum Helden stilisiert, in der Forschung der DDR ähnlich betrachtet wie Carl Peters, als Herrenmensch mit rassistischer Motivation. Dabei zeigt die Analyse von Nachtigals Nachlass, dass er als einer der wenigen Kolonisatoren den Afrikanern weder überheblich noch mit rassistischer Gewalt gegenübertrat.

Der deutsche Afrikaforscher Eduard Schnitzer, auch bekannt als Emin Pascha (1840–1892).

## EDUARD SCHNITZER – ENIM PASCHA, DER HERR VON ÄQUATORIA

Eine der zweifelsfrei schillerndsten Entdeckerpersönlichkeiten des 19. Jahrhunderts war Eduard Schnitzer. Er wurde am 28. März 1840 in Oppeln, Schlesien als Kind jüdischer Eltern geboren. Später wurde er getauft und evangelisch erzogen. Nach der Schulzeit entschloss sich

Schnitzer zunächst für ein Medizinstudium und studierte in Breslau und Berlin. Doch seit seiner Kindheit verspürte er ein starkes Fernweh, das ihn nach Ende des Studiums schließlich in die Ferne zog. Viele der Entdeckerpersönlichkeiten müssten Karl May zu seinem Orientzyklus und seiner Kunstfigur Kara Ben Nemsi inspiriert haben. Eduard Schnitzer war einer davon.

Schnitzers Weg nach Afrika begann mit einer Reise durch den Balkan, deren ursprüngliches Ziel eigentlich Konstantinopel gewesen war. Unterwegs blieb er jedoch in Albanien, im Hafenstädtchen Antivari stecken. Er verweilte in der Stadt, arbeitete als Arzt und gewann schnell den Respekt der Anwohner. Schnitzer wurde zunächst zum Hauptmann befördert und versorgte bald das ganze Städtchen mit seinem medizinischen Können.

In dieser Zeit kam Schnitzer auch mit Ismail Hakki Pascha, dem Generalgouverneur von Albanien, in Kontakt. Als dieser 1872 zum Gouverneur von Janina ernannt wurde, folgte ihm Schnitzer im Schlepptau und wurde zum persönlichen Berater von Ismail Hakki Pascha. Doch nur ein Jahr später starb der Gouverneur und Schnitzer kümmerte sich fortan um seine Witwe. Sie war gebürtige Siebenbürgerin, daher deutschsprachig und hatte drei Kinder. Schnitzer brachte sie zu sich nach Schlesien, doch verließ sie schon bald wieder und wandte sich einem neuen Abenteuer zu: Er wollte nach Afrika. Die Wertsachen der Witwe trug er bei sich.

Von Abenteuerlust getrieben reiste Schnitzer 1875 in den Sudan, wo er wieder zum Chefarzt ernannt

*Emin Pascha mit seinen afrikanischen Freunden.* Farblithographie, um 1890.

## DEUTSCHE ENTDECKER UND FORSCHER

Die Schlacht von Omdurman (2. September 1898) während des Mahdi-Aufstandes (1881-1899). Der Kampf gegen die anglo-ägyptische Herrschaft in den Sudan-Provinzen am mittleren Nil gilt als der erste erfolgreiche Aufstand einer afrikanischen Bevölkerungsgruppe gegen den Kolonialismus.

wurde. Schnitzer nannte sich nun Enim Efendi und nahm an mehreren Expeditionen teil, die zum Ziel hatten, den organisierten Sklavenhandel zu unterbinden. Für seine Leistungen wurde er im Juli 1878 zum Gouverneur der Provinz Äquatoria, einer Provinz des Türkisch-Ägyptischen Sudans, befördert und erhielt den Titel eines „Bey". Sieben Jahre später, 1885, wurde er „Pascha".

Eduard Schnitzer war nun voll und ganz Enim Pascha und verfügte nicht nur über etwa 1.500 Männer, sondern herrschte auch über ein Gebiet von 700.000 Quadratkilometern, das größer war als das Deutsche Kaiserreich.

In seiner Zeit als Pascha war Schnitzer nahezu unermüdlich. In mehreren Expeditionen erforschte er die weitere Umgebung, befreite Sklaven, entwickelte Verkehrswege und begann die Provinz zu organisieren. Zerstreute Siedlungen und Bewohner führte er zusammen, und baute die Verwaltung aus. Mithilfe von 50 Handelsstationen regierte er seine Provinz. Bald erwirtschaftete er einen Überschuss, der der ägyptischen Staatskasse jährlich 240.000 Mark in die Taschen spülte.

Der Aufstand der Mahdi machte die weitere Entwicklung von Äquatoria jedoch unmöglich. Die ägyptische Herrschaft brach zusammen,

# DEUTSCHE ENTDECKER UND FORSCHER

Wohlbehalten trifft Emin Pascha, der in Folge des Mahdi-Aufstandes von der Außenwelt abgeschnitten und für vermisst erklärt wurde, im April 1888 auf den britischen Afrikaforscher Henry Morton Stanley.

und Schnitzer war isoliert. Zwischen seinem Gebiet und Europa lag die Einflusssphäre der Mahdi. Keine Post ging mehr durch. Man wusste in Europa nichts von den Geschehnissen um Schnitzer. Von seinen ehemals 50 Stationen blieb letztlich nur noch eine Handvoll übrig. Äquatoria war von der Welt abgeschnitten. In Europa rätselten die Menschen, was wohl mit Emin Pascha geschehen sei. Da keine Nachricht aus Äquatoria bis Europa durchdrang, galt Emin Pascha allgemein als vermisst.

Zwei Europäer, der britische Journalist Henry Morton Stanley, der bereits zuvor den verschwundenen David Livingston ausfindig machen konnte, und der deutsche Kolonisator Carl Peters machten sich unabhängig voneinander auf den Weg nach Afrika, um Emin Pascha zu finden und – sei es nötig – zu befreien. Für beide war das Verschwinden von Emin Pascha jedoch nur ein Anlass nach Afrika zurückzukehren. Während Carl Peters kläglich scheiterte, konnte Stanley den als verschollen geglaubten Emin Pascha finden. Stanley reiste den Kongo hinauf und verlor den Großteil seiner Männer. Letztlich traf er ausgemergelt und in Lumpen gehüllt Emin Pascha Ende April 1888. Eduard Schnitzer blieb unversehrt. Im Gegensatz zu Stanley war er fein gekleidet.

Gemeinsam schlugen sich die beiden nach Deutsch-Ostafrika durch, wo sie Anfang Dezember 1889 wohlbehalten eintrafen. Die Deutschen bejubelten die geglückte Rettung von Schnitzer. Der deutsche Reichskommissar Hermann von Wissmann veranstaltete zu diesem Anlass am 4. Dezember 1889 eine Feier. Nachts passierte ein folgenschweres Unglück: Schnitzer verwechselte ein Fenster mit einer Balkontür und stürzte aus dem ersten Stock. Als er wieder genesen war, weilte Stanley längst wieder

## DEUTSCHE ENTDECKER UND FORSCHER

Zusammen mit Carl Peters (vorne, 2. v. r.) begab sich Emin Pascha (vorne, 2. v. l.) 1890 im Auftrag des Reichskommissars Wissmann auf seine letzte Afrika-Expedition.

Die folgende Doppelseite zeigt die Begegnung zwischen Wissmann und Stanley, Pascha sowie Kapitän Casati am Kingani im Dezember 1889.

in Kairo. Beide waren sich nie grün. Der Deutsche wollte dem Engländer den vermeintlichen Erfolg nicht gönnen und weigerte sich, nach Europa zurückzukehren, worüber sich die britische Presse zutiefst empörte. Dort stilisierte man Schnitzer als undankbar. Während er sich von seinem Sturz erholte, begann Stanley mit dem Verfassen seines abenteuerlichen Expeditionsberichts, der bald in Millionenauflage erscheinen sollte.

Als Schnitzer im Frühjahr 1890 wieder völlig genesen war, übertrug ihm Wissmann eine besondere Aufgabe. Im Namen des Deutschen Reiches sollte er Gebiete westlich von Deutsch-Ostafrika und südlich des Victoriasees bereisen und für Deutschland beanspruchen. Von dieser Reise kehrte Schnitzer nicht mehr zurück. Am 23. Oktober 1892 wurde er auf Befehl des Sklavenhändlers Hamadi bin Ali in einen Hinterhalt gelockt und getötet. Sein Körper wurde den Hyänen zum Fraß vorgeworfen, sein Kopf diente als Trophäe. Schnitzer, der bereits zu Lebzeiten eine Legende war, inspirierte Karl May zu seinem Werk *Die Sklavenkarawane*, das in den 1950er Jahren verfilmt wurde.

## DEUTSCHE ENTDECKER UND FORSCHER

# KARL MAY IN AFRIKA

Dr. h.c. Karl Friedrich May wurde am 25. Februar 1842 im sächsischen Ernstthal geboren und starb am 30. März 1912 in Radebeul bei Dresden in der nach seinem Alter Ego benannten „Villa Shatterhand".

Sein umfangreiches Werk ist einem ungewöhnlich schweren und bewegten Leben abgewonnen. Seine Kindheit verbrachte er in äußerster Armut. Bis zu seinem fünften Lebensjahr war er nahezu blind, was seine Vorstellungskraft und Phantasie schon früh anregte. Er bekam im Leben nichts geschenkt.

Mit 19 Jahren wurde er Volksschullehrer, verlor seine Stellung aber schon nach wenigen Wochen wegen einer geringfügigen Verfehlung. Aus Not und Trotz und seelischer Verstörung geriet er nun auf die schiefe Bahn, indem er seiner überreichen Fantasie und seinem gedemütigten Geltungsbedürfnis durch hochstaplerische Delikte Befriedigung verschaffte. Wegen dieser Taten musste er Freiheitsstrafen von insgesamt etwa acht Jahren verbüßen, war in mehrere Gerichtsverhandlungen verwickelt, floh während eines Gefangenentransports und legte sich eine falsche Identität zu. In der Gefangenschaft war es ihm verboten zu schreiben, so dass er seiner Vorstellungskraft freien Lauf ließ und sein Parallelleben als Weltreisender und Abenteurer erfand. In dieser Phase stellte er sich oft vor, an exotischen Orten zu sein. Im Geiste erfand er Reisen und Gesprächspartner, besuchte fremde Welten und sprach alle Sprachen.

Als nach der Gründung des Deutschen Reiches das Presse- und Verlagswesen boomte, waren Mays Geschichte auf einmal sehr gefragt. Er konnte sich nun seinen Traum erfüllen, endlich als Schriftsteller zu arbeiten. May begann mit Kolportageromanen und veröffentlichte schließlich seine Reiseromane als einzelne Bände.

Die Welten von May, die den größten Erfolg brachten, waren einmal Nordamerika, wo er als Blutsbruder des obersten Apachenhäuptlings Winnetou unter dem Pseudonym Old Shatterhand Abenteuer bestehen musste. Andererseits bereiste er als Kara Ben Nemsi Nordafrika, den vorderen Orient und drang bis tief in den Sudan vor. Auf seinen Reisen wurde er zumeist von Hadschi Halef Omar begleitet, der den Deutschen in die fremde, exotische Welt Afrikas einführte.

Die Beschreibungen von Landschaft, Kultur, Religion sowie von Flora und Fauna hatte sich Karl May aus verschiedenen Lexika, Reiseberichten und anderen Romanen angelesen. Mit seiner detaillierten Beschreibung der Handlungsorte wollte sich der sächsische Schriftsteller Authentizität verleihen. Immerhin waren die Orte seiner Erzählungen sowie der politische Rahmen, in denen sie spielten, zur Entste-

## DEUTSCHE ENTDECKER UND FORSCHER

hungszeit der Geschichten in aller Munde. Mays Werk ist in seiner zeitgenössischen Wirkung vielleicht ähnlich zu verstehen, wie ein Schriftsteller heute über Afghanistan schreibt und mit Facebook und Twitter vorgeben möchte, dass er wirklich dort gewesen sei.

Neben den Winnetou-Romanen ist vielleicht der Romanzyklus „Im Reiche des Großherrn" mit den Bänden „Durch die Wüste", „Durchs Wilde Kurdistan", „Von Bagdad nach Stanbul", „Im Land der Skipetaren, „In den Schluchten des Balkan" und „Der Schut" der bekannteste. Vor allem die ersten drei Bände sind nahe an die tatsächlichen Reiseberichte verschiedener deutscher Forschungsreisender angelehnt.

Erst sehr viel später, als seine Werke schon reißenden Absatz fanden, reiste Karl May in den Jahren 1899 und 1900 selbst nach Afrika, wo er eineinhalb Jahre blieb. Fast das ganze Jahr 1899 reiste er nur in Begleitung seines Dieners Sejd Hassan alleine durch Afrika und gelangte bis nach Sumatra. In dieser Zeit erlebte er allerdings in keiner Weise ähnliche Abenteuer, wie er sie in seinen Romanen beschrieben hatte. Stattdessen lag er zumeist krank im Bett. Zum Jahreswechsel traf er mit seiner ersten Ehefrau und dem befreundeten Ehepaar Plöhn zusammen. Gemeinsam setzten sie die Reise fort. In dieser Zeit erlitt May zwei Nervenzusammenbrüche, von denen er sich ohne die Hilfe eines Arztes erholte. Die aus seiner Sicht wahrscheinlich merkwürdige Zusammenkunft seiner Traumwelt mit der Realität in Nordafrika ließ ihm keine Ruhe und mag die Ursache für die Zusammenbrüche sein.

Von der Afrika-Reise zurück trat May in eine neue Schaffensphase ein und verfasste sein sogenanntes Spätwerk. Hierzu zählen weiterhin Geschichten, die im Orient angesiedelt sind. Allerdings bediente sich der Schriftsteller hier teilweise eines Kunstgriffes und ließ die neuen Abenteuer an fiktiven Orten wie „Ardistan" und „Dschinnistan" spielen.

May war und ist einer der meistgelesenen deutschen Autoren. Über Generationen lasen vornehmlich Jungen seine Reisegeschichten. Da die Beschreibungen von Landschaft und Kultur der Reiseorte bewusst realitätsnah geschrieben waren, öffnete May somit für viele seiner Leser die Tür nach Afrika. Auch wenn seine Geschichten erfunden und das Werk seiner Phantasie sind, hegten sie doch einen großen Einfluss auf Millionen Leser und warben durchaus für ein Bild der Völkerverständigung zwischen Europäern und Afrikanern.

Karl Mays (links oben) Blockhaus „Villa Bärenfett" im Garten seines ehemaligen Wohnhauses im sächsischen Radebeul (links unten). Die Hauptfigur, Dr. Emil Schwarz, in Mays gleichnamigen Roman „Die Sklavenkarawane" (oben) trägt Züge des Afrikaforschers Eduard Schnitzer. 1958 wurde der Film uraufgeführt. Karl Mays Gedenkstein (unten) an der St. Trinitatiskirche in Hohenstein-Ernstthal.

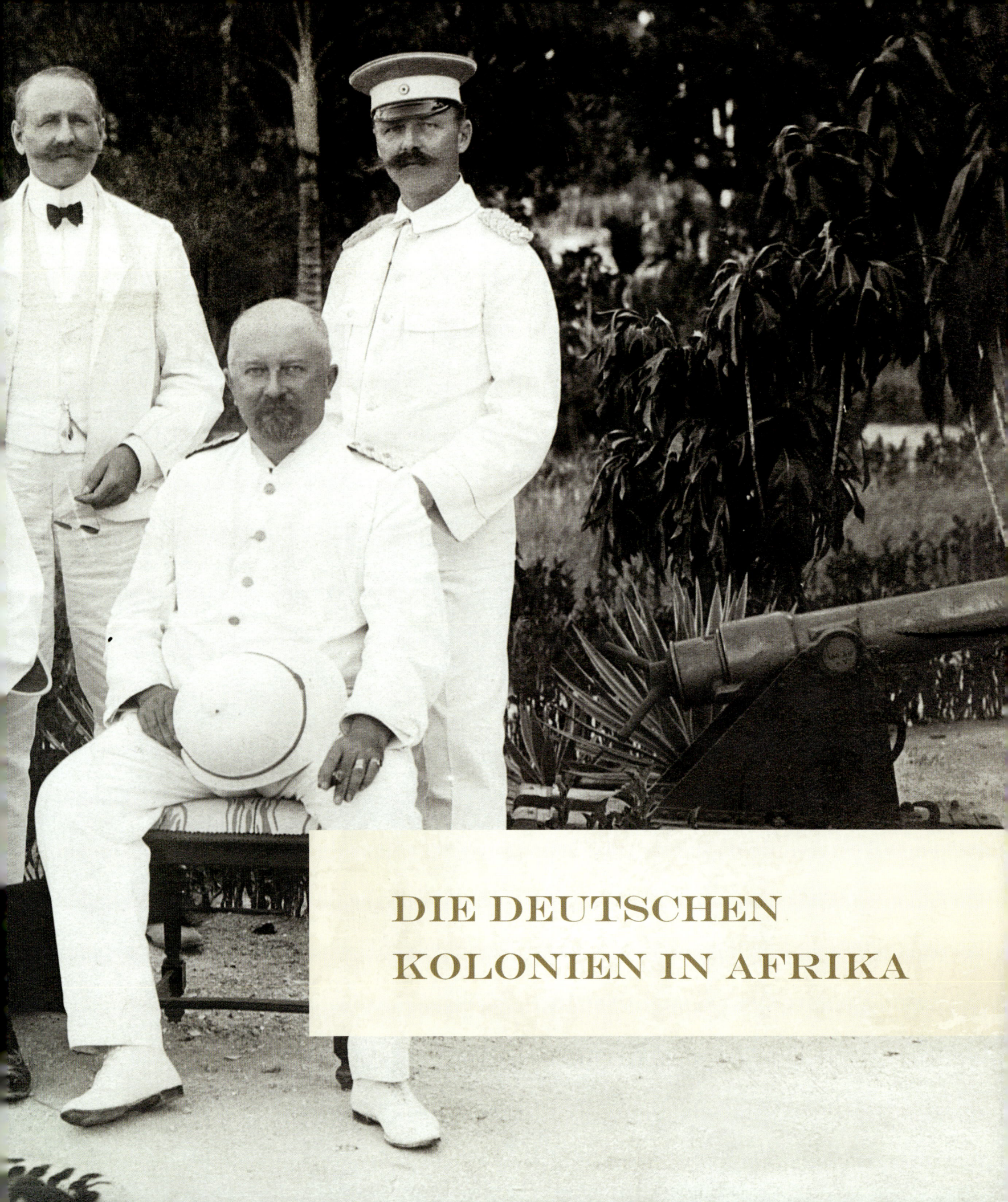

# DIE DEUTSCHEN KOLONIEN IN AFRIKA

# DIE DEUTSCHEN KOLONIEN IN AFRIKA

Der Historiker Horst Gründer sprach von „Traum und Trauma", wenn er sich auf die Kolonien des Deutschen Reiches bezog. Im Grunde gibt es eine bessere Phrase für den deutschen Imperialismus und die Kolonialzeit, die 1884 begann und mit dem Ersten Weltkrieg endete.

Nach den Ambitionen und Anstrengungen der Brandenburger aus dem 17. Jahrhundert dauerte es eine Weile, bis sich die deutsche Politik wieder mit dem Gedanken an afrikanische Kolonien beschäftigte. Dennoch darf nicht vergessen werden, dass die frühen Unternehmungen um Fort Jacob und Groß Friedrichsburg eine Art „koloniale Idee" in Bevölkerung und Politik der deutschen Staaten hinterlassen hatte. Hinzu kam, dass vor allem England, die Niederlande und Frankreich, also direkte und indirekte Nachbarn der deutschen Staaten, weiterhin ein weltweites Kolonialreich unterhielten. Durchaus waren bei den Unternehmungen dieser europäischen Mächte auch deutsche Matrosen, Soldaten, Abenteurer, Forscher und Entdecker dabei, so dass sich der Traum von eigenen Kolonien in Deutschland hielt.

Die gescheiterten Kolonialisierungsversuche des 18. Jahrhunderts hatten jedoch gezeigt, dass ein einzelner deutscher Staat es sich weder infrastrukturell noch finanziell beziehungsweise wirtschaftlich leisten konnte, ein Kolonialreich aufzubauen. Der Wunsch nach der Einheit Deutschlands, wie er durchweg im 19. Jahrhundert von Deutschen aller

Deutsche Kolonialherren in Deutsch-Ostafrika. Das Gebiet, zwischen 1885 und 1918 deutsches Schutzgebiet, war mit rund 7,75 Millionen Einwohnern die größte und bevölkerungsreichste Kolonie des Deutschen Reiches.

# DIE DEUTSCHEN KOLONIEN IN AFRIKA

Klassen geäußert wurde, ging daher nicht nur mit dem Bestreben nach nationaler Stärke einher, sondern auch mit dem Wunsch, dass ein geeintes Deutschland durchaus ein Kolonialreich aufbauen könnte.

Zwischen 1884 und 1899 erwarb das Deutsche Kaiserreich schließlich ein weltweites Kolonialreich, dessen Schwerpunkt in Afrika lag. Innerhalb kurzer Zeit stieg es zu einer Kolonialmacht auf und besaß nach Großbritannien, Frankreich und den Niederlanden das viertgrößte europäische Kolonialreich. Doch danach hatte es lange Zeit nicht ausgesehen.

Hinsichtlich seiner Konsolidierung wie seiner Kolonialpolitik wird das Deutsche Reich bisweilen auch als verspätete Nation bezeichnet. Während sich andere Länder wie Frankreich und England zu starken Industrienationen entwickelt hatten, befasste sich Deutschland lange Zeit beinahe ausschließlich mit der Frage nach der Einheit der eigenen Nation. Gerade in politischer wie wirtschaftlicher Hinsicht verhinderte die Unterteilung Deutschlands in Hunderte Fürstentümer die industrielle Revolution. Man stand sich selbst im Weg, während die anderen Mächte bereits nach einem

Die Landkarte zeigt die Grenzen und Flächen des afrikanischen Kontinents, 1794.

# DIE DEUTSCHEN KOLONIEN IN AFRIKA

‚Die Weihnachtsfeier des kleinen Bernhard' Dernburg, Staatssekretär des Reichskolonialamts (1907-1910). Eine Karikatur auf die Deutsche Kolonialpolitik in Afrika. Farbdruck aus *Der Wahre Jacob*, 17. Dezember 1907.

Kolonialreich und der Weltherrschaft strebten.

Nach der Einigung des Deutschen Reiches 1871 versuchten die Deutschen innerhalb kurzer Zeit mit großem Aufwand, den gleichen Status und das gleiche internationale Gewicht zu erreichen, wie ihn beispielsweise die Weltmächte Frankreich und England seit Jahren genossen. Zu diesen Zielen gehörten der Aufbau eigener Kolonien, einer Hochseeflotte und vor allem die Industrialisierung. Es gelang dem Deutschen Reich die Stahl- und Rüstungsindustrie anzukurbeln und innerhalb weniger Jahre tatsächlich einen Platz als Weltmacht einzunehmen. Zuvor hatte die Zerstückelung Deutschlands dazu geführt, dass all dies nicht möglich war. Nur mit einem gemeinsamen, zollfreien Binnenmarkt konnte sich das Reich innerhalb kurzer Zeit mit großer Dynamik wirtschaftlich und industriell entfalten.

Bei all dem inneren Fortschritt galt es jedoch, sich außenpolitisch zu vernetzen und durch Bündnisse abzusichern. Sich offiziell am Kolonialismus zu beteiligen kam für Bismarck nicht in Frage, wollte er sich dadurch keine äußeren Feinde schaffen.

Die Reichsgründung brachte einen enormen Wirtschaftsaufschwung in Deutschland mit sich und katapultierte das Deutsche Reich in den Kreis der Weltmächte. Dabei war das Rückgrat des Aufschwungs im Deutschen Reich die Hochindustrialisierung. Die neuen Handelsmöglichkeiten, die Industrie und die Wirtschaft führte auch zu einem Wohlstand im Reich, der sich auf alle Bereiche auswirkte.

Die Jahre des Aufschwungs wurden als die Gründerjahre bekannt. Er war bedingt durch die vereinfachten Handelsbedingungen im einheitlichen Binnenmarkt des Deutschen Reichs, da die einzennen Landeszölle entfielen, die den Handel zuvor stark erschwert hatten. Einheitliche Währungs- und Maßsysteme wurden zudem eingeführt. In der Bevölkerung herrschte durch den Sieg gegen Frankreich sowie der Reichsgründung eine allgemeine Aufbruchsstimmung, die zu einem Anstieg in der Baubranche sowie zu Neugründungen im mittelständischen Bereich führte und die Wirtschaft brummen ließ. Zudem setzten die sehr hohen Reparationszahlungen Frankreichs zusätzlich wirtschaftliche Impulse. Sie finanzierten die Gründerzeit maßgeblich. Zeichen des Aufschwungs prägen bis heute die Stadtbilder deutscher Metropolen: Denkmäler, Gedenkstätten, Plätze und ganze Stadtteile wurden gebaut und eingeweiht.

Mit der Industrialisierung in Mitteleuropa waren der Bevölkerungszuwachs und die Verstädterung unweigerlich verbunden. Beide

# DIE DEUTSCHEN KOLONIEN IN AFRIKA

## DIE DEUTSCHEN KOLONIEN IN AFRIKA

Industrialisierung und Bevölkerungszuwachs führten zunächst zum Aufschwung der Gründerjahre, dann aber auch bald zu Überproduktion und Rezession. Dadurch wurde der Ruf nach Kolonien umso lauter.

Arbeiterinnen aus einer Tabakfabrik in Wintzingerode (Thüringen), Gruppenbild um 1900 (links oben).
Bergarbeiter einer Kohlezeche, Gruppenfoto vor dem Kohlebergwerk um 1880 (links unten).

machten nach der Reichsgründung noch rasantere Fortschritte als in den Jahren zuvor. 1872 gab es etwa 40 Millionen Einwohner des Reiches, 30 Jahre später, um die Jahrhundertwende, waren es bereits 56 Millionen Deutsche. Kurz vor Ausbruch des Ersten Weltkrieges lebten schließlich 67 Millionen Menschen im Deutschen Reich. Gründe hierfür waren das Anwachsen der durchschnittlichen Lebenserwartung und das Absinken der (Kinder-)Sterblichkeitsrate.

Doch der Aufschwung hatte auch seine Schattenseiten. Zu schnell änderte sich das Finanzwesen im Deutschen Reich, und der starke wirtschaftliche Fortschritt führte zu einer allgemeinen Überproduktion von bestimmten Produkten, die den Markt überschwemmten, da man nicht wie andere Nationalstaaten einen kolonialen Absatzmarkt besaß. Schnell stellte sich heraus, dass viele Aktien überbewertet waren, und die Finanzblase drohte zu platzen.

Da Frankreich zudem unerwartet schnell die ihm aufgetragenen Reparationen abzahlen konnte, folgte diesem wirtschaftlichen Hoch ein abruptes Ende mit einer ausgeprägten Börsen- und Wirtschaftskrise. Diese Krise ging als „Gründerkrach" in die deutsche Geschichte ein.

Durch die anhaltende Depression wurden die Stimmen nach deutschen Kolonien lauter. Noch bis in die 1880er Jahre hinein hatte Bismarck dem Drängen nach überseeischen Erwerbungen stets eine Absage erteilt. Sein Interesse galt nicht dem Ausbau des Deutschen Reiches zu einer Kolonialmacht, sondern einer innenpolitischen Strategie zur Nationsbildung sowie der Stabilisierung der deutschen Position in Europa. Daher war es lange Zeit umstritten, warum Bismarck in den Jahren 1883 bis 1885 Deutschland zur Schutzmacht mehrerer Gebiete in Afrika sowie im Pazifischen Ozean erklärte.

Bismarck tat diesen Schritt vermutlich eher aus reinem Pragmatismus und mit wenig Leidenschaft. Der Druck zum Handeln war zu diesem Zeitpunkt nicht gegeben. Dennoch war die internationale Lage günstig für den Einstieg in das Vabanquespiel der Kolonialmächte. Doch erfüllten sich weder die Hoffnungen auf wirtschaftlichen Nutzen der deutschen Kolonien, noch stieg Deutschland wirklich zu einem ernstzunehmenden Konkurrenten der alten Kolonialmächte auf. Im Gegenteil: Der Schritt unterstrich zwar die Forderungen des Deutschen Reiches nach Weltgeltung, rief aber zugleich die anderen Kolonialmächte auf den Plan, die die deutsche Kolonialpolitik und den mit ihr verbundenen Aufbau einer Hochseeflotte als negativ und potentiell gefährlich einstuften.

# DIE DEUTSCHEN KOLONIEN IN AFRIKA

## OTTO FÜRST VON BISMARCK

Otto Eduard Leopold von Bismarck-Schönhausen wurde am 1. April 1815 in Schönhausen bei Stendal an der Elbe als zweiter Sohn des altmärkischen Junkers Karl Wilhelm Ferdinand von Bismarck und dessen Gattin Luise Wilhelmine geboren. Väterlicherseits gehörten die Bismarcks zu einem alten Adelsgeschlecht, mütterlicherseits waren sie bürgerlicher Herkunft, Gelehrte und hohe Beamte. Bismarck studierte Rechtswissenschaften in Göttingen und Berlin und trat 1836 sein Referendariat an.

Vor allem die instabilen Jahre der Revolution von 1848/49 prägten ihn politisch. Als Mitglied des preußischen Landadels schärften sich in dieser Zeit seine entschiedenen konservativen Ansichten. Bürgerliche Mitbestimmung kam für ihn nicht in Frage. Bismarck verteidigte vielmehr die gesonderte Stellung des Adels. Auch bezüglich des Dualismus zwischen Österreich und Preußen hatte Bismarck klare Vorstellungen. Er sah Stabilität für Deutschland nur unter dem Ausschluss Österreichs und unter preußischer Führung.

In den 1840er Jahren kam Bismarck mehrfach mit Politikern in Kontakt und begann nun selbst seine politische Karriere. 1847 wurde er Mitglied des Vereinigten Landtages in Preußen und fiel in dem liberalen Gremium schnell durch seine konservativen Reden auf. Von 1851 an war er Vertreter Preußens im Bundestag in Frankfurt. Ab 1859 folgten mehrere Jahre als Gesandter in Russland und Frankreich. Bismarcks große Stunde schlug 1862, als König Wilhelm mit dem Parlament über die Heeresreform in Preußen stritt und die liberalen Ministerposten mit konservativen Kräften besetzte. Bismarck erhielt das Amt des Ministerpräsidenten und hielt den König von einem Rücktritt ab. Die folgenden Jahre wurden von einem Kampf zwischen Parlament und Krone beherrscht, den Bismarck erst beilegen konnte, als er mit der durch die Heeresreform vergrößerten Truppe die polnischen Unabhängigkeitsbestrebungen niederschlug. Durch den äußeren Feind, konnte er die innenpolitische Unruhe überwinden.

Bismarcks erklärtes Ziel war fortan die Einigung Deutschlands unter der Vormachtstellung Preußens. Ihm ordnete er sein ganzes Handeln, seine politische Leidenschaft sowie sein äußerst ausgeprägtes, diplomatisches Geschick unter. Einen ersten Erfolg verbuchte er 1866 nach dem Krieg gegen Österreich, als der „Deutsche Bund" aufgelöst und der „Norddeutsche Bund" gegründet wurde, in dem weder Österreich, noch Baden, Württemberg und Bayern sowie Teile Hessens vertreten war. Österreich war somit aus Deutschland verdrängt worden. Der Einfluss der Habsburger auf Deutschland schwand. Die restlichen deutschen Fürsten konnte Bismarck im Krieg gegen Frankreich 1870/71 hinter sich vereinen, und führte schließlich die deutschen Staaten unter preußischer Vorherrschaft zur Gründung des Kaiserreiches am 18. Januar 1871.

Bismarck wurde Reichskanzler und begann nun, sein Lebenswerk zu stabilisieren und zu sichern. Trotz ständiger Konflikte mit linken Politikern modernisierte er das Deutsche Reich: Er schuf das Auswärtige Amt, führte die Reichsbank und eine Reichswährung ein, die Rechtsprechung wurde vereinheitlicht, Kranken-,

DIE DEUTSCHEN KOLONIEN IN AFRIKA

Zeitgenössisches Porträt von Otto von Bismarck (links) und im Kreise seiner Familie (unten). Der letzte deutsche Kaiser und König von Preußen Wilhelm II. zusammen mit dem ersten Kanzler des Deutschen Reichs, Otto von Bismarck (oben). 1890 wurde Bismarck von Kaiser Wilhelm als Kanzler entlassen.

Unfall-, Invaliditäts- und Altersversicherung eingeführt. Innenpolitisch führte Bismarck gestützt auf die Liberalen und die gemäßigten Konservativen den Kulturkampf gegen den Einfluss der katholischen Kirche in Preußen. Ab 1878 bemühte er sich zudem um die Bekämpfung der immer stärker werdenden Arbeiterpartei, die Bismarck durch das sogenannte Sozialistengesetz zu verbieten versuchte. Nach außen hin schuf er ein Bündnissystem, das drei Hauptziele zum Inhalt hatte: Die Isolation Frankreichs, die Versöhnung mit Österreich und die Bindung an Russland und Großbritannien, falls das Deutsche Reich trotz seiner Bündnisse in einen Krieg gezogen werden würde.

Als im Jahr 1888 Kaiser Wilhelm II. den Thron bestieg, kam es immer wieder zu Konflikten zwischen dem jungen, gerade 29 Jahre alten Kaiser und dem alternden Bismarck. Sie führten schließlich 1890 zur Entlassung des Reichskanzlers. Acht Jahre später starb Otto von Bismarck am 30. Juli 1898 auf seinem Landsitz Friedrichsruh bei Hamburg.

DIE DEUTSCHEN KOLONIEN IN AFRIKA

# KAISER WILHELM II.

Wilhelm wurde am 27. Januar 1859 in Potsdam geboren. Er war nicht nur der Sohn des Deutschen Kaisers Friedrich III. und Enkel Wilhelms I., er stand zudem mütterlicherseits in direkter Linie des englischen Königshauses. Seine Mutter Prinzessin Victoria war die Tochter der berühmten englischen Königin Victoria. Er hielt sich daher Zeit seines Lebens häufig in England auf und führte im Guten wie im Schlechten ein besonderes Verhältnis zum Britischen Imperium.

Seine Geburt war von Schwierigkeiten geprägt, da Wilhelm als Steißgeburt geboren wurde. Jedoch konnte eine couragierte Hebamme verhindern, dass der Säugling bei der Geburt starb. Lediglich der linke Arm des Prinzen wurde so sehr verletzt, dass Wilhelm den Arm sein Leben lang nur eingeschränkt bewegen konnte. Durch diese Behinderung benachteiligt tat er sich als Jüngling vor allem beim Militär schwer. Auf Fotografien wurde die Behinderung Wilhelms meist vertuscht, indem er den Arm verdeckte, anwinkelte oder gänzlich in seiner Uniform verschwinden ließ.

Wie im Hochadel üblich überließen die Eltern die Erziehung des Prinzen einem dafür bereitstehenden Erzieher: Georg Ernst Hinzpeter. Er drillte den jungen Wilhelm und bereitete ihn auf eine Karriere beim Militär vor. Von 1877 bis 1879 studierte der junge Kronprinz an der Universität in Bonn. Zwei Jahre danach, am 27. Februar 1881, heiratete er Auguste Viktoria von Schleswig-Holstein-Sonderbug-Augustenburg.

Da sein Großvater, Kaiser Wilhelm I., bereits sehr alt und sein Vater, der spätere Kaiser Friedrich III., sehr krank waren, wurde Wilhelm schon in jungen Jahren auf die Thronfolge vorbereitet. Mehrfach musste er den geschätzten Militärdienst unterbrechen, um in den Grundzügen der zivilen Verwaltung Unterricht zu erhalten. Im „Dreikaiserjahr" 1888 war es schließlich soweit. Nicht nur sein Großvater verstarb, auch sein Vater erlag wenige Monate später seiner Krankheit. Mit 29 Jahren bestieg Wilhelm den Thron des Preußischen Königs und Deutschen Kaisers, die sogenannte wilhelminische Zeit brach an.

Zunächst aber entmachtete der neue, junge Kaiser den alten und gedienten Reichskanzler Otto von Bismarck, der seinem Vater und Großvater über Jahrzehnte treue Dienste erwiesen hatte. Da Bismarck international hohes Ansehen genoss und im Deutschen Reich als Macher des Nationalstaates gefeiert wurde, hatte er angenommen, mit dem jungen Kaiser ein leichtes Spiel zu haben. Zur Überraschung Bismarcks setzte sich Wilhelm aber gegen den Reichskanzler durch und entließ ihn aus dem Amt.

# DIE DEUTSCHEN KOLONIEN IN AFRIKA

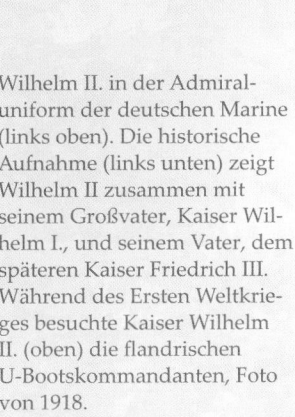

Wilhelm II. in der Admiraluniform der deutschen Marine (links oben). Die historische Aufnahme (links unten) zeigt Wilhelm II zusammen mit seinem Großvater, Kaiser Wilhelm I., und seinem Vater, dem späteren Kaiser Friedrich III. Während des Ersten Weltkrieges besuchte Kaiser Wilhelm II. (oben) die flandrischen U-Bootskommandanten, Foto von 1918.

Fortan bestimmte Wilhelm II. selbst die Geschicke des Reiches. Er berief sich dabei nicht etwa auf einen starken Kanzler wie seine Vorfahren. Auch verstand er sich anders als Wilhelm I. als Deutscher Kaiser. Die Krone des preußischen Königs war für ihn wichtig, trat aber in den Hintergrund. Aus dem Selbstverständnis als Deutscher Kaiser heraus ließ er zahlreiche öffentliche Paraden abhalten, um sich selbst als Staatsoberhaupt sowie das ihm untergebene Militär farbenprächtig in Szene zu setzen.

Wilhelms II. Politik zielte auf die Weltgeltung des Deutschen Reiches ab. Er sah das Deutsche Reich als stärkste Wirtschaftsmacht und beanspruchte daher auch die Vormachtstellung in der Welt. Dies brachte ihn in direkten Konflikt mit dem englischen Königshaus, das er andererseits auch stark verehrte. Als sein Onkel Edward VI. nach dem Tod von Königin Victoria den englischen Thron bestieg, konnte sich der Kaiser zumindest noch vorstellen, dass das Deutsche Reich zusammen mit Großbritannien die Welt regieren könnte. Doch schon bald isolierte er das Deutsche Reich durch seine allzu aggressive Außenpolitik auf internationaler Bühne und ihm blieb nur noch das habsburgisch regierte Österreich als Partner. Die „Nibelungentreue" des Deutschen Reiches zu Österreich zog beide Staaten in den Ersten Weltkrieg, an dessen Ende der Kaiser abdanken musste und in den Niederlanden Asyl ersuchte.

Nach dem Tod der Kaiserin am 11. April 1921 heiratete Wilhelm II. im niederländischen Exil ein weiteres Mal. Seine Hoffnung, dass die Nationalsozialisten die Monarchie in Deutschland wieder einführen würden, zerschlug sich. Er starb am 4. Juni 1941 im niederländischen Exil.

# DIE DEUTSCHEN KOLONIEN IN AFRIKA

Nicht etwa die Politik, sondern eine kleine, recht wirkungsvoll und öffentlich wahrnehmbar agierende Lobby heizte die Gier nach Besitztümern und Kolonien in Übersee an. Publizisten, Ökonomen, Politiker, Militärs und reiche, besessene Einzelpersonen waren in Kolonialvereinen vernetzt und organisiert. Sie träumten von dem viel bemühten „Platz an der Sonne" und von Reichtümern durch den Kolonialhandel. Sie wollten den Auswanderungsstrom in die Kolonien umlenken oder ersehnten sich mit rassistischen Motiven einen Platz als Herrenmenschen.

## DEUTSCH-SÜDWESTAFRIKA

Das Gebiet, das einige Zeit als Deutsch-Südwestafrika deutsche Kolonie war, wurde lange von den Europäern beinahe übersehen. Die Portugiesen erforschten es zwar bereits im 15. Jahrhundert auf ihren Fahrten nach Indien, es kam jedoch zu keiner Ansiedlung. Im 18. Jahrhundert wurde von Südafrika aus einige Expedition in das Landesinnere der nördlichen Nachbarn durchgeführt, weil man dort Reichtümer und Bodenschätze vermutete. Zudem herrschte ein starkes Interesse an den Rinderherden der Herero. Allerdings blieb eine Besiedlung durch europäische Kolonialherren aus.

Im Jahr 1868 interessierten sich deutsche Missionare für das Gebiet, doch der Krieg von 1870/71 gegen Frankreich und die damit verbundene Reichsgründung ließen dieses Ansinnen erst einmal beiseite treten. Noch bevor die Deutschen wieder Interesse hegten, versuchten die Engländer im Jahr 1876 von Südafrika aus, das Gebiet in Besitz zu nehmen. Sie konnten sich jedoch nicht dort behaupten und zogen wieder ab. Lediglich die sogenannte „Walfischbucht" blieb in ihrer Hand. Als die im Land lebenden Europäer sich bei den Engländern wegen mangelnden Schutzes gegen die Übergriffe der Nama und Herero beklagten, erklärten die englischen Kolonialbehörden, dass sie mit dem Inneren des Landes nichts zu tun hätten. Die Engländer erklärten damit selbst, dass sie keinerlei Rechte und Ansprüche auf das Land ausübten.

Die Kolonialgeschichte des Deutschen Reiches begann mit einer Idee des Bremer Tabakwarenhändlers Adolf Lüderitz. Er hatte sich in den Kopf gesetzt, seine Handelsunternehmungen auszuweiten und suchte nach einem Ort, an dem er seine private Kolonie gründen konnte. Neben mehreren, gescheiterten Versuche brachte er schließlich in Erfahrung, dass im Südwesten Afrikas ein weites Land mit profitablen Bodenschätzen zu erwerben sei. Daher schrieb Lüderitz am 23. November 1882 an das Auswärtige Amt in Berlin

## DIE DEUTSCHEN KOLONIEN IN AFRIKA

von seinem Vorhaben und bat um Erlaubnis. Da Reichskanzler Bismarck den Erwerb von Kolonien weiterhin ablehnte, erhielt Lüderitz lediglich eine vage Zusage, dass man ihm den üblichen Schutz, der jedem Deutschen im Ausland galt, gewähren würde.

Kurz vor Jahresende entsandte Lüderitz schließlich eine Expedition unter der Leitung seines Agenten Heinrich Vogelsang nach Kapstadt, um von dort in das betreffende Gebiet zu gelangen. Vogelsang tat wie ihm befohlen. Als er Kapstadt erreicht hatte, erhielt er vom Sohn des dort wirkenden Missionars Carl Hugo Hahn, den Hinweis, dass die Bucht von Angra Pequena, die spätere Lüderitzbucht, ein günstiger Landeplatz sei. Dorthin setzte er nun die Segel und landete schließlich im April 1883 im späteren Deutsch-Südwestafrika.

Im Auftrag von Lüderitz erwarb Vogelsang vom Nama-Anführer Joseph Fredericks II. ein weites Stück Land, das fortan Lüderitzland hieß.

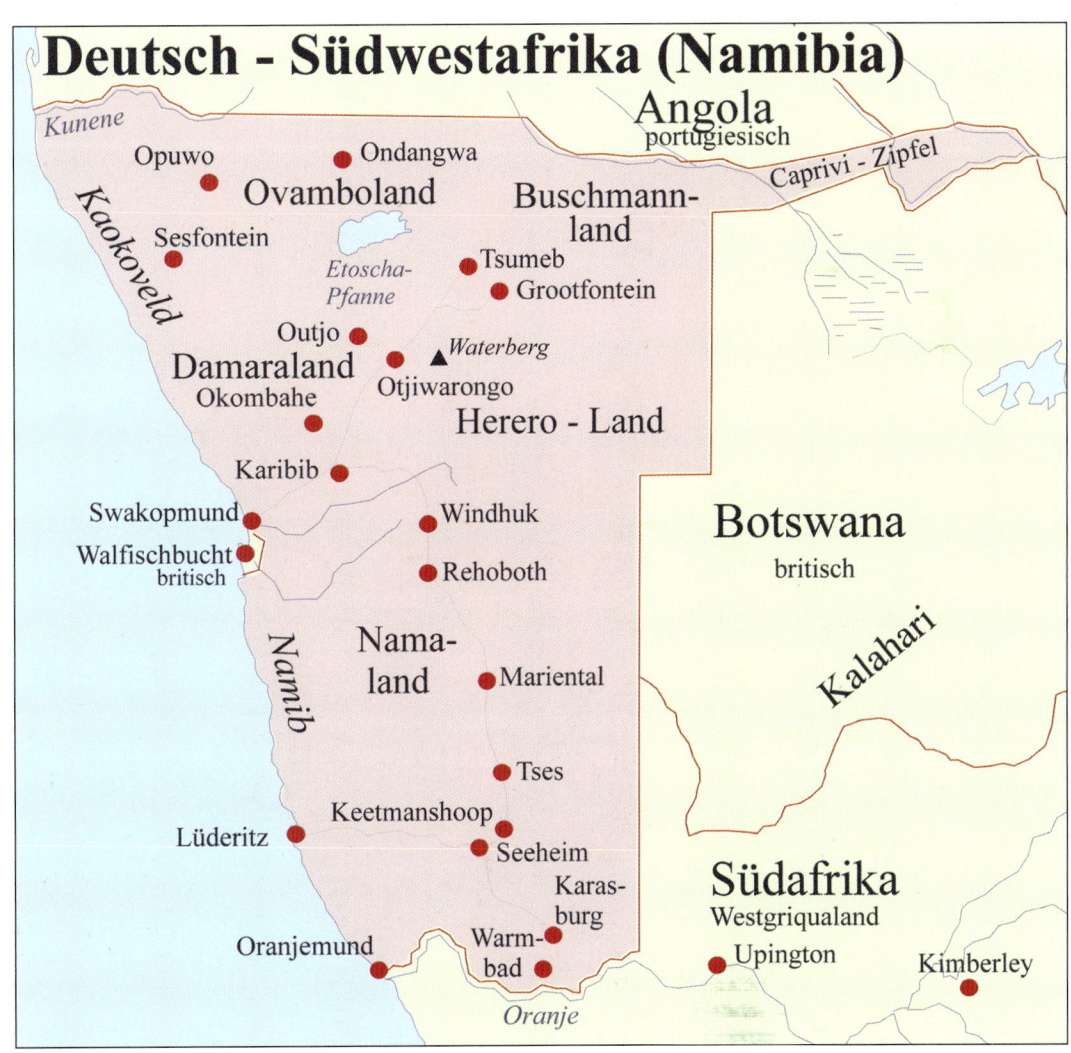

Die Kolonie Deutsch-Südwestafrika stand zwischen 1884 und 1918 unter deutschem Schutz.

Die folgende Doppelseite blickt auf die 1911 erbaute Felsenkirche der Lüderitzbucht in Namibia.

Adolf Lüderitz (rechts oben) erwarb 1883 die Bucht Angra Paquena in Namibia, die später in Lüderitzbucht (rechts unten) umbenannt wurde und den Grundstein für das Deutsche Schutzgebiet Deutsch-Südwestafrika legte.

Die beiden schlossen am 25. August einen Vertrag, bei dem es gewissermaßen zu einer Täuschung kam. Fredericks ging bei der Größe des Gebiets, das er abtrat von der englischen Meile aus, die etwa 1,6 Kilometer betrug. Lüderitz und Vogelsang legten aber die deutsche Meile von 7,4 Kilometern zu Grunde. Das Gebiet, das Lüderitz erhielt war demnach viereinhalb Mal so groß. Dieser Vorgang ging als „Meilenschwindel" in die Geschichte ein. Zudem gaben kolonialkritische Kreise in Deutschland Lüderitz den Spottnamen „Lügenfritz".

Fredericks kam sehr bald hinter den Schwindel, doch wusste er sich nicht weiter zu helfen, als am 31. Dezember 1883 eine Protestnote abzugeben. Er erklärte, dass er der eigentlich rechtmäßige Besitzer des Gebiets sei. Doch von seinem Protest nahm niemand Notiz. Die deutsche Presse stellte sich darüber hinaus mehrheitlich hinter Lüderitz.

## Aus Lüderitzland wird Deutsch-Südwestafrika

Unter welchen Voraussetzungen Bismarck schließlich von seiner Position abwich und dem Erwerb von Kolonien durch das Deutsche Reich zustimmte, ist in der Vergangenheit häufig diskutiert worden. Fest steht, dass er Lüderitz unter dem Druck der Briten Schutz gewährte. Denn 1884 wies der britische Kolonialminister Lord Derby die Verwaltung in Kapstadt an, die Küste von Südafrika bis hin zum portugiesischen Besitz in Angola in Besitz zu nehmen. Nun demonstrierten Deutschland wie England ihre Macht. Kriegsschiffe beider Seiten fuhren die Bucht von Angra Pequena an und zeigten Präsenz.

Vor diesem Hintergrund fand Lüderitz bei der deutschen Regierung endlich Gehör. Nach einem Gespräch mit Reichskanzler Bismarck, an dem auch Adolph Woermann teilnahm, der Besitzungen in Kamerun und Togo besaß, lenkte der eiserne Kanzler ein und beschloss, mit Gustav Nachtigal einen Reichskommissar für Westafrika zu ernennen, der das Deutsche Reich vertreten sollte. Nachtigal war afrikaerfahren. Von 1869 bis 1874 war er durch mehrere Länder gereist und wurde in der Folge in mehrere Gremien aufgenommen. So war er Vorsitzender der Gesellschaft für Erdkunde und der Afrikanischen Gesellschaft sowie Mitglied der Berliner Gesellschaft für Anthropologie, Ethnologie und Urgeschichte. Zu besonderen Ehren kam er, als Bismarck ihn 1882 zum Generalkonsul in Tunis ernannte. Diese Ernennung brachte Nachtigal auch viel Kritik ein. Laute Stimmen bemängelten, dass er sich eher um die Erforschung der islamischen Kultur in Nordafrika als um die Interessen der deutschen Wirtschaft kümmern würde.

# DIE DEUTSCHEN KOLONIEN IN AFRIKA

## ADOLF LÜDERITZ

Franz Adolf Eduard Lüderitz wurde am 16. Juli 1834 in Bremen geboren. Er war Sohn eines wohlhabenden Tabakhändlers, der aus Hannover stammte, aber in Bremen lebte. Der junge Adolf Lüderitz absolvierte die Bremer Handelsschule und ging ab 1851 bei seinem Vater in die Lehre.

Wie vielen Deutschen seiner Zeit erlag der junge Lüderitz dem Ruf der neuen Welt. Voller Enthusiasmus zog er 1854 in die Vereinigten Staaten von Amerika. Dort beschäftigte er sich hauptsächlich mit dem Anbau von Tabak in den Südstaaten. Später versuchte er sich in Mexiko als Rancher, kehrte aber schließlich 1859 völlig mittellos nach Bremen zurück. Dort heiratete er 1866 die reiche Kaufmannstochter Emmy von Lingen. Das Vermögen seiner Frau bescherte ihm wirtschaftliche Unabhängigkeit.

Als sein Vater starb, übernahm Lüderitz die Leitung des Tabakgeschäfts. Zudem erwarb er ein Landgut, auf dem er hauste wie ein Gutsherr. Nach dem Tod seines Vaters 1878 übernahm Lüderitz dessen Tabakgeschäft und führte es erfolgreich weiter. Er bemühte sich auch um Auslandsniederlassungen, um sein Geschäft anzukurbeln. 1881 scheiterte er mit einem Versuch in Lagos.

Zwei Jahre später, 1883, kaufte er im heutigen Namibia durch einen Schwindel ein riesiges Stück Land. Ein Jahr später – unter einem Bedrohungsszenario der Briten – stellte es das Deutsche Reich unter seinen Schutz und machte es zur ersten deutschen Kolonie: Deutsch-Südwestafrika.

1886 wollte Lüderitz den Oranje-Fluss weiter erkundigen, um nach Möglichkeiten für neue Ansiedlungen Ausschau zu halten. Es war Lüderitz letztes Vorhaben. Von dieser Expedition kehrte er nie zurück. Die Leichen von ihm und seinem Begleiter wurden nie gefunden.

Sofort nach seinem Tod setzte die Erinnerungspolitik ein. Die deutsche Kolonialgesellschaft taufte die Bucht von Angra Pequena auf den Namen Lüderitzbucht. Die Stadt, die sich dort entwickelte, wurde ebenfalls nach ihm – Lüderitz - genannt.

Als die deutsche Reichspost im Dritten Reich seiner gedachte, veröffentlichte sie 1934 eine Briefmarkenserie mit den Porträts mehrerer Personen, die in der Kolonialgeschichte eine gewichtige Rolle spielten. Auch Adolf Lüderitz war auf einer der Briefmarken abgebildet. Die Erinnerung an ihn ging im Dritten Reich weiter, und so wurde ein Schiff der Deutschen Kriegsmarine 1939 auf den Namen Adolf Lüderitz getauft.

Noch heute sind in zahlreichen Städten Straßen nach ihm benannt. Mittlerweile gibt es jedoch auch kritische Stimmen, die sich entsprechend mit der kolonialen Vergangenheit und der Rolle, die Lüderitz spielte, auseinandersetzen. In deren Folge

kam es in Köln, Berlin und Bremen zu mehreren Anträgen, die betreffenden Straßen umzubenennen.

# DIE DEUTSCHEN KOLONIEN IN AFRIKA

Am 7. August 1884 wird die erste offizielle deutsche Flagge in der Lüderitzbucht gehisst und das Land, welches 1883 im Auftrag des Bremer Kaufmanns Adolf Lüderitz erworben wurde, unter deutschen Schutz gestellt.

Mit der Ernennung von Nachtigal entsandte Bismarck auch die beiden Kriegsschiffe *Elisabeth* und *Leipzig* nach Afrika und informierte den kaiserlichen Konsul in Kapstadt, dass er keinen Zweifel daran lassen sollte, dass die Gebietserwerbungen von Adolph Lüderitz unter dem Schutz des Deutschen Reiches stehen.

Am 7. August 1884 versammelten sich der Nama Josef Fredericks sowie seine Ratsleute, die beiden Besatzungen der *Elisabeth* und der *Leipzig* und Vertreter von Adolph Lüderitz in der Lüderitzbucht. Feierlich hissten sie zum ersten Mal in Deutsch-Südwestafrika die deutsche Reichsflagge.

Der neue Reichskommissar für Westafrika, Gustav Nachtigal, war in der Zwischenzeit unterwegs nach Südwestafrika. Ende Oktober erreichte er sein Ziel und besiegelte in der Gegenwart von Fredericks die deutsche Schutzherrschaft über Südwestafrika durch einen „Schutz- und Freundschaftsvertrag".

1885 wurde der erste Verwaltungssitz in Otjimbingwe eingerichtet.

Wenig später wurde die Festung „Groß Winhuk" angelegt, die schließlich zum Verwaltungssitz wurde und noch heute unter dem Namen Windhoek die Landeshauptstadt von Namibia ist.

Durch diesen Vorgang schien Lüderitz Selbstbewusstsein gestärkt und er sah die Zeit gekommen, seine weiteren Pläne in die Tat umzusetzen. Ihm strebte eine Kolonie vor, die von der Atlantikküste über die Burenrepublik Transvall bis an den Indischen Ozean reichte. Von Lüderitz beauftragt, schloss Vogelsang weitere Verträge mit den Nama und vergrößerte so sein Gebiet.

Darüber hinaus erwarb Lüderitz auch mehrere Minenkonzessionen. Nach wie vor vermutete er im Boden seines Landes Unmengen an Bodenschätzen. Er stellte drei Expeditionen auf, bei denen mehrere Bergbauexperten herausfinden sollten, wo der Bergbau am ertragreichsten sei. Doch der Erfolg blieb aus. Seine Experten kehrten ohne befriedigende Ergebnisse zurück.

Lüderitz Finanzen schmolzen dahin, so dass er letztendlich von weiteren kolonialen Unternehmen absah. Ihm wurde klar, dass er als Privatmann die Entwicklung Südwestafrikas nicht weiter vorantreiben konnte. Am 4. April 1885 verkaufte er schließlich der Deutschen Kolonialgesellschaft seine letzten Besitztümer in Südwestafrika.

**Siedlungsversuche**

Deutsch-Südwestafrika erstreckte sich vom Oranje-Fluss, der die Grenze zu Südafrika bildete, über 1200 Kilometer nach Norden, wo der Fluss Kuene die nördliche Grenze markierte. Von der Küste aus erstreckte sich Deutsch-Südwestafrika zwischen 450 und 1000 Kilometern ins Landesinnere.

Das Land war sehr ungleichmäßig bevölkert, was sich auch nicht änderte, als die Deutschen kamen. Vor der Besiedlung durch die Deutschen lebten in Südwestafrika 80.000 Herero, 60.000 Owambo, 35.000 Damara und 20.000 Nama. Bis 1902 kamen noch 2.595 Deutsche, 1.354 Buren und 452 Briten hinzu. Bei Beginn des Ersten Weltkrieges waren es etwa 11.500 Deutsche, die in Südwestafrika lebten.

Deutsch-Südwestafrika war die einzige Kolonie des Kaiserreiches, in der sich deutsche Siedler niederlassen sollten. Sie betrieben hauptsächlich Viehwirtschaft. Die Mehrheit dieser Bauern züchtete Ziegen und Schafe, da diese Tiere traditionell in Südwestafrika vorhanden waren. Erst, als im Norden des Landes Kupfer entdeckt wurde, begannen die Deutschen mit dem Abbau dieses Metalls und entwickelten eine entsprechende industrielle Infrastruktur. Verstärkt wurde diese Entwicklung durch Diamantenfunde im Süden des Landes. Diese Nachricht löste eine Goldgräberstimmung aus – ähnlich wie bei

# DIE DEUTSCHEN KOLONIEN IN AFRIKA

## DIE DEUTSCHEN KOLONIEN IN AFRIKA

den Goldfunden in Kalifornien 1848. Im Reich verbreitete sich die Ansicht, dass man im Sand der Wüste die Diamanten ohne Anstrengung auflesen konnte.

### Unruhen und erste Aufstände

Der Afrikaforscher Gustav Nachtigal wurde 1884 zum Reichskommissar für Westafrika ernannt, nachdem er bereits seit 1882 als erster kaiserlicher Generalkonsul in Tunis residierte. Obwohl Nachtigal bereits 1885 verstarb, vielen in die wenigen Monate seiner Amtszeit die Abschlüsse von Schutzverträgen für Kamerun, Togo und – an erster Stelle – für Südwestafrika, in dem er mit den Nama ein Abkommen schloss.

Nach Nachtigals frühem Tod wurde Heinrich Göring, der Vater des späteren Nationalsozialisten, zum neuen Reichskommissar ernannt. Görings Aufgabe war es, weitere Schutzverträge mit den Herero und Nama abzuschließen und Ruhe in die angespannte Siedlungssituation zu bringen. Hierzu beabsichtigte er auf Anraten der Kolonialgesellschaft, vom Deutschen Reich eine Schutztruppe für Südwestafrika zu beantragen. Allerdings wollte er nicht etwa die einzelnen Stämme vor den Siedlern schützen, sondern die vermeintlichen Goldfelder vor Glücksrittern. Doch die Reichsregierung lehnte den Antrag ab. Aus ihrer Sicht war hierfür nur die Kolonialgesellschaft selbst verantwortlich, weil sich das betreffende Gebiet in Privatbesitz befand. Die Kolonialgesellschaft interpretierte diese Ablehnung als Anweisung zum Handeln und stellte nun selbst eine kleine Truppe aus Söldnern auf, die aus 20 afrikanischen Soldaten, 5 Unteroffizieren und 2 Offizieren bestand. Als sich letztlich bestätigte, dass es weit wenig Gold gab, als zunächst angenommen, legte sich auch die Hysterie. Für die Söldnertruppe der Kolonialgesellschaft bedeutete das das Ende. Ohnehin war sie zuvor nicht etwa durch Ordentlichkeit denn vielmehr durch Disziplinlosigkeit aufgefallen.

Ein nächstes Problem für die koloniale Verwaltung zeichnete sich ab 1888 ab, als es zu mehreren Auseinandersetzungen zwischen den Herero und den Witbooi kam. Die Witbooi waren eine Stammesgruppe, die aus der Verbindung von niederländischen Buren mit Frauen der Nama, die sich in ihren Diensten befanden, entstanden war. Anfang des 19. Jahrhunderts waren sie aus Südafrika nach Norden gezogen und gerieten dort, in Südwestafrika, immer wieder in Konflikt mit den ansässigen Gruppen. Nun, da die Herero einen Schutzvertrag mit dem Deutschen Reich abgeschlossen hatten, pochten sie auf diesen und erhofften sich die Unterstützung der Reichsregierung. Als das Deutsche Reich ihrem An-

Eine stillgelegte Diamantenmine im Namaqualand (links oben).
Der Diamantenabbau in der Siedlung Kolmanskop, ungefähr zehn Kilometer östlich der Hafenstadt Lüderitz, wurde 1930 eingestellt. Seit den 1960er Jahren ist der Ort der Wüste überlassen, die ihren Sand meterhoch in die Ruinen weht (links unten).

## DIE DEUTSCHEN KOLONIEN IN AFRIKA

# DIE „KONGOKONFERENZ" IN BERLIN

Nicht nur durch die deutschen Ambitionen auf dem „schwarzen Kontinent" war der „Wettlauf um Afrika" Mitte der 1880er Jahre entbrannt, auch andere Nationen gründeten Kolonien in Afrika. In dieser Phase fielen die Europäer regelrecht über Afrika her. 1881 besetzte Frankreich Tunesien und das Gebiet, das heute die Republik Kongo umfasst. Drei Jahre später folgte Guinea. Großbritannien verleibte sich Ägypten ein, das nominell aber weiter zum Osmanischen Reich gehörte und über den Sudan und Teile Somalias herrschte. Beide Gebiete gehörten danach ebenfalls zur britischen Einflusszone. Italien nahm 1870 und 1882 erste Teile Eritreas in Besitz. Und Belgien stritt mit Frankreich um den Kongo. Es gab nur noch wenige von den Europäern unberührte Flecken auf der afrikanischen Landkarte.

Deshalb überzeugte der belgische König Leopold II. Frankreich und Deutschland, dass ein gemeinsames Vorgehen der Europäer in Afrika im allgemeinen Interesse läge. Daraufhin lud Otto von Bismarck, der sich in dieser Phase gerade vom Kolonialgegner zum pragmatischen Kolonialpolitiker wandelte, die europäischen Mächte Belgien, Dänemark, Frankreich, Großbritannien, Italien, die Niederlande, Österreich-Ungarn, Portugal, Russland, Spanien und Schweden-Norwegen sowie Vertreter des Osmanischen Reiches wie auch der Vereinigten Staaten von Amerika zu einer Konferenz nach Berlin ein - Vertreter Afrikas waren nicht anwesend. Dafür hing an der Wand eine riesige Afrika-Karte, die die Interessensphären der einzelnen Mächte abbildete. Über die letzten weißen Flecken dieser Karte wurde nun debattiert.

Am 15. November 1884 traf diese Konferenz im Reichskanzlerpalais, dem ehemaligen Hotel Radziwill, in der Wilhelmstraße 77 in Berlin zusammen und beriet über das weitere Vorgehen. Bismarck begnügte sich allerdings damit, lediglich die Konferenz zu eröffnen. Die deutschen Unterhändler waren an seiner statt Staatssekretär Paul Graf von Hatzfeldt, Unterstaatssekretär Klemens August Busch und der geheime Legationsrat Heinrich von Kusserow vom Auswärtigen Amt. Bismarck wollte sich nicht zu sehr in die territorialen Ansprüche der einzelnen Mächte einmischen. Er bevorzugte es, als neutraler Mittler aufzutreten. Ohnehin war seine Sicht auf die Kolonien lediglich in Hinblick auf die Stabilität in Europa bezogen.

Die Konferenz endete am 26. Februar 1885. Als Ergebnis unterzeichneten alle Teilnehmer die sogenannte Kongoakte. Der Kongo, das rohstoffreichste Gebiet Afrikas, ging nicht an eine europäische Großmacht, sondern an Belgien, welches für die europäische Kontinentalpolitik kaum von Bedeutung war. Außerdem hatte sich herausgestellt, dass die Ziele der beiden Kolonialreiche Großbritanniens und Frankreichs nicht miteinander vereinbar waren. Frankreich wollte Nordafrika vom Atlantik bis zum Osmanischen Reich beherrschen, und England strebte ein Gebiet vom Mittelmeer bis zum Kap der Guten Hoffnung an.

Weitere Inhalte der Kongoakte waren die Freigabe der Flüsse Niger und Kongo für die Schifffahrt, das Verbot des internationalen Sklavenhandels, darüber hinaus wurde eine Kongo-Freihandelszone geschaffen und die Kriterien für die völker-

# DIE DEUTSCHEN KOLONIEN IN AFRIKA

rechtliche Anerkennung von Kolonialbesitz festgelegt. Dies wiederum löste einen gelrechten Sturm auf die noch unbesetzten Gebiete aus.

Es dauerte nur wenige Jahre, bis alle Gebiete südlich der Sahara nominell aufgeteilt waren. Der größte Teil der Sahara ging an Frankreich, der Sudan fiel an Britisch-Ägypten. Ebenso eroberte Großbritannien die Burenstaaten im Burenkrieg von 1899 bis 1902. Frankreich und Spanien teilten sich Marokko, und Italien eroberte Libyen. Im Jahr 1914 stand mit Ausnahme von Liberia und Äthiopien der gesamte afrikanische Kontinent unter der Herrschaft der Europäer.

Von den hehren Zielen, die die Konferenzteilnehmer in der Präambel der Kongoakte festgehalten hatten, war in der praktischen Umsetzung der Kolonialpolitik nichts mehr zu finden. Der Zivilisationsauftrag und die Verbesserung der sittlichen und materiellen Situation der eingeborenen Völker Afrikas spielten in der Folge der Konferenz ebenso wenig eine Rolle wie die Souveränitätsrechte der Afrikaner. Mit dem Lineal zogen die Europäer Grenzen durch Afrika, wobei diese neuen Grenzlinien häufig quer durch die Lebensräume einzelner Ethnien gingen – und bis heute Schwierigkeiten nach sich ziehen.

Die Kongokonferenz (linke Seite) fand vom 15. November 1884 bis 26. Februar 1885 in Berlin statt. Bewaffnete Buren (oben) während des Burenkrieges (1899-1902). Ab 1900 richteten die Briten Konzentrationslager zur Internierung der gefangenen Buren ein. Die schlechte Ernährung und dürftigen hygienischen Verhältnisse führten zum Tod von etwa 26.000 Frauen und Kindern (links).

liegen nicht folgen wollte, kündigten die Herero erbost den Deutschen die Schürfrechte und den Schutzvertrag auf.

Göring war nun gefordert. Einerseits versuchte er das Volk der Herero davon zu überzeugen, die Vertragsaufkündigungen rückgängig zu machen. Andererseits stand er vor der schwierigen Aufgabe zwischen den beiden verfeindeten Stämmen Frieden zu stiften. Als es schließlich zu Eskalation kam und die Witbooi begannen, die Region mit Plünderungen und Überfällen zu terrorisieren, stand er der Situation ohnmächtig gegenüber und flüchtete mitsamt der vollständigen Kolonialverwaltung des Reiches in die Walfischbucht. Dort wähnte er sich in Sicherheit.

Die Kolonialgesellschaft bekniete die Regierung in Berlin und bat erneut um Hilfe. Nun gab man nach und sandte im Mai 1889 unter der Leitung des in Luxemburg gebore-

Familie aus dem Volk der Herero in Südwestafrika, heute Namibia. Foto, 1907.

# DIE DEUTSCHEN KOLONIEN IN AFRIKA

nen Curt von Francois eine Schutztruppe nach Südafrika, die später auf 50 Mann aufgestockt wurde. Francois gelang es mit seinen Leuten, Zuliefererwege der Herero abzuschneiden, so dass der Nachschub an Waffen zum Erliegen kam. Von dem aggressiven Vorgehen von Francois beeindruckt, lenkten die Herero schließlich ein und nahmen die Aufkündigung des Schutzvertrages wieder zurück. Die Situation beruhigte sich wieder.

Göring verließ Südwestafrika und kehrte nach Deutschland zurück. An seiner Stelle wurde Francois eingesetzt, der 1891 zum vorläufigen Reichskommissar und Landeshauptmann ernannt wurde. Dadurch befanden sich nun die militärische wie die zivile Macht der deutschen Kolonisten in einer Hand. Francois hatte zwar die Lage beruhigt und die Herero zurückgewiesen, doch blieben die Witbooi weiterhin aufständig und überfielen reihenweise deutsche Siedler. Daher fasste Francois den Plan als nächstes gegen die Witbooi direkt vorzugehen. Er ließ seine Schutztruppe auf insgesamt 212 Soldaten vergrößern und nahm im Frühjahr 1892 den Kampf gegen die Witbooi auf.

Als im März 1893 weitere Soldaten aus Deutschland eintrafen, sah Francois endlich den Moment gekommen, mit aller Stärke gegen die Witbooi vorzugehen und ihnen gewaltsam die Oberhoheit in der Kolonie zu demonstrieren. Am 12. April überraschte er mit über 100 deutschen Soldaten und 50 Verbündeten, den sogenannten „Baster", die ebenfalls aus einer Verbindung zwischen Buren und Nama-Frauen entstanden waren, und die Witbooi in der Nähe von Rehoboth bei Hendrik Witboois Festung „Hornkranz". Die Deutschen gingen gnadenlos gegen die Witbooi vor. Sie töteten nicht nur die Soldaten, sondern auch Frauen, Kinder und Tiere. Am Ende war die Festung völlig zerstört. Die Witbooi hatten 80 Tote zu beklagen, während auf deutscher Seite lediglich zwei Reiter gefallen waren. Der Vorfall ging als das „Massaker von Hornkranz" in die Geschichte ein und beschäftigte über Wochen die internationale Presse.

Major Theodor Leutwein (vorne links) bei den Friedensverhandlungen mit dem Häuptling Manasse von Omaruru und dem Oberhäuptling der Herero, Samuel Maharero.
Während den Friedensverhandlungen von 1895 (folgende Doppelseite) unterzeichnen Leutwein (4. v. re.), Kommandeur der deutschen Schutztruppen, und Maharero (3. v. re.), einen Schutzvertrag.
Foto, Mai 1896.

DIE DEUTSCHEN KOLONIEN IN AFRIKA

Hendrik Witbooi (1830-1905), Anführer der Witbooi, mit seiner Familie. Foto, ca. 1896.

Hendrik Witbooi flüchtete mit etwa 800 seiner Leute und lieferte Francois in den nächsten Monaten einen blutigen Guerillakrieg. Francois geriet in die Kritik. Vor allem das Auswärtige Amt kritisierte ihn, einen Kolonialkrieg begonnen zu haben. Aus diesem Grund ließ die Reichsregierung ihre Schutztruppe erneut aufstocken und entsandte Major Theodor Leutwein nach Südwestafrika, um Francois abzulösen.

Die Witbooi hielten sich mittlerweile unter der Führung ihres Kapitäns Hendrik Witbooi in den Naukluftbergen am Ostrand der Wüste Namib versteckt und lieferten den Deutschen erbitterten Widerstand. Leutwein forderte neue Truppen aus Deutschland an. So verstärkt startete er im Sommer 1894 eine erneute Offensive gegen die Witbooi, die er schließlich am 11. September des gleichen Jahres zur Aufgabe bringen konnte.

In den Friedensverhandlungen schlossen beide Seiten einen Schutzvertrag ab, der den Witbooi ein Siedlungsgebiet zusicherte, das allerdings unter dem „Schutz" einer deutschen Garnison stehen sollte. Hendrik Witbooi durfte weiterhin Anführer bleiben, erhielt eine Rente und gestand der Kolonialverwaltung seine militärische Unterstützung zu. Nach diesen verlustreichen Gefechten hielten sich die Witbooi bis zum Ausbruch des Herero-Aufstandes an den Schutzvertrag. Leutwein war es gelungen, den Frieden in Südwestafrika wieder herzustellen, der knapp 10 Jahre halten sollte. Für seine Verdienste wurde er 1898 zum Gouverneur der Kolonie ernannt.

### Technik und Verkehr

Eine der wichtigsten verkehrstechnischen Leistungen war die Anbindung der Kolonie an das Mutterland. Jedoch erfolgte der Aufbau einer regelmäßig verkehrenden Schiffslinie erst 1898 durch den Kaufmann Adolph Woermann, der mit seiner Reederei auch Linien zu den anderen deutschen Kolonien sowie zu anderen wichtigen Handelsorten aufbaute.

Innerhalb von Südwestafrika spielte vor allem die Eisenbahn eine bedeutende Rolle. Bis ins Jahr 1897 wurde der inländische Verkehr meist mit Holzkarren getätigt. Die Karren wurden von Ochsen über schlecht ausgebaute Straßen gezogen. Als im Juli 1897 eine Rinderpest ausbrach, kam der Inlandsverkehr vollständig zum Erliegen. Hohe Preise mussten für den Transport gezahlt werden, so dass die Stimmen nach einer Eisenbahn laut wurden. Bislang hatte die Reichsregierung unter Bismarck und seinem Nachfolger Caprivi kaum reagiert und das Thema Eisenbahn vermieden, doch nun blieb kein anderer Ausweg.

DIE DEUTSCHEN KOLONIEN IN AFRIKA

# HENDRIK WITBOOI

Eine Aufnahme von Hendrik Witbooi in Windhoek von 1907 (oben). Seit der Unabhängigkeit Namibias im Jahr 1989 wurde Witbooi zum Nationalhelden erklärt und auf alle namibischen Banknoten gedruckt (rechts).

Das Geburtsjahr von Hendrik Witbooi ist unbekannt. Einige Quellen behaupten, er sei Mitte der 1820er Jahre geboren, andere beziffern sein Geburtsjahr auf 1838. Bereits sein Großvater Kido Witbooi war ein Kapitän der Witbooi und führte den Stamm aus Südafrika nach Norden in das heutige Namibia. Diesen Zug nach Norden erlebte Hendrik als junger Mann mit.

Die Witbooi lebten nach dem christlichen Glauben und standen in engem Kontakt mit der Rheinischen Missionsgesellschaft. Auch Hendrik Witbooi beschäftigte sich stark mit dem Neuen Testament. Zudem lernte er mehrere europäische Sprachen. 1875 ernannte der Missionar Johannes Olpp, der für viele Witbooi eine wichtige Autorität war, Hendrik Witbooi zum Gemeindeältesten. Der intelligente Hendrik war sich seiner Aufgabe als Anführer bewusst und beanspruchte daher auch das Amt, das zuvor sein Großvater innehatte und nun von seinem Vater Moses Witbooi bekleidet wurde. Um die alleinige Macht über die Witbooi zu erlangen, untermauerte er sein Aufstreben mit christlicher Rhetorik.

Als er die Witbooi weiter nach Norden führen wollte, geriet er in Konflikt mit seinem Vater Moses, der darin eine große Gefahr erkannte. Hendrik zeigte sich uneinsichtig. Um den Widerstand seines Vaters zu brechen, behauptete er, Gott sei ihm erschienen und habe ihm ein Land im Norden versprochen. Auch die Missionare warnten Hendrik vor diesem Zug, denn im Norden befanden sich vor allem die Herero, die ihr Land nicht einfach aufgeben würden.

Doch Hendrik blieb stur. Unter der Berufung auf seinen göttlichen Auftrag brach er im Mai 1884 mit dem größten Teil der Witbooi weiter nach Norden auf. Dort geriet er mit den Herero in Konflikt und musste die Übermacht seines Gegners schmerzvoll erkennen. Er bat daher den Herero-Häuptling Maharero, in Frieden weiterziehen zu dürfen. Doch Maharero akzeptierte lediglich das Friedensangebot. Ein Weiterzug der Witbooi durch sein Gebiet kam für ihn nicht in Frage. Nach mehreren Kämpfen mit den Herero musste Hendrik Witbooi mit dem Rest seiner Leute in den Süden zurückkehren.

# DIE DEUTSCHEN KOLONIEN IN AFRIKA

Dort sah er sich heftiger Kritik ausgesetzt. Die Missionare entzogen ihm zudem die Erlaubnis am Abendmahl teilzunehmen. Tief getroffen bereitete er einen weiteren Zug nach Norden vor und scharte hierfür 600 Witbooi um sich.

Im Sommer 1885 brach Hendrik Witbooi mit seinen Leuten nach Norden auf und besetzte eine Wasserstelle der Herero. Wieder ließen die Herero die Witbooi nicht friedlich in ihr Gebiet einziehen und es kam zu einer erbittert geführten Schlacht, in deren Verlauf Hendrik Witbooi zwei Söhne verlor. Doch Hendrik war nicht in die Flucht zu schlagen. Hasserfüllt fing er anschließend einen Guerillakrieg gegen die Herero an, der über Jahre dauerte.

In der Zwischenzeit war Moses Witbooi durch seinen Konkurrenten Paul Visser als Anführer ersetzt und 1888 schließlich ermordet worden. Visser zog nun seinerseits mit den restlichen Witbooi nach Norden, wo es zum Kampf mit Hendrik kam. Hendrik konnte den Konkurrenten seines Vaters töten, woraufhin ihn alle Witbooi gemeinsam zum neuen Anführer ernannten.

In dem nun folgenden Konflikt mit der deutschen Kolonialmacht behauptete sich Hendrik Witbooi als Anführer und versuchte darüber hinaus weitere Stämme der Nama unter sich zu vereinen. 10 Jahre hielt er sich an den Schutzvertrag, bis ihn das grausame Vorgehen der Deutschen unter der Führung von Trotha moralisch dazu zwang, erneut gegen die Kolonialherren vorzugehen. Bei einem Überfall auf einen deutschen Transport am 29. Oktober 1905 wurde Hendrik Witbooi schwer am Oberschenkel verwundet. Er verblutete und starb noch am gleichen Tag. Ohne ihren Anführer zerfiel der Stamm in mehrere Gruppen, die sich in den darauffolgenden Wochen den Deutschen ergaben.

Im heutigen Namibia gilt Hendrik Witbooi als Nationalheld. Sein Porträt ist auf allen namibischen Banknoten abgebildet, und seine Tagebücher gehören seit 2005 zur Liste des Weltdokumentenerbes der UNESCO.

Eisenbahn-Waggon im Bahnhof von Lüderitz, Namibia (unten).

Nun kamen Forderungen von Leutwein hinzu, die sich auf die militärischen Vorteile bezogen, die der Bau einer Eisenbahn mit sich bringen würde. Nur mit ihr, so Leutwein, ließe sich die deutsche Machtposition behaupten und weiter ausbauen. Dies überzeugte schließlich auch die Reichsregierung, die ihrerseits eine Genehmigung zum Bau der Eisenbahn von Swakopmund nach Windhoek aussprach.

Das zu bebauende Land war zum großen Teil noch unvermessene Wildnis, über die nicht viel bekannt war. Da die Zeit drängte, waren detaillierte Vorbereitungen nicht möglich. Stattdessen sah der Plan vor, eine Trasse für eine Schmalspurbahn

entlang des Bayweges am Nordufer des Swakop-Rivers anzulegen. Berechnungen für eine günstige Linienprüfung konnten die Deutschen nicht anstellen. Dem Bauleiter stand es daher frei, eine Trassenführung zu wählen, mit der man halbwegs durchs Gelände kam.

Die Strecke verlief von Swakopmund quer durch die Wüste Namib über die Stationen Nonidas, Richthofen und Rössing über den Khan-Fluss. Über eine Steilrampe erreichten die sätzlich erhielt die Strecke eine Abzweigung nach Otawi, Grootfontein und Tsumeb, um die dortigen Kupferminen an das Netz anzuschließen. Für den Bau stellte die koloniale Leitung eine Truppe aus 290 Deutschen und 800 afrikanischen Arbeitskräften auf. Viereinhalb Jahre arbeiteten sich die Eisenbahner quer durch Südwestafrika. Schließlich konnte die Bahnstrecke Swakopmund-Windhoek am 19. Juli 1902 feierlich eröffnet werden. Für den zivilen Verkehr standen

Bahnhofsgebäude von Swakopmund, Namibia. Foto von 1907.

Züge das andere Ufer, von wo es weiter nach Welwitsch, Pforte und Jakkalswater ging. Dann verließ die Trasse den alten Bayweg und steuerte die Karibik an. Über weitere Stationen erreichte die Bahn schließlich nach 382 Kilometern Windhoek. Zu-

34 Lokomotiven zur Verfügung. 20 weitere fungierten als Ersatz. Mit den später angelegten Strecken hatte Südwestafrika letztlich das umfangreichste Streckennetz aller deutschen Kolonien. Insgesamt umfasste es mehr als 2.300 Kilome-

## DIE DEUTSCHEN KOLONIEN IN AFRIKA

Das Bahnhofsgebäude von Windhoek, Namibia, heute.

ter. Neben dem technischen Erfolg des Eisenbahnbaus bedeutete dieser einen enormen Landverlust für die Herero. Sie mussten weiträumig entlang der Bahntrasse – ohne dafür einen Ausgleich zu erhalten – ihr Land an die Bahngesellschaft abtreten.

Parallel zum Ausbau der Eisenbahn entstanden 102 Telegraphenämter für die fast 4.000 Kilometer Telegraphenlinien. Über ein britisches Seekabel in der Walfischbucht wurde das Telegraphennetz mit dem Rest der Welt verbunden. Ab 1910 arbeiteten die Deutschen dann an einem Funknetz. Zwei Jahre später nahm die erste Funkstelle in Swakopmund ihren Betrieb auf. Die Stationen in Lüderitzbucht und Windhoek konnten ebenfalls ihre Arbeit aufnehmen und mit der Funkstation Kamina in Togo verbunden werden, von wo die Funksprüche weiter ins 9.700 Kilometer entfernte Deutschland geleitet werden konnten. Teilweise wurden die Antennen mithilfe kleiner Fesselballons in die Luft steigen gelassen, um eine größere Reichweite des Funksignals zu erzielen.

### Der Aufstand der Herero

Damals war man sicher: Ohne Vorwarnung und wie der Blitz erhoben sich die Herero im Januar 1904 gegen die Deutschen Kolonialherren und töteten in blutigen Massakern deutsche Siedler und Farmer. Die Deutschen waren völlig überrascht. Hatte es doch zuvor

## DIE DEUTSCHEN KOLONIEN IN AFRIKA

keine Warnzeichen eines Aufstandes gegeben.

Untersucht man heute die entsprechenden Dokumente, zeichnet sich ein anderes Bild ab. Der deutsche Farmer Conrad Rust erhielt gleich zu Beginn der Unruhen den Befehl, im staatlichen Interesse die Geschichte des Herero-Aufstandes festzuhalten. Hierfür erhielt er Akteneinsicht. Das von Rust schnell zusammengetragene Material gibt einen Überblick über die Geschehnisse aus Sicht der deutschen Siedler. Dieser Bericht, propagandistisch, einseitig und in der Sprache der Kolonisten verfasst, zeichnete dennoch eine bedeutende Chronologie der Geschehnisse auf. Zuletzt wurde er 1904 veröffentlicht und jedem Reichstagsabgeordneten in Berlin zugestellt.

Rust schrieb auch, dass es aus seiner Sicht schon länger in der afrikanischen Bevölkerung rumorte. Allzu überraschend sei der Aufstand doch nicht gekommen. Die deutschen Siedler hätten die Zeichen der Zeit nur verkannt oder ignoriert. Rust berichtete, dass die Herero bereits im November verstärkt Sättel, Pferde und andere Zugtiere kauften. Und für Gewehre waren sie sogar bereit, hohe Schuldscheine zu unterschreiben. Siedler, die Windhoek kurz vor Weihnachten besucht hatten, berichteten sogar, dass sie das Gefühl hatten, dass die Herero zum Kampf rüsteten und mit Vorräten versorgten. Einige deutsche Siedler ahnten also, was passieren würde. Dennoch wurde keine Obrigkeit verständigt. Die Deutschen waren demnach auf den Aufstand der Herero nicht vorbereitet.

Einheimische Herero in Deutsch-Südwestafrika. Fotos, Anfang des 19. Jahrhunderts.

# DIE DEUTSCHEN KOLONIEN IN AFRIKA

Die Herero litten seit Jahrzehnten unter der Situation in Südwestafrika. Ihr größtes Problem waren die Nama und die zu den Nama gehörigen Witbooi. Sie drangen immer weiter in die Siedlungsgebiete der Herero vor, was zu vielen Kämpfen führte. Die Deutschen griffen wiederholt in den Konflikt ein, da sie ein Schutzabkommen mit den Herero geschlossen hatten. Nachdem Theodor Leutwein 1894 die Witbooi unterworfen hatte, kehrte Ruhe in Südwestafrika ein. Zwischen Leutwein und dem Oberhäuptling der Herero, Samuel Maharero, entwickelte sich sogar eine Freundschaft.

Nach Herstellung des Friedens in Südwestafrika ereignete sich 1897 eine Rinderpest, die den Herero schwer zu schaffen machte. Ihr Lebensunterhalt basierte hauptsächlich auf der Viehzucht, so dass ihre Existenzgrundlage wegzubrechen drohte. Hungersnöte griffen um sich und dezimierten das Volk der Herero stark. Die Überlebenden waren zudem sehr geschwächt.

Die Rinderpest hatte einen starken Preisanstieg für Rindfleisch zur Folge, weshalb sich nun auch vermehrt deutsche Siedler mit der Viehzucht beschäftigten und so zu starken Konkurrenz für die Herero wurden. Doch nicht nur das. Diese Siedler drangen nun auch in die Weidegründe der Herero vor. Einige Herero reagierten und verkauften ihr Land an die Deutschen.

Während des Herero-Aufstandes nehmen die Deutschen Eingeborene gefangen, Foto von 1904. Der Farbdruck (rechte Seite) zeigt eine Kampfszene des Herero-Aufstandes, aus Le Petit Journal 1904.

DIE DEUTSCHEN KOLONIEN IN AFRIKA

Damit sorgten die einzelnen Herero zwar für die Verbesserung des eigenen Lebensstandards. Der Allgemeinheit aber schadeten sie. Letztlich standen den Herero immer weniger Weideland und Brunnen zur Verfügung.

Für viele gab es nur einen Ausweg: Sie begaben sich als Lohnarbeiter in die Dienste von deutschen Farmern und Siedlern. In diesen Diensten fühlten sie sich aber schnell erniedrigt und missachtet. Besonders die Demütigungen und Diskriminierungen durch die Kolonialisten – aus Unkenntnis von ihren Sitten oder auch mit bloßer Absicht hervorgebracht – förderten den Widerstandswillen der Herero. Einige Deutsche handelten dabei aus einem Gefühl einer geistigen und kulturellen Überlegenheit

Die deutsche Schutztruppe beschützt während der Aufstände ein deutsches Amtsgebäude in Windhoek.

## DIE DEUTSCHEN KOLONIEN IN AFRIKA

Angehörige der deutschen Schutztruppe mit gefangenen Herero und Nama während der Herero- und Nama-Aufstände (1904-08).

heraus. Nur wenige ließen sich auf die Lebensweise der Herero ein und versuchten sie zu verstehen.

Andere Herero ließen ihr Vieh auf den Flächen deutscher Farmen weiden, was wiederum zu Konflikten und Auseinandersetzungen führten. Die Deutschen, die ihr Land von den Herero erstanden hatten, reagierten wütend und zornig auf diese Vorgehensweise. Viele Herero mussten ihr Vieh pfänden lassen, wenn sie lebensnotwendige Waren von Händlern für überteuerte Preise kauften. Dies führte schrittweise zu einer Enteignung der Herero und trug weiterhin zur Zerstörung ihrer Lebensgrundlage bei.

Ein weiterer Faktor, der die Herero zum Aufstand veranlasste, war die gesetzliche Willkür, mit der gegen sie vorgegangen wurde. Ständige Übergriffe, Belästigungen und gar Vergewaltigungen von Herero-Frauen belasteten das Verhältnis zwischen ihnen und den deutschen Siedlern sehr. Meist blieben die deutschen Täter zudem unbestraft, so dass sich die Herero als Menschen zweiter Klasse behandelt fühlten. Vor Gericht erhielten sie nur selten Recht. Zudem wurden die Deutschen für ihre Verbrechen oftmals nicht bestraft.

Theodor Leutwein versuchte die Lage zu entspannen. Doch war in dieser angespannten, kritischen

Phase eine erneute vertragliche Regelung mit den Herero unmöglich. Leutwein versuchte daher mit einer strengeren Genehmigungspraxis für deutsche Farmer, dem Ausverkauf des Landes der Herero Einhalt zu gebieten.

Unmittelbar vor dem Aufstand gab Samuel Maharero die Richtlinien des Aufstandes aus. Die Herero sollten weder gegen die Engländer, Baster, Bergdamara, Nama oder Buren noch gegen deutsche Missionare, Frauen und Kinder vorgehen. Sie sollten einzig und allein die deutschen Männer angreifen. Die Herero hielten sich in den allermeisten Fällen an diesen Verschonungsbefehl und ließen deutsche Frauen und Kinder bei einem Angriff gehen.

Zunächst hatten die Deutschen den Eindruck, dass es sich bei den Angriffen der Herero nur um eine lokale Erhebung handelte. Doch als diese am 12. Januar unter dem Befehl von Samuel Maharero die Stadt Okahandja belagerten, die Eisenbahnbrücke bei Osona zerstörten und Telegraphenleitungen in Richtung Windhoek kappten, herrschte kein Zweifel mehr daran, dass es sich um einen Aufstand der Herero handelte.

Wie Maharero befohlen hatte, richtete sich der Aufstand vor allem gegen die deutschen Siedler. Häufig drangen Krieger der Herero in die Farmhäuser ein, töteten den Farmer und verließen die Farmen wieder. In anderen Fällen brannten sie die Höfe auch nieder. Darüber hinaus richteten sich die Angriffe der Herero gegen militärisch und strategisch wichtige Ziele: Depots, Eisenbahnlinien, Handelsstationen und Telegraphenämter wurden angegriffen und zerstört.

In der Zwischenzeit war Samuel Maharero nicht untätig und suchte im ganzen Land nach Allianzen. Vor allem die Baster und Witbooi wollte er auf seine Seite ziehen und in den Aufstand einbinden. Doch er blieb ohne Erfolg. Die zu den Nama gehörigen Witbooi hielten sich an den Schutzvertrag, den sie mit dem Deutschen Reich abgeschlossen hatten.

Die meisten Todesfälle unter den Deutschen gab es gleich zu Beginn des Aufstandes, als sich der jahrelang angestaute Hass der Herero über den männlichen Siedlern entlud. Insgesamt starben 111 Männer und 5 Frauen in dieser Phase. Die Missionare, die bislang immer vor den Afrikanern gewarnt und die Siedler ermahnt hatten, sahen sich nun bestätigt. Aus ihrer Sicht war der Aufstand der Herero schon lange hinfällig. Vergeblich mühten sich die Missionare zudem gegen das in der deutschen Presse verbreitete Bild der Herero als grauenvolle, barbarische Ureinwohner vorzugehen. Dass sie Frauen und Kinder beispielsweise verschonten, wurde

Eine deutsche Kavallerietruppe (rechts oben) reitet durch Karibib, Namibia.
Die deutsche Schutztruppe in Stellung (rechts unten) während des Hererokrieges.

DIE DEUTSCHEN KOLONIEN IN AFRIKA

# DIE DEUTSCHEN KOLONIEN IN AFRIKA

mit keiner Zeile erwähnt. Entsprechend unruhig wurde die deutsche Öffentlichkeit. Der Ruf nach Vergeltung gegen die grausamen Brutalitäten der Afrikaner wurde lauter.

Das Deutsche Reich war gegen einen Aufstand zunächst machtlos. Die Schutztruppe Südwestafrikas bestand nur aus ein paar hundert deutschen Soldaten und wenigen Afrikanern. Hinzu kamen etwas über 1.000 Reservisten und Freiwillige. Technisch war man besser ausgestattet und verfügte im Gegensatz zu den Herero über Maschinengewehre. Damit ließ sich die zahlenmäßige Unterlegenheit jedoch nicht ausgleichen. Auf der Gegenseite standen 80.000 Herero, die etwa 7.000 Soldaten aufbringen konnten.

Nun erwies sich als Nachteil, dass das deutsche Kaiserreich im Gegensatz zu den Kolonialmächten England und Frankreich über keine schnelle Eingreiftruppe verfügte, die speziell für den Einsatz in kolonialen Gebieten ausgebildet und ausgestattet war.

Aufgrund der zahlenmäßigen Unterlegenheit der Deutschen und den Beziehungen zu den Herero versuchte der inzwischen zum Oberst beförderte Leutwein mit Diplomatie und Verhandlungsgeschick Herr der Lage zu werden. Doch sein gutes Verhältnis zu den Herero half ihm in dieser Krise nicht weiter. Zu entschlossen waren die Afrikaner gegen die Kolonialherren vorgegangen, als dass sie sich mit Leutwein an einen Tisch gesetzt hätten. Unter den deutschen Siedlern wie auch im Deutschen Reich wurden Leutweins Bemühungen nach einer friedlichen Lösung zudem als Schwäche abgetan.

Da die Schutztruppe der Kolonie den Herero zahlenmäßig weit unterlegen war, reagierte die Reichsregierung schnell und schickte vier Kompanien und weitere Verstär-

Im Juni 1904 übergibt Oberst Theodor Leutwein (3. v. re.) das Kommando der deutschen Schutztruppen an Lothar von Trotha (rechts).
Deutsche Soldaten verlassen den Hamburger Hafen in Richtung Deutsch-Südwestafrika, um die Schutztruppe der Kolonie während des Herero-Aufstandes zu unterstützen.

DIE DEUTSCHEN KOLONIEN IN AFRIKA

## DIE DEUTSCHEN KOLONIEN IN AFRIKA

kung in Form von Maschinengewehren, Artillerie und weiterem Kriegsmaterial nach Südwestafrika. Diese Soldaten waren schnell aus den unterschiedlichsten Truppenverbänden und Freiwilligen ausgesucht worden. Im Grund wurden sie völlig unvorbereitet für einen Einsatz in der Wüste oder in den Bergen nach Südwestafrika verschifft. Doch nicht nur die mangelnde Erfahrung sondern auch die Krankheitsanfälligkeit gegen fremde Krankheiten wie Typhus machte den deutschen Soldaten zu schaffen. Mit dieser Verstärkung kam auch die Ablösung von Leutwein. Er musste seinen Platz als Gouverneur räumen. Das Kommando über die Schutztruppe wie auch das Amt des Gouverneurs wurde auf Generalleutnant Lothar von Trotha übertragen.

Trotha wurde 1848 als Sohn eines preußischen Offiziers geboren und trat 1865 in die Armee Preußens ein, wo er schnell Karriere machte. Ab 1894 beschäftigte ihn das Auswärtige Amt als Oberstleutnant für drei Jahre und ernannte ihn zum Kommandeur der Schutztruppe in Deutsch-Ostafrika sowie zugleich Stellvertreter des Gouverneurs. Als der Boxeraufstand in China ausbrach, wurde er zum Generalmajor befördert und erhielt den Auftrag, den Aufstand niederzuwerfen. Trotha war also durch und durch Soldat. Zudem war er von einem rassistischen Weltbild geprägt, das die sogenannte „weiße Rasse" über den anderen sah.

Als in Südwestafrika der Aufstand der Herero losbrach, reagierte Trotha nach den Richtlinien seiner

Blick auf den Alten Friedhof auf dem Waterberg (rechts). Der etwa 43 Hektar große Waterberg Plateau Park steht seit 1972 unter Naturschutz.

In der Schlacht am Waterberg (linke Seite) am 11. August 1904 wurden etwa 40.000 Herero von den deutschen Kolonialsoldaten vernichtend geschlagen.

Weltanschauung und seiner Ausbildung. Er ging gnadenlos gegen die Aufständischen vor. Seine Kriegsführung zielte ganz auf die Vernichtung der Herero ab und tat damit das, was die Reichsregierung von ihm erwartete. Sein Vorgehen im Sommer 1904 gilt gemeinhin als erster Völkermord des 20. Jahrhunderts.

Zur entscheidenden Schlacht am Waterberg kam es am 11. August 1904. Gegen die waffentechnisch und mittlerweile auch zahlenmäßig überlegenen deutschen Truppen hatten die Herero keine Chance. Doch Trotha beließ es nicht nur bei dieser Schlacht. Kühl kalkulierend stellte er seine Truppenverbände so auf, dass den wenigen überlebenden Herero einzig die Flucht nach Osten in die wasserlose Omaheke Wüste, einem Nebenteil der Kalahari, möglich war. Zusätzlich setzte er den Verdurstenden mehrmals nach, um sie weiter zu schwächen. Er hatte es auf ihre vollständige Vernichtung abgesehen.

Nach den brutalen Vorstößen unter Trotha, drangen die restlichen Herero, Krieger, Frauen und Kinder mit allem, was sie besaßen, weiter in die Omaheke Wüste vor. Dort kämpften sie täglich gegen das Verdursten. Das mitgebrachte Vieh der Herero ging in der Trockenheit ein. Die Herero waren stark geschwächt. Doch Trotha zeigte sich unnachgiebig. Er ließ die Wüste abriegeln, verjagte die Herero von den ohnehin seltenen Wasserstellen und ließ die Flüchtlinge verdursten. Dabei störte es ihn auch nicht, dass die Herero sich bereits nicht mehr auf „deutschem" Gebiet befanden. Zudem ließ er den Herero seinen kaltblütigen Vernichtungsbefehl mitteilen: „Die Herero sind nicht mehr Deutsche Untertanen. […] Innerhalb der Deutschen Grenze wird jeder Herero mit oder ohne Gewehr, mit

Nach dem Ende des Herero-Aufstandes wurden die Schädel von gefallenen oder gehängten Hereros verpackt und an das Pathologische Institut in Berlin geschickt.

## DIE DEUTSCHEN KOLONIEN IN AFRIKA

oder ohne Vieh erschossen, ich nehme keine Weiber und keine Kinder mehr auf, treibe sie zu ihrem Volke zurück oder lasse auch auf sie schießen."

Das unbarmherzige und grundlos brutale Vorgehen von Trotha löste im In- und Ausland Empörung aus. Die Reichsregierung musste reagieren, und Reichskanzler von Bülow ließ Trothas Vernichtungsbefehl zurücknehmen. Bis dies geschah, waren allerdings bereits zwei Monate seit den Ereignissen in der Omaheke Wüste vergangen.

Nur etwa 1.500 Herero überlebten den Todesmarsch. Die meisten von ihnen erreichten die britischen Besitztümer im Osten, wo sie sich niederließen. Einige Hunderte schlugen sich zur Walfischbucht durch, die ebenfalls britisch war. Sie wurden inhaftiert und nach Kapstadt verschifft. Nur den wenigsten Herero gelang die Umzingelung durch die Deutschen zu durchbrechen. Sie flohen aus der Wüste in ihre alten Gebiete zurück, nur um festzustellen, dass ein Leben, wie sie es vor dem Aufstand führten nicht mehr möglich war. Sie verarmten, zogen durch Südwestafrika und lebten von dem, was sie finden konnten. Die Deutschen waren zwar längst mit dem nächsten Aufstand beschäftigt, fielen umherstreunende Herero jedoch in ihre Hände, wurden diese entweder erhängt oder verhaftet und in ein Internierungslager gebracht.

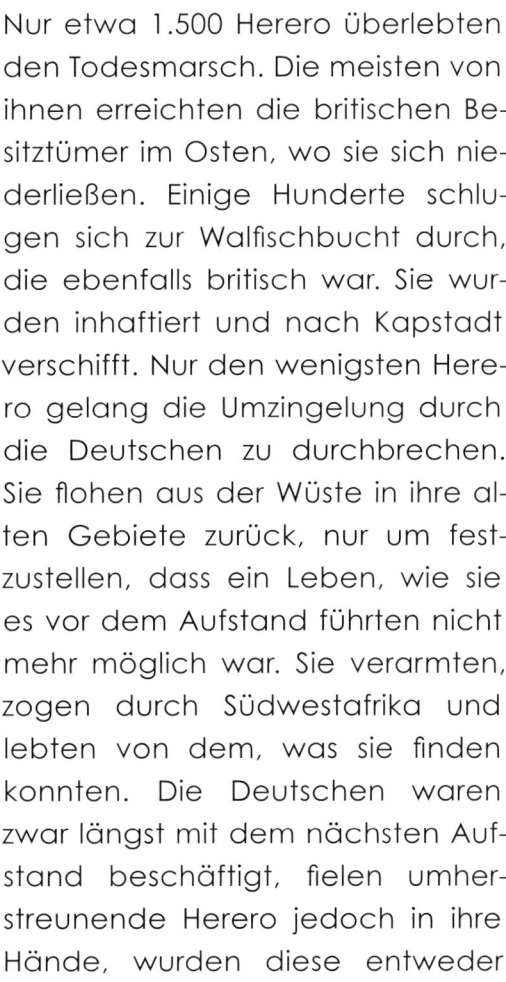

Die undatierte Fotografie zeigt den Anführer der Nama, Hendrik Witbooi.

Für genau diese Fälle hatten die deutschen Kolonialherren fünf Internierungslager eingerichtet. Das berüchtigtste lag in der Lüderitzbucht auf einer Felseninsel. Hier starben hunderte Herero, auch Frauen und Kinder. Die Missionare der Rheinischen Mission protestierten und wiesen öffentlich auf die Missstände hin, doch verhindern konnten sie das Elend nicht. Durch die Flucht und nun durch mangelhafte Ernährung stark geschwächt, hatten die Herero kaum eine Chance zu überleben. Sie wurden weiter entkräftet, indem die Deutschen sie auf den Baustellen des Eisenbahnbaus einsetzten und zu schwerer, körperlicher Arbeit ver-

**131**

# DIE DEUTSCHEN KOLONIEN IN AFRIKA

sklavten. Über 1.300 gefangene Herero starben dabei. 1908 zeigte Kaiser Wilhelm II. Gnade und schenkte anlässlich seines Geburtstages den Herero die Freiheit. Die Praxis in Südwestafrika sah jedoch anders aus. Die Herero erfuhren nichts von der kaiserlichen Geste.

Zynisch mutet dabei an, dass Trotha an Weihnachten 1904 die Rücknahme seines Vernichtungsbefehls stark kritisierte. So sei es den Herero gelungen, am Leben zu bleiben. Die von ihm vorgesehene Vernichtung bis auf den letzten Mann, wie er sagte, sei dadurch misslungen.

Für die Regierung und Öffentlichkeit war Trotha jedoch nicht haltbar. Ende 1905 wurde er offiziell von Friedrich von Lindequist als Gouverneur abgelöst. Lindequist machte zur Voraussetzung für seine Ernennung, dass Trotha auch der Oberbefehl für die Truppen ent-

Mitglieder der deutschen Schutztruppe während des Aufstandes der Nama.

zogen wurde. Am 18. November verließ Trotha Deutsch-Südwestafrika und kehrte nie wieder zurück. Das Volk der Herero konnte stark dezimiert den an ihnen geplanten Völkermord überleben. Von den geschätzten 80.000 Herero waren 1911 noch etwa 15.000 am Leben.

**Der Aufstand der Nama**
Im Rücken des Aufstandes der Herero entwickelte sich ein weiterer Konflikt, der sogenannte Aufstand der Nama, der zeitgenössisch auch als „Aufstand der Hottentotten" betitelt wurde. Der Aufstand begann am 6. Oktober 1904 mit einem Angriff von Hendrik Witboois Gefolgsleute auf die Station Kuis am Fischfluss. Wie nur wenige Monate zuvor beim Aufstand der Herero waren die Deutschen abermals überrascht. Zehn Jahre lang hatte der Nama-Führer Hendrik Witbooi mit der deutschen Kolonialverwaltung zusammengearbeitet. Seine Krieger hatten auf Seiten der Deutschen gegen die Herero gekämpft, und noch kurz zuvor hatte Witbooi den Appell von Maharero für ein gemeinsames Aufbegehren gegen die Deutschen abgewiesen.

Doch nun war alles anders. Im Oktober 1904 erhob er sich gegen die deutsche Kolonialherrschaft. Er fürchtete sich davor, dass die Deutschen ähnlich wie gegen die Herero auch gegen sein Volk vorgehen würden. Das hätte nicht nur den Verlust seiner politischen Stellung und den Verlust der Unabhängigkeit bedeutet – das Überleben seines Volkes war in Gefahr.

Witbooi hatte seinen Vertrag mit Leutwein geschlossen. Als dieser durch Trotha ersetzt wurde, hegte er bereits erste Zweifel. Die verstärkten sich, als ihm seine Leute von der Schlacht am Waterberg und dem Vorgehen von Trotha berichteten. Dieser führte einen Vernichtungskrieg in einem Ausmaße, das Witbooi unbekannt war. Ihm wurde immer deutlicher, dass sein Volk ein ähnliches Schicksal erleiden würde. Zudem mehrten sich die Gerüchte, dass die Deutschen die einzelnen Stämme der Nama untereinander ausspielen wollten.

Der Frust, der in Hendrik Witbooi saß, rührte auch daher, dass sich die Lage seines Volkes in den 10 Jahren nach Abschluss des Schutzvertrages nicht verbessert hatte. Während er sich an das Abkommen hielt, konnte er gleiches bei den deutschen Siedlern nicht beobachten. Sie brachten keinen Respekt vor der Kultur seines Volkes auf, belästigten und vergewaltigten Nama-Frauen und zeigten kein Unrechtsempfinden.

Darüber hinaus verarmten die Nama zusehends. Zuvor waren sie in solchen Situationen losgezogen, um sich in Raubzügen zu holen, was sie für das Überleben brauchten. Nun war ihnen das durch den Schutzvertrag jedoch. Der Frust und die Unzufriedenheit unter den Nama waren ähnlich hoch wie bei den Herero wenige Monate zuvor.

Erste Anzeichen für einen Aufstand der Nama gab es bereits im Juli 1904, als der Nama Jakob Morenga mit 11 Anhängern deutsche Siedler überfiel. Zu diesem Zeitpunkt konzentrierte sich die deutsche Schutztruppe aber noch vollständig auf die Herero. In der Folge erhielten Morengas Männer schnell Zulauf von den umliegenden Nama. Als sich Hendrik Witbooi schließlich entschied, den Schutzvertrag mit dem Deutschen Reich aufzukündigen und zur allgemeinen Rebellion der Nama aufrief, vergrößerte sich die Bewegung. Die meisten Nama-Stämme schlossen sich den Witbooi und Morengas Leuten an. Die Deutschen konnten nur geringfügig reagieren. Sie entwaffneten die Stämme der Swartboois und Topnaars. Bevor diese sich den Aufständischen anschließen konnten, wurden sie in Arbeitslager gebracht und ihre Anführer ermordet.

Im Oktober 1904 schlugen die Nama zu, als die meisten deutschen Truppen noch mit den Herero beschäftigt waren. Anfänglich konnten sich die etwa 2.000 Nama Krieger gegen die wenigen deutschen Soldaten durchsetzen. Doch als der Konflikt mit den Herero beigelegt war, standen sie plötzlich einer Truppe von über 14.000

Deutsche Farmer und Soldaten verstecken sich in einem Fort während des Herero-Aufstandes, 1904.

## DIE DEUTSCHEN KOLONIEN IN AFRIKA

Das Reiterdenkmal vor der Alten Feste in Windhoek, Namibia, soll an die Kolonialkriege des deutschen Kaiserreichs gegen die Herero und Nama von 1903-07 in Deutsch-Südwestafrika erinnern.

Witbooi waren durch seinen Tod so geschockt und letztlich demoralisiert, dass sie sich Anfang 1906, nur wenige Wochen später, den Deutschen ergaben. Damit schied die größte Gruppe der Nama aus dem Kampf aus. Nichtsdestotrotz dauerte der Aufstand der Nama weiter an und endete erst im Februar 1909.

Verglichen mit dem Aufstand der Herero war die Rebellion der Nama für die Deutschen viel verlustreicher. Etwa 1.500 deutsche Soldaten starben in den Kämpfen oder fielen Krankheiten zum Opfer. Die Verluste der Nama waren jedoch viel größer: Etwa die Hälfte, also rund 10.000, waren in den Kämpfen oder Gefangenenlagern gestorben. Ihnen erging es wie den Herero. Auch sie wurden in Internierungslager verschleppt, wo nur wenige eine Überlebenschance hatten. Stark geschwächt versklavten sie die Deutschen zur Zwangsarbeit.

Im August 1907 wurde den Nama per Gesetz verboten, ihr altes Land zurückzukaufen. De facto hatten sie nun nur noch den Status von Sklaven. Um die Nama weiterhin zu kontrollieren, führten die Deutschen Vormundschaften ein und verboten Mischehen. Vielen Nama blieb ohne Land und Vieh nichts weiter übrig, als Hilfsarbeiter bei Farmern anzuheuern und so ihren Lebensunterhalt zu verdienen.

Soldaten gegenüber. Daher entschlossen sie sich, den Deutschen nicht offen in Schlachten gegenüber zu treten, sondern führten einen Guerilla-Krieg aus dem Hinterhalt.

Einen herben Verlust mussten die Nama am 29. Oktober 1905 einstecken, als Hendrik Witbooi beim Überfall auf eine deutsche Transportstation in Vaalgras angeschossen wurde und wenig später seinen Verletzungen erlag. Die

135

# DIE DEUTSCHEN KOLONIEN IN AFRIKA

Den Nama war zudem nicht bewusst, dass ihr Volk es in den Sprachgebrauch der Deutschen geschafft hatte. Allerdings hießen sie im Reich nicht Nama, sondern das negativ und rassistisch konotierte Wort „Hottentotten".

## DEUTSCH-WESTAFRIKA

Nach der Berliner Kongo-Konferenz stellte die deutsche Politik fest, dass das Reich bei der Neuverteilung der Welt gar nicht so schlecht davon gekommen war. Reichskanzler Otto von Bismarck hatte seine bisweilen konsequente Ablehnung eines Kolonialreiches inzwischen geändert, so dass das Deutsche Reich sich nicht nur Deutsch-Südwestafrika einverleiben konnte, sondern neben Gebieten in der Südsee auch Deutsch-Ostafrika, Kamerun und Togo im Westen Afrikas seinem Kolonialreich hinzufügte. Somit lag der Schwerpunkt der deutschen Kolonialpolitik in Afrika.

Vorstellungen von einem „deutschen Indien" griffen das gesamte 19. Jahrhundert hindurch in Gesellschaft und Politik Deutschlands um sich. Nun, nach 1884, verstärkte sich dieser Wunsch und wurde lautstark diskutiert. Dieser Idee folgend sollte ein Mittel-Afrika unter deutscher Schutzherrschaft entstehen, das nicht zuletzt die englischen Bestrebungen nach einem afrikanischen Kolonialreich vom Kap bis Kairo unterbinden sollte.

Ein Teil dieses erträumten Mittel-Afrikas umfasste Togo und Kamerun. Beide Gebiete im Westen Afrikas fielen in den 1880er Jahren dem Deutschen Reich zu und wurden zu zwei weiteren Kolonien, die man zunächst als eine einzige verwaltete und die bisweilen im Anklang an Deutsch-Südwestafrika auch als Deutsch-Westafrika bezeichnete. Dabei umfasste Deutsch-Westafrika neben Togo und Kamerun teilweise auch Gebiete in Nigeria, Ghana, Kongo, Gabun und dem Tschad.

Mit der Kolonisierung Westafrikas versprachen sich die Deutschen vor allem wirtschaftliche Vorteile. Im Gegensatz zu Deutsch-Südwestafrika sollten weder Kamerun noch Togoland besiedelt werden. Im Vordergrund stand der Erwerb von Kaffee, Kakao, Baumwolle, Kautschuk und Elfenbein. All diese Produkte sollten ins Deutsche Reich importiert werden.

Vor allem Kamerun wäre ohne das energische Engagement des Kaufmanns Adolph Woermann nie Teil des deutschen Kolonialreichs geworden. Bereits 1868 hatte Woermann an der Mündung des Wouri-Flusses eine Niederlassung gegründet, die den Beginn der deutschen Kolonisierung Kameruns markierte.

Ein deutscher Missionar tauft Einheimische in Kamerun. Fotopostkarte nach 1916 (links). Auf der folgenden Doppelseite posiert Herzog Adolf Friedrich zu Mecklenburg (3. v. re.) auf einem Zebra in Togo.

# DIE DEUTSCHEN KOLONIEN IN AFRIKA

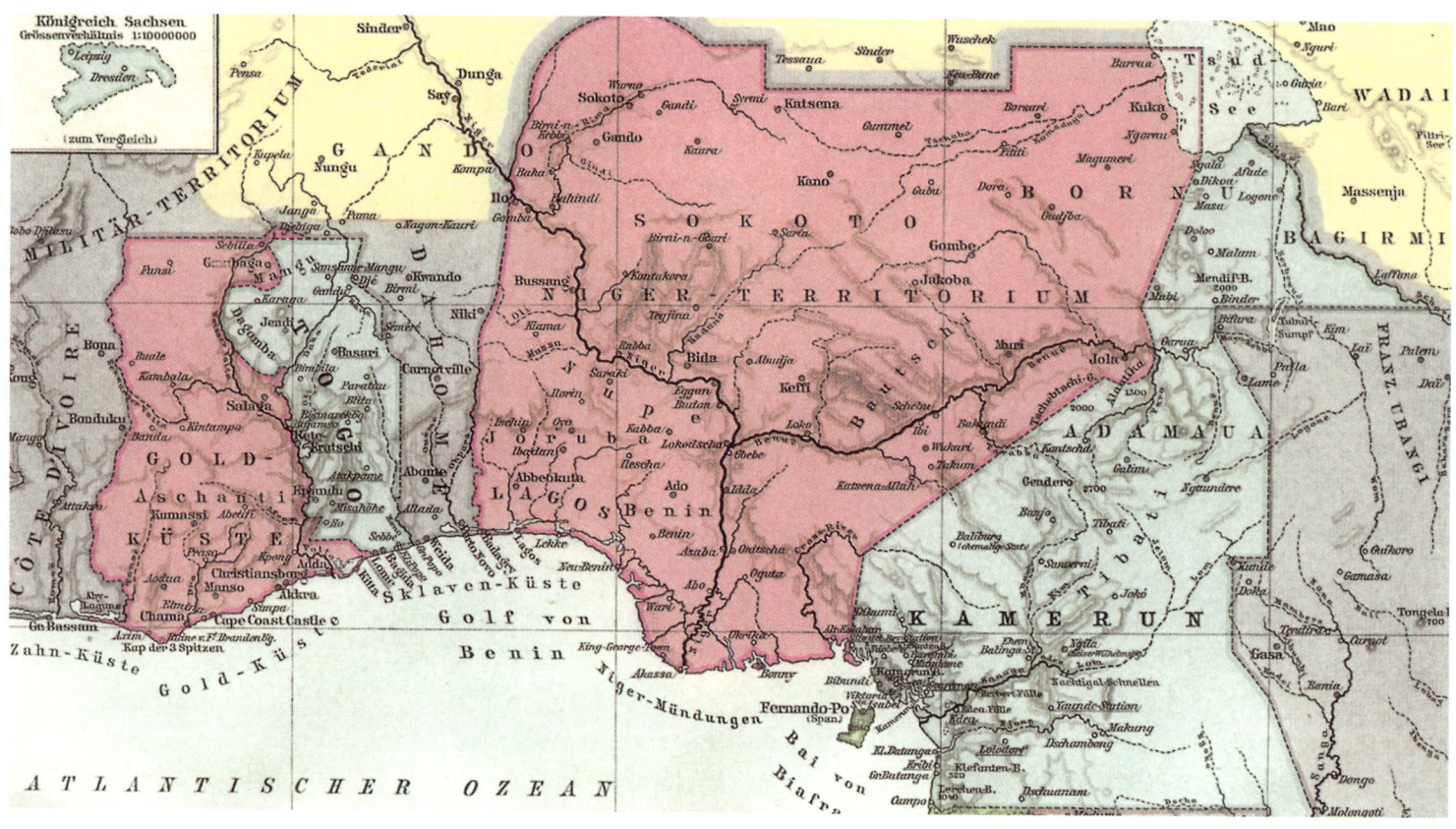

Die deutschen Schutzgebiete Kamerun und Togoland, 1902.

Dieser Gründung folgten Entdeckungsreisen von Gustav Nachtigal, der von Reichskanzler Bismarck beauftragt worden war, die Küstengebiete in Togo und Kamerun unter deutschen Schutz zu stellen. Während die Deutschen die Küstenstreifen in ihren Besitz nahmen, waren die Eigentumsverhältnisse im Hinterland noch ungeklärt. Zeitgleich einigten sich die Diplomaten jedoch auf der Berliner Westafrika-Konferenz auf die späteren Grenzlinien.

Zu Beginn der deutschen Kolonialherrschaft wurden Kamerun und Togo gemeinsam verwaltet. Erst 1891 entschied sich die Kolonialverwaltung aufgrund der Entfernung zwischen den beiden Kolonien zwei getrennte Leitungen aufzubauen. Wirtschaftlich wurde das Gebiet jedoch weiterhin häufig als eine Einheit begriffen, weshalb sich der Begriff „Deutsch-Westafrika" für den gesamten Wirtschaftsraum noch einige Jahrzehnte im deutschen Sprachgebrauch hielt. Auch verwendeten mehrere Wirtschaftsorganisationen, wie die 1896 gegründete Deutsch-Westafrikanischen Handelsgesellschaft sowie die 1904 gegründete Deutsch-Westafrikanische Bank, die Bezeichnung Deutsch-Westafrika.

Togo und Kamerun waren anders als Südwestafrika. Hier fanden die Deutschen eine üppige Vegetati-

# DIE DEUTSCHEN KOLONIEN IN AFRIKA

on und tropisches Klima vor. Da die Lebensumstände für Europäer nur schwer zu ertragen waren und sie sich zudem schnell mit tropischen Krankheiten infizierten, entschloss man sich in Togo und Kamerun lediglich eine Handelskolonie aufzubauen – im Gegensatz zu Deutsch-Südwestafrika, wohin auch Siedler und Farmer geschickt wurden. Die deutsche Bevölkerung Westafrikas blieb daher während der gesamten Kolonialzeit überschaubar.

## Deutsche Kolonie Kamerun

„Cameroons ist jetzt deutsch und wird es nun hoffentlich immer bleiben ... Ein Triumph für uns Deutsche, ein Mahnzeichen für die Schwarzen, dass wir auch Kriegsschiffe haben", so kommentierte Adolph Woermann den Beginn der deutschen „Schutzherrschaft" über Kamerun in seinem Tagebuch. Diese begann offiziell am 14. Juli 1884 und nur wenige Wochen nachdem das Reich Südwestafrika unter seinen Schutz gestellt hatte. Der von Bismarck ernannte Reichskommissar Gustav Nachtigal eilte von Togo kommend nach Kamerun und proklamierte die spätere Kolonie in Windeseile, um englischen und französischen Interessen in diesem Gebiet zuvorzukommen. Er schloss mit dem Stammesführer der dort lebenden Duala, König Bell, einen Vertrag. Bell trat damit die Souveränität und Verwaltung von Kamerun ab. Den gleichen Vertrag schlossen die Deutschen mit 14 weiteren Stämmen. Nur wenige Tage nach der deutschen Delega-

König Bell (links) war Stammesoberhaupt des Duala-Volkes in Kamerun. Er gehörte 1884 zu den Unterzeichnern des Schutzvertrages, der den deutschen Reichskommissar Gustav Nachtigal dazu berechtigte, Kamerun zu deutschem Besitz zu erklären. Rechts der Palast des Königs.

tion traf der britische Konsul Hewett ein, der Kamerun ebenfalls in Besitz nehmen wollte. Er protestierte förmlich, musste aber anerkennen, dass er zu spät kam. Dieses Ereignis brachte ihm den Spitznamen „the too late consul" ein.

Bei der Kolonisierung von Kamerun baute das Reich auf einige Traditionen auf. An der Küste von Kamerun hatten in den Jahrzehnten zuvor bereits einige norddeutsche Handelshäuser, allen voran Adolph Woermann, Niederlassungen errichtet und einen florierenden Handel aufgebaut. Von diesen Außenposten erhoffte sich die deutsche Wirtschaft große Gewinne. Daher galt es, diese mit aller Gewalt zu schützen.

Aufgrund seiner natürlichen Gegebenheit war Kamerun weder als Siedlungskolonie wie Südafrika noch als Handelskolonie wie Togo organisiert. Kamerun sollte eine Kolonie mit Plantagenwirtschaft werden. Die Plantagen belieferten den deutschen Markt mit Kautschuk, Elfenbein, Kakao und Palmöl. Obwohl Kamerun mit seinen Exportwaren an erster Stelle der Kolonialwirtschaft stand, war der Handel des Deutschen Reiches mit seiner Kolonie insgesamt gesehen eher gering.

Mit der Plantagenwirtschaft luden sich die Deutschen zudem ein schwerwiegendes Problem auf, denn für die Plantagen benötigten die Kolonisatoren nicht nur geeignete Flächen, um riesige Güter anzulegen, sondern auch eine Vielzahl an Arbeitskräften. Die Deutschen zwangen daher die Einheimischen nicht nur zur Landabgabe, sie trieben sie ebenso dazu, sich als Plantagenarbeiter in die Dienste der Deutschen zu stellen. Als mehrere Details über die Plantagenwirtschaft in Kamerun im Reichstag bekannt wurden, erntete die Vorgehensweise der Deutschen immer mehr Kritik. Gouverneur Jesko von Puttkamer, der dieses Amt von 1895 bis 1907 ausführte, war politisch nicht mehr tragbar und wurde entlassen. Das Deutsche Reich wie auch die Bevölkerung Kameruns hoffte nun auf eine Verbesserung der Situation. Als diese jedoch nicht ersichtlich wurden, kam es in Kamerun zu neuen Unruhen.

Das Abzeichen der deutschen Kameruner Hinterland Gesellschaft, die nur von 1897 bis 1903 existierte, sowie ihre Hauptniederlassung (rechts oben).
Rechts unten einheimische Plantagenarbeiter, um 1905.

DIE DEUTSCHEN KOLONIEN IN AFRIKA

143

## DIE DEUTSCHEN KOLONIEN IN AFRIKA

# ADOLPH WOERMANN

Der Kaufmann, Reeder und Politiker Adolph Woermann war für die Kolonisierung Westafrikas mehr als bedeutend. Er war maßgeblich an der Errichtung der Kolonien und am kolonialen Handel beteiligt. Geboren wurde er am 10. Dezember 1847 in Hamburg als Sohn des Kaufmanns und Reeders Carl Woermann. Später absolvierte er eine Kaufmannsausbildung in verschiedenen internationalen Häusern.

Als sein älterer Bruder sich entschloss, nicht in die Handelsgeschäfte des Vaters einzusteigen, wurde Adolph 1874 Teilhaber im väterlichen Unternehmen. Sechs Jahre später, nach dem Tod des Vaters, übernahm er es schließlich komplett.

Neben seinen Handelstätigkeiten verfolgte er zudem eine politische Karriere und war Mitglied in mehreren Organisationen. So wurde er 1879 in die Hamburger Handelskammer berufen und stand dieser zeitweilig sogar vor. Ebenso war er in der Hamburger Bürgerschaft Mitglied der „Rechten" und saß für die nationalliberale Partei im Reichstag. 1890 rief man ihn in den Kolonialrat, in dem er die beratende Funktion zu Fragen der deutschen Kolonialpolitik einnahm. Schließlich bekleidete er das Amt des Aufsichtsratsvorsitzenden der bekannten Hamburger Werft *Blohm & Voss*.

Sein Unternehmen handelte zunächst mit Leinen in Afrika, später konzentrierte es sich auf den Verkauf von Waffen, Schießpulver und Branntwein und erhielt im Gegenzug Palmöl und Kautschuk, die sich im Reich wiederum lukrativ verkaufen ließen. Insbesondere der Verkauf von Branntwein brachte Woermann viel Kritik ein und wurde kontrovers im Reichstag diskutiert. Woermann vertrat den Standpunkt, dass die Deutschen ohne den Handel mit Branntwein überhaupt keine Chance gehabt hätten, sich gegen die englische oder niederländische Konkurrenz durchzusetzen.

Um seinen Handel mit Westafrika voranzutreiben, verfasste Woermann 1883 ein Pamphlet, in dem er sich für eine neue Afrikapolitik des Reiches einsetzte und Schutz für seine Handelsaktivitäten bat, um vor allem international nicht ins Hintertreffen zu geraten. Er bestand zudem auf die Gründung der Handelskolonie Biafra Bai an der Küste Kameruns. Die Handelskammer Hamburg leitete dieses Schreiben an den Reichstag weiter. Woermann führte nun Gespräche

Der Kaufmann und Kolonialpolitiker Adolph Woermann (1847 - 1911).

DIE DEUTSCHEN KOLONIEN IN AFRIKA

mit hochrangigen Politikern und versuchte diese von seinen Vorhaben zu überzeugen. In diesem Zusammenhang diskutierte er auch mit Bismarck. Als Folge dieser Gespräche wurde das Kriegsschiff *Möwe* nach Afrika geschickt, um Woermanns Handel zu schützen.

Im darauffolgenden Jahr überschlugen sich schließlich die Ereignisse. Im Frühjahr 1884 wurde zunächst der Besitz von Adolf Lüderitz in Südwestafrika unter deutschen Schutz gestellt. Als es Woermann gelang, Verträge mit afrikanischen Stammesführern an der Westafrikanischen Küste zu schließen, stellte das Deutsche Reich auch dieses Gebiet unter seinen Schutz. Adolph Woermann hatte sein Ziel erreicht.

Woermann baute die Flotte seines Vaters um und ersetzte nach und nach die alten Segelschiffe mit Dampfschiffen, die bald im Volksmund Woermanndampfer hießen. 1882 baute er eine Schiffslinie nach Nigeria auf. 1884, nach dem Schutzgeheiß des Reiches, folgte eine Linie nach Kamerun, die er regelmäßig befahren ließ. Seine Erfolge sprachen für sich, so dass er bereits 1885 ein Unternehmen ausgründete und seine Schiffslinien fortan unter dem Namen *„Afrikanische Dampfschiffs-Aktiengesellschaft"* firmieren ließ. Dieses Unternehmen wurde als Woermann-Linie bekannt.

In der Folge des Herero-Aufstandes von 1904 geriet Woermann in Verruf. Seine Linie war damals die einzige Reederei, die die notwendigen Militärtransporte tätigen konnte. Als im Reichstag nach Beendigung des Aufstandes über das Budget des Krieges diskutiert wurde, kam heraus, dass Woermann dem Deutschen Reich überhöhte und überzogene Honorare für die Transporte in Rechnung gestellt hatte. Der Politiker des Zentrums, Matthias Erzberger, sprach gar von rund 6 Millionen Reichsmark an Unstimmigkeiten. Einige Politiker nahmen Woermann in Schutz und begründeten die hohen Kosten durch die besonderen Umstände, die die Situation gefordert hatte. Es wurde keine Anklage gegen Woermann erhoben, allerdings war sein Ansehen beschädigt. Als Kaiser Wilhelm II. Hamburg besuchte, wollte er Woermann beispielsweise nicht empfangen.

Woermann, nach dem noch heute viele Straßen, Wege und Plätze benannt sind, starb am 4. Mai 1910. Er gilt als einer der entscheidenden Personen für den Aufbau der afrikanischen Kolonien des Deutschen Reiches.

Das Woermann-Haus in Swakopmund, Namibia. 1894 wurde der Gebäudekomplex im historisierten Fachwerk-Baustil für Woermanns Damara und Namaqua Handelsgesellschaft errichtet. 1972 wurde es zum Baudenkmal erklärt.

In Folge der zweiten Marokko-Krise erlebte die deutsche Kolonie Kamerun 1911 eine Gebietserweiterung. Im Ausgleich mit Frankreich trat das Deutsche Reich ein kleines Gebiet im Nordosten Kameruns ab, das Französisch-Äquatorialafrika zugeteilt wurde. Dafür erhielt das Reich einen Teil französischen Gebiets aus Zentralafrika, das fortan als Neukamerun bezeichnet wurde, während das bisherige Gebiet nun Altkamerun hieß. Insgesamt hatte die deutsche Kolonie Kamerun etwa die Größe des Deutschen Reiches.

**Unruhen in Kamerun**
Im Grunde hatten die Deutschen nur einen Küstenstreifen Kameruns in ihren Besitz genommen. Schutzverträge mit den Bewohnern des Hinterlandes fehlten. Auch konnten die neuen Kolonialherren die politische Lage innerhalb Kameruns nur schwer abschätzen und hatten keinen Überblick, welcher Stamm mit welchem befreundet oder verfeindet war.

Erste Anzeichen von Schwierigkeiten traten auf, als zwei rivalisierende Duala-Stämme im Dezember 1884 aneinandergerieten und nur mit Gewalt und der Hilfe zweier Schiffsmannschaften deutscher Korvetten befriedet werden konnten. Obwohl die beiden Duala-Stämme sich nicht gegen die Deutschen aufgelehnt hatten, markierte dieser Vorfall den Beginn der Unterdrückung Kameruns durch die Deutschen.

Vier Jahre nach Beginn der Schutzherrschaft über Kamerun starteten die Deutschen zwei Expeditionen ins Landesinnere. Der Forscher Eugen Zintgraff erforschte mit seinen Leuten das Grasland Westkameruns, während die Offiziere Hans Tappenbeck und Richard Kund das Hinterland der Batangaküste bereisten. Auf ihrer Entdeckungsreise gründeten die beiden Offiziere den Außenposten Jaundo, aus dem die heute Hauptstadt Kameruns hervorging. Jaundo entwickelte sich schnell zu einer wichtigen Station für die deutschen Kolonialherren und wurde gewissermaßen zum Rückgrat der deutschen Kolonialherrschaft bis zum Ersten Weltkrieg.

Trotz beider Expeditionen war Kamerun weiterhin nicht vollständig unter deutscher Kontrolle. Noch immer blieben weite Teile des Landes unbekannt und unerforscht. Zudem gab es weiterhin Stämme, die die Schutzherrschaft der Deutschen noch nicht akzeptiert hatten. Um die Kolonie zu befrieden, wurde Karl von Gravenreuth im Sommer 1891 beauftragt, die Kpe zu unterwerfen. Er führte einen Feldzug gegen die Stadt Buea nahe des Kamerunberges, bei dem er allerdings den Tod fand. Gravenreuths Mission war gescheitert. Daher schickte der Gouverneur eine weitere Einheit unter

## DIE DEUTSCHEN KOLONIEN IN AFRIKA

Die Kämpfe zwischen den rivalisierenden Duala-Stämmen im Dezember 1884 wurden durch die deutsche Besatzung der Kriegsschiffe *Bismarck* und *Olga* niedergeschlagen.

der Führung von Curt Morgen und Hans Dominik, die den Widerstand der Afrikaner letztendlich brechen konnten. Damit kehrte aber noch keine Ruhe in Kamerun ein. Kontinuierlich führten die Deutschen in den darauffolgenden Jahren militärische Operationen gegen einzelne Stämme durch, um ihre Herrschaft zu zementieren.

In das Bewusstsein der deutschen Öffentlichkeit geriet Kamerun erst auf skandalträchtige Weise. Vor allem der stellvertretende Gouverneur Heinrich Leist und der Gerichtsassessor Ernst Wehlan spielten hierbei eine entscheidende Rolle. Wehlan verfügte über eine be-

achtliche Machtfülle und ließ diese auch die afrikanische Bevölkerung durch seine Willkürherrschaft spüren. Zunächst gelangten nur vereinzelt Informationen über das Vorgehen der Deutschen in den Reichstag und die deutsche Presse. Noch ahnte niemand im Reich von den Gräueltaten der Kolonisatoren.

Von großer Bedeutung erwies sich ein Artikel in der *Neuen Deutschen Rundschau*, in dem der Kolonialarzt Dr. Wilhelm Valentin über die Unterwerfung der Bakoko im Hinterland in den Jahren 1892/93 schrieb. Valentin hielt fest, dass unter der Führung von Wehlan die gefangenen Afrikaner grauenvoll misshandelt worden seien. Tagelang wurden sie auf einem Schiff gefesselt und der großen Hitze ausgesetzt. Sie siechten vor sich hin, während sich Würmer in ihren Wunden einnisteten. Als ihnen nicht mehr zu helfen war, schossen die Deutschen sie wie wilde Tiere nieder.

In Abwesenheit des Gouverneurs war Leist für die Kolonie verantwortlich. Er schlug den so genannten Dahomey-Aufstand nieder und verkaufte den Häuptling als Sklaven. Darüber hinaus misshandelte Leist afrikanische Frauen, ließ sie auspeitschen und stellte sie öffentlich zur Schau. Dies hatte zur Folge, dass in der afrikanischen Bevölkerung Wut gegen ihn und die Deutschen aufkeimte. Schließlich explodierte die Stimmung und es kam zu einem Aufstand von 96 Afrikanern, die das Regierungsgebäude besetzt hielten, bis schließlich ein deutsches Kanonenboot auftauchte und den Aufstand niederschlug.

Der Reichstag ordnete eine Untersuchung an. Als hauptverantwortlich für die Schwierigkeiten galt Heinrich Leist, der zuvor mehrere Dahomey-Frauen körperlich misshandelt hatte. Seine Brutalität war der Ursprung der Unruhen. Leist wurde aus dem Dienst entlassen, doch Kamerun blieb vorerst eine von Skandalen und Unruhen geprägte Kolonie.

Mit der Amtszeit von Jesko von Puttkamer, dem Sohn des preußischen Innenministers, hatte die systematische Ausdehnung der deutschen Herrschaft begonnen. Nach

Der deutsche Offizier und Forschungsreisende Karl Freiherr von Gravenreuth (links) und der deutsche Afrikaforscher und Kolonialpropagandist Eugen Zintgraff (rechts). Nachdem Frankreich auf der Berliner Kongokonferenz 1884/85 Dahomey zum Interessengebiet erklärt hatte, fielen 1890 französische Truppen in das Königreich ein und eroberten 1894 das Reich vollständig (rechte Seite).

DIE DEUTSCHEN KOLONIEN IN AFRIKA

# DIE DEUTSCHEN KOLONIEN IN AFRIKA

König Behanzin (1844-1906), der letzte unabhängige Herrscher von Dahomey und seine Ehefrauen im algerischen Exil. Foto, ca. 1900.

der Befriedigung des Kameruner Hinterlandes mithilfe der im Jahre 1894 gebildeten Schutztruppe setzte auch die systematische Inwertsetzung durch die Kapitalgesellschaften ein. Die Kehrseite dieses Geschäfts war die völlige Enteignung der afrikanischen Bevölkerung. Gouverneur von Puttkamer war selbst Aktionär der „Westafrikanischen Pflanzungsgesellschaft Victoria" und unternahm keinen Versuch, einen Interessensausgleich zwischen den Deutschen und den Afrikanern herzustellen. Am 15. Juni 1896 ließ er per Dekret das unbesetzte Land verstaatlichen und beschränkte zugleich den lebensnotwendigen Besitz einer afrikanischen Familie auf weniger als zwei Hektar. Kamerun kam nicht nur deshalb nicht zur Ruhe. In den folgenden Jahren erhoben sich immer wieder einzelne Gruppierungen gegen die deutschen Kolonialherren. Doch der Schutztruppe gelang es jedes Mal, die Aufstände niederzuwerfen. War man doch zahlenmäßig und aufgrund der Ausstattung den Afrikanern überlegen.

Trotz all dieser Unruhen blieben zumindest die Duala dem Deutschen Reich treu und ergeben. Dies änderte sich erst ab 1910, als konkrete Pläne entwickelt wurden, die Duala gegen eine minimale Entschädigung von ihren angestauten Wohnsitzen wegzubringen und an einem anderen Ort wieder anzusiedeln. Auf diese Weise sollte die Vermischung von deutschen

## DIE DEUTSCHEN KOLONIEN IN AFRIKA

und afrikanischen Wohnvierteln verhindert werden. Die Duala wehrten sich in zahlreichen Petitionen an den Gouverneur und an den Reichstag. Die Situation eskalierte schließlich als der Duala-Anführer Rudolf Duala Manga in den Verdacht des Hochverrats geriet. Er hatte den Sultan von Bamum um Unterstützung bei einem Aufstand gegen die Deutschen gebeten. Doch der Sultan hatte ihn verraten. Wegen des Kriegsausbruchs beschleunigte man das Verfahren gegen ihn. Zusammen mit seinem Sekretär und einigen Verwandten wurde er am 8. August 1914 hingerichtet. In der Folge flüchteten die Duala aus Duala-Stadt, kurz bevor der erste Weltkrieg über Kamerun hereinbrach.

### Deutsche Kolonie Togoland

Gegenüber dem von Skandalen und Missständen geprägten Kamerun galt das wesentlich kleinere Togo in Deutschland als „Musterkolonie". Wenngleich auch die Norddeutsche Mission seit den 1840er

Die Marine-Infanterie bei ihrer Abreise in das deutsche Schutzgebiet Kamerun in Kiel. (unten).
Deutsche Kolonialbeamte bei einer Gerichtssitzung in Kamerun (folgende Doppelseite).

# DIE DEUTSCHEN KOLONIEN IN AFRIKA

Das Wappen der deutschen Kolonie Togo, 1938.

Jahren in Togo tätig war, so trugen auch hier Kaufleute und Händler die Verantwortung für die Etablierung des Landes als deutsche Kolonie. Die Missionare hatten gewissermaßen den Kaufleuten den Weg geebnet. Als Reichskommissar Nachtigal Togo am 4. Juli 1884 unter deutschen Schutz stellte, spielten insbesondere wirtschaftliche Gründe eine Hauptrolle. Er machte damit ein Gebiet zur deutschen Kolonie, das damals noch Togoland hieß und etwa 87.000 Quadratkilometer umfasste. Im Westen grenzte die neue Kolonie an britisches und im Norden und Osten an französisches Gebiet.

Schnell erlebte Togoland einen wirtschaftlichen Aufschwung, der sich vor allem um die Stadt Lomé konzentrierte. Auch die Deutschen profitierten von der Kolonie, war Togo doch die einzige, die sich aufgrund ihrer wirtschaftlichen Ausrichtung für das Kaiserreich lohnte. Besonders der Handel mit Alkohol florierte, da die französischen und britischen Kolonien in der Region hohe Zölle auf Alkohol erhoben hatten. Dies wiederum ließ den Schwarzhandel mit deutschem Alkohol aufblühen.

Alkohol war auch ein wichtiges Gut, um sich die Herrschaft über die Afrikaner zu sichern. Für ihre Treue wurden sie mit Alkohol und modernen Waffen versorgt. Beide Produkte waren sehr begehrt und festigten gewissermaßen die deutsche Herrschaft über Togo. Der Binnenhandel blieb in der Hand der Afrikaner, während der Außenhandel von mehreren deutschen Kaufmannshäusern betrieben wurde. Sie exportierten Palmöl, Mais, Kautschuk, Baumwolle, Kakao, Kaffee, Pfeffer und Kokosnüsse nach Deutschland. Hinzu kamen Tabak, Zigarren und in Togo hergestellte Textilien.

Im Gegensatz zu Kamerun verlief die Inbesitznahme Togos friedlich und ohne Gewaltexzesse. Die lokalen Stammesführer waren bereit, sich an die deutsche Herrschafts- und Verwaltungsstruktur anzupassen. Diese Tatsache erleichterte die Verwaltung von Togo ungemein und machte eine größere Schutztruppe überflüssig. Lediglich eine kleine Einheit unterstand der Kolonialverwaltung, nachdem Togo ab 1891 selbständig und getrennt von Kamerun verwaltet wurde.

Ähnlich wie bei Kamerun nahmen die Deutschen auch in Togo zunächst nur den Küstenstreifen unter Schutz. Doch schon bald weckte das Hinterland die Interessen der Deutschen. Die Erschließung des Landesinneren verlief schwierig, bis sich die Kolonialverwaltung dazu entschloss, ein Schienennetz zu verlegen, um landwirtschaftliche Produkte zu den Häfen zu transportieren. 1905 wurde die erste

# DIE DEUTSCHEN KOLONIEN IN AFRIKA

Deutsche Kolonialbeamte in einer Handelsniederlassung in Togo, Foto, ca. 1906.

Bahnstrecke von 44 Kilometern von Lomé nach Aného in Betrieb genommen. Umgangssprachlich wurde diese Strecke auch als Kokosnuss-Bahn oder Küsten-Bahn bekannt, da sie an der Küste entlang unter Dünen und Kokosnusspalmen verlief.

Am Tag des Geburtstags von Kaiser Wilhelm II. am 27. Januar 1907 folgte eine 120 Kilometer lange Strecke von Lomé nach Kpalimé. Diese Bahn erhielt den Spitznamen Kakao-Bahn oder Inland-Bahn. Ein Jahr später eröffneten die Deutschen schließlich die Strecke von Lomé nach Atakpamé, die erst ab 1913 vollends befahrbar war. In den 1930er Jahren wurde diese Strecke bis Blitta ausgebaut. Da sie bis in die Baumwollgebiete hineinreichte, erhielt sie den Namen Baumwoll-Bahn oder Hinterland-Bahn. Die Deutschen verlegten insgesamt 330 Kilometer Schienennetz in Togo. Dieses Netz bildete die Grundlage für den heutigen Eisenbahnverkehr in Togo.

Befahren wurden die drei Linien mit 18 Lokomotiven, 20 Personenwagen und über 200 Güterwagen. Das Zentrum bildete Lomé, da von hier alle Strecken sternenförmig ins Land verliefen. In Lomé befand sich auch die Werkstatt für die Lokomotiven und Wagen. Das Personal setzte sich aus etwa 20 deutschen Lokomotivführern und über 750 Afrikanern zusammen, die sowohl als Zugpersonal wie als Mechaniker eingesetzt wurden.

# DIE DEUTSCHEN KOLONIEN IN AFRIKA

**Die Kolonialfunkstelle in Togo**

Togo galt nicht nur in wirtschaftlicher Hinsicht als Musterkolonie, auch in Sachen Kommunikation war Togo für das Deutsche Kolonialreich bedeutsam. Seit 1894 bestand eine telegrafische Verbindung mit Deutschland. Schließlich entschied die deutsche Politik, den Funkverkehr mit den Kolonien auszubauen und stellte einen Plan für eine Funkstelle in Togo auf, über die Berlin mit den Kolonien kommunizieren sollte. Zunächst versuchten die Deutschen von einem Schiff vor der Küste Kameruns nach Deutschland zu funken. Das Ergebnis war jedoch nicht zufriedenstellend. Auf Anraten der Firma Telefunken wählte die Kolonialverwaltung schließlich die Region um Atakpamé in Togo als geeigneten Ort für eine Empfangsstation in Afrika aus.

Im Auftrag der Regierung und unter der Schirmherrschaft von Telefunken sollte Freiherr Anton von Codelli das Projekt verwirklichen. Er reiste nach Togo, wo er am 15. Februar 1911 eintraf, und begann mit seinen Funkversuchen. Im April 1911 traf das Material zum Aufbau der Sta-

Arbeiter verlegen Eisenbahnschienen in Togo, Foto von 1895.

# DIE DEUTSCHEN KOLONIEN IN AFRIKA

Das Haus des Gouverneurs in Lomé, der Hauptstadt der deutschen Kolonie Togo. Foto von ca. 1910.

tion ein. Zusätzlich wurden 250 Afrikaner zwangsrekrutiert, die als Arbeiter und Träger beim Aufbau der Station helfen sollten. Nach einigen wetterbedingten Rückschlägen, gelang es Codelli schließlich am 7. Juni 1911, eine Funkverbindung mit Nauen bei Berlin aufzubauen. Danach waren sich die Deutschen sicher, dass sie aus dieser temporären Einrichtung eine dauerhafte Station gestalten wollten.

Hierzu bot die Region Atakpamé gute Voraussetzungen: Zwischen den Dörfern Kamina und Auju gab es eine brachliegende Fläche, in denen ein Funkmast aufgestellt werden konnte, dessen Funkbahn nicht von Bäumen gestört werden würde. Zudem war die Entfernung zur Hinterland-Bahn mit nur 3,5 Kilometern nicht groß.

Zunächst entstanden an diesem Ort, der später als Kolonialfunkstelle Kamina bekannt wurde, eine Schmiede, eine Köhlerei und eine Tischlerei, um die grundlegende Versorgung mit Materialien abzusichern. Daraufhin wurden neun Fundamente gegraben, aus denen drei Gittermasten mit einer Höhe von jeweils 75 Metern herausragten.

Wieder erschwerten Stürme und Witterungen den weiteren Bau. Außerdem erlaubten atmosphärische Störungen lediglich am Vormittag und am Abend eine ausreichende Qualität des Empfangs. Als erste erfolg-

# POSTVERBINDUNGEN UND VERKEHR

Der Eisenbahnbau in den Kolonien, der Ausbau der Kolonialwirtschaft, der Aufbau von Funknetzen und die Besiedlung führten dazu, dass regelmäßig mehrere Schifffahrtslinien in die Kolonien fuhren. Wofür man in den Jahrzehnten zuvor noch Monate, wenn nicht gar Jahre gebraucht hatte, erledigten die deutschen Dampfer nun in wenigen Tagen. Hinzu kam, dass die Gefahren, die eine Expedition, wie sie viele Entdecker Mitte des 19. Jahrhunderts durchführten, gemieden werden konnten, in dem man von den deutschen Nordseehäfen bequem in die Häfen der Kolonien reisen konnte.

Nach Duala in Kamerun brauchten die Dampfer der Woermann- und Hamburg-Amerika-Linie, die nicht nur Personen, sondern auch die Post transportierten, von Hamburg aus nur noch 20 Tage. Lomé in Togo konnte bereits nach 17 Tagen mit dem Schiff erreicht werden. Etwas länger dauerte es jedoch bis nach Deutsch-Südwestafrika: In den Hafen von Swakopmund fuhren die deutschen Dampfer nach etwa 25 Tagen ein, in die Lüderitzbucht nach 27.

Die Post noch schneller nach Südafrika zu bringen, ermöglichte die Nutzung der internationalen Verbindungen. Aus dem Westen des Deutschen Reiches konnte die Post die Zugverbindung ins belgische Verviers nutzen, um von dort auf englischen Dampfern weiter nach Southhampton zu gelangen. Diese brachten die Post nicht direkt nach Südwestafrika, sondern in die Kapkolonie. Allerdings konnte die für Swakopmund und Lüderitzbucht bestimmte Post sofort auf zurückkehrende Dampfer der Deutsch-Ostafrika-Linie übergeladen werden, die Südafrika anliefen.

Die Post nach Deutsch-Ostafrika wurde über das Mittelmeer verschickt. Hierfür bot sich vor allem der Hafen von Neapel an, von wo deutsche Schiffe Tanga oder Daressalam in Ostafrika erreichten. Die Überfahrtsdauer betrug etwa 17 bis 20 Tage. Danach hing es davon ab, wohin die Post in Deutsch-Ostafrika gehen sollte. Aufgrund der großen Fläche der Kolonie, konnten die Zustellungszeiten stark variieren. Hierfür griff die Post auf die Eisenbahn und teilweise auf die Schifffahrt zurück. In Grenzgebieten bot es sich manchmal sogar an, die Sendungen auch durch britisches Gebiet zu transportieren, da dies Zeit einsparte. Einige Orte im Landesinneren wurden jedoch nur schwer erreicht. Hier erhoffte sich die Post einen weiteren Ausbau der Eisenbahn.

Die Passagier- und Frachtschiffe (rechts) der Deutschen Ostafrika Linie Hamburg. Eine Speisenkarte der Hamburg-Amerika-Linie von 1911 (oben).

# DIE DEUTSCHEN KOLONIEN IN AFRIKA

1911-1914 baute das deutsche Unternehmen Telefunken die Funkstation Kamina in der Nähe von Atakpamé. Kurz nach dem Ausbruch des Ersten Weltkrieges in Togo wurde die Sende- und Empfangsanlage durch das Bedienungspersonal selbst zerstört.

reiche Funkversuche mit Nauen abgewickelt worden waren, beschloss die Reichsregierung, Kamina zu einer Großfunkstelle auszubauen. Sechs weitere Funktürme mit einer Höhe von 120 Metern wurden angelegt.

Die Station wurde schließlich Ende Juli 1914, also nur wenige Tage vor Ausbruch des Ersten Weltkrieges, in Betrieb genommen. Nach Ende der Bauzeit umfasste die Funkstelle ein Gebiet von 12 Quadratkilometern, auf dem sich neben den Funkmasten das Sendehaus mit Wasserturm, eine Halle für Maschinen, ein Wohnhaus, das Haus des Betriebsleiters sowie weitere kleinere Einrichtungen befanden.

In den ersten Tagen ihres Dienstes erhielt die Funkstation Kunde von der Situation in Europa. Nachdem Kamina das Codewort für die Mo-

## DIE DEUTSCHEN KOLONIEN IN AFRIKA

Kolonialbeamte in Lomé, Togo. Foto von 1905.

bilmachung erhalten hatte, sendete es das Signal weiter, so dass die deutschen Schiffe, die auf internationalen Wässern verkehrten, in neutrale Wasser steuern konnten. Zusätzlich wurde die Station auf die kommenden Aufgaben vorbereitet, da über Kamina im Kriegsfall die Kommunikation mit den afrikanischen Kolonien erfolgen sollte. Zudem sollte der feindliche Funkverkehr von Togo aus gestört werden.

Da die Deutschen in Togo nur über eine kleine Schutztruppe verfügten, war eine feindliche Übernahme absehbar. Der Notfallplan sah vor, dass man selbst die Station zerstören sollte, als sie in feindliche Hände fallen zu lassen. Entsprechend erhielt Kamina am 20. August 1914, nur wenige Tage nach Beginn des Ersten Weltkrieges, den Befehl zur Selbstzerstörung. Wenige Tage bevor Togo als erste deutsche Kolonie kapitulierte, wurde der Befehl am 24. August 1914 durchgeführt. Damit zerstörten die Deutschen ein Prestigeprojekt, das knapp 5 Millionen Mark gekostet hatte.

# DIE DEUTSCHEN KOLONIEN IN AFRIKA

## DIE MAROKKOKRISEN UND DER PANTHERSPRUNG

Die beiden Kolonialmächte Frankreich und England wetteiferten um Afrika wie keine anderen Nationen. Frankreich wollte sich Nordafrika sichern und kreuzte somit die englischen Pläne, eine Einflusssphäre vom Kairo bis Kapstadt zu sichern. Schließlich schlossen beide Mächte in der „Entente Cordiale" einen Freundschaftsvertrag, in dem sie ihren jeweiligen Einflussbereich festlegten. Ihr Interessenskonflikt um den „Wettlauf von Afrika" war nun gelöst.

Dieser Vertrag sicherte England die afrikanischen Länder Ägypten und Sudan, während Frankreich im Gegenzug diplomatische Unterstützung hinsichtlich Marokko erhielt, das nun eindeutig der französischen Einflusssphäre zugeschrieben wurde. Dies war der Startschuss für Frankreich, in Marokko ein Protektorat aufzubauen, indem es dort einen Verwaltungs- und Polizeiapparat errichtete.

Diese Vorgänge widersprachen den Plänen der deutschen Reichsregierung, die ihre Handelsinteressen in Nordafrika gefährdet sahen. Um Stärke zu demonstrieren, übte das Kaiserreich Druck auf Frankreich aus, in dem es auf das Madrider Abkommen von 1880 pochte. In diesem Abkommen wurde die Unabhängigkeit Marokkos sowie die Sicherung der deutschen Wirtschaftsinteressen hinsichtlich eines Eisenerzabbaugebietes im Süden Marokkos garantiert. Darüber hinaus beabsichtigten die Deutschen, Frankreich die Bedeutungslosigkeit der „Entente Cordiale" zu beweisen und die Souveränität des Sultans von Marokko zu demonstrieren.

Um diesen Zielen Nachdruck zu verleihen, inszenierte der deutsche Reichskanzler Bernhard von Bülow einen triumphalen Empfang von Kaiser Wilhelm II. am 31. März 1905 im marokkanischen Tanger. Kaiser Wilhelm II. wertete damit Marokko außenpolitisch auf und gab dem Sultan Rückendeckung. Dieser Schachzug sorgte nicht nur in der internationalen Öffentlichkeit für großes Aufsehen, er empörte auch die französische Regierung zutiefst. Da der französische Verbündete Russland durch den russisch-japanischen Krieg gerade politisch geschwächt war, befürchtete die Entete zudem einen Präventivkrieg Deutschlands gegen Frankreich.

Auf der Konferenz von Algeciras im Jahre 1906 forderten Deutschland, Österreich und Marokko die Internationalisierung des Sultanats. Doch Deutschland war bereits außenpolitisch so sehr isoliert, dass es eine diplomatische Niederlage einstecken musste. Die deutschen Forderungen und vor allem die Angst vor einer deutschen Kriegserklärung ließen England und Frankreich noch enger zusammenrücken.

Nach und nach gewann Frankreich Marokko als Kolonie dazu, nachdem es ihm geglückt war, den dortigen Polizeiapparat vollständig zu unterwandern. Als 1911 innere Unruhen in Marokko ausbrachen, besetzten französische Truppen die marokkanische Hauptstadt Fes, und es brach die Zweite Marokkokrise aus. Deutschland forderte im Gegenzug auf die Einverleibung Marokkos durch Frankreich das französische Kongogebiet. Um seine Forderung noch militärisch zu untermalen entsandte der deutsche Kaiser das Kanonenboot *Panther* nach Agadir. Dieser „Panthersprung von Agadir" wurde im Reich gefeiert, obwohl Deutschland auf Druck von England hin Frankreichs Herrschaft über Marokko anerkennen musste.

DIE DEUTSCHEN KOLONIEN IN AFRIKA

Während der Konferenz von Algeciras im Frühjahr 1906 entschieden die europäischen Mächte über die Lösung der ersten Marokkokrise. Titelblatt des *Le Petit Parisien* vom 4. Februar 1906.

# DIE DEUTSCHEN KOLONIEN IN AFRIKA

Nach der Zerstörung wurde die Station von der Entente angegriffen und erobert. Das Personal der Station wurde den Franzosen übergeben und in ein Gefangenenlager gebracht. Erst 1919 kehrten sie nach Deutschland zurück.

## DEUTSCH-OSTAFRIKA

Das riesige Gebiet, das im 19. Jahrhundert als Deutsch-Ostafrika zur deutschen Kolonie wurde, umfasste die heutigen Staaten Tansania, Ruanda und Burundi. Flächenmäßig war das Schutzgebiet mit 995.000 Quadratkilometer die größte deutsche Kolonie. In ihr wohnten 7,8 Millionen Afrikaner und etwa 4.000 Deutsche. Daher war Ostafrika auch die bevölkerungsreichste Kolonie.

Deutsch-Ostafrika wurde nach Südwestafrika, Togo und Kamerun am 25. April 1885 als „Schutzgebiet" ausgerufen. Dieser Vorgang und die Aneignung Ostafrikas waren

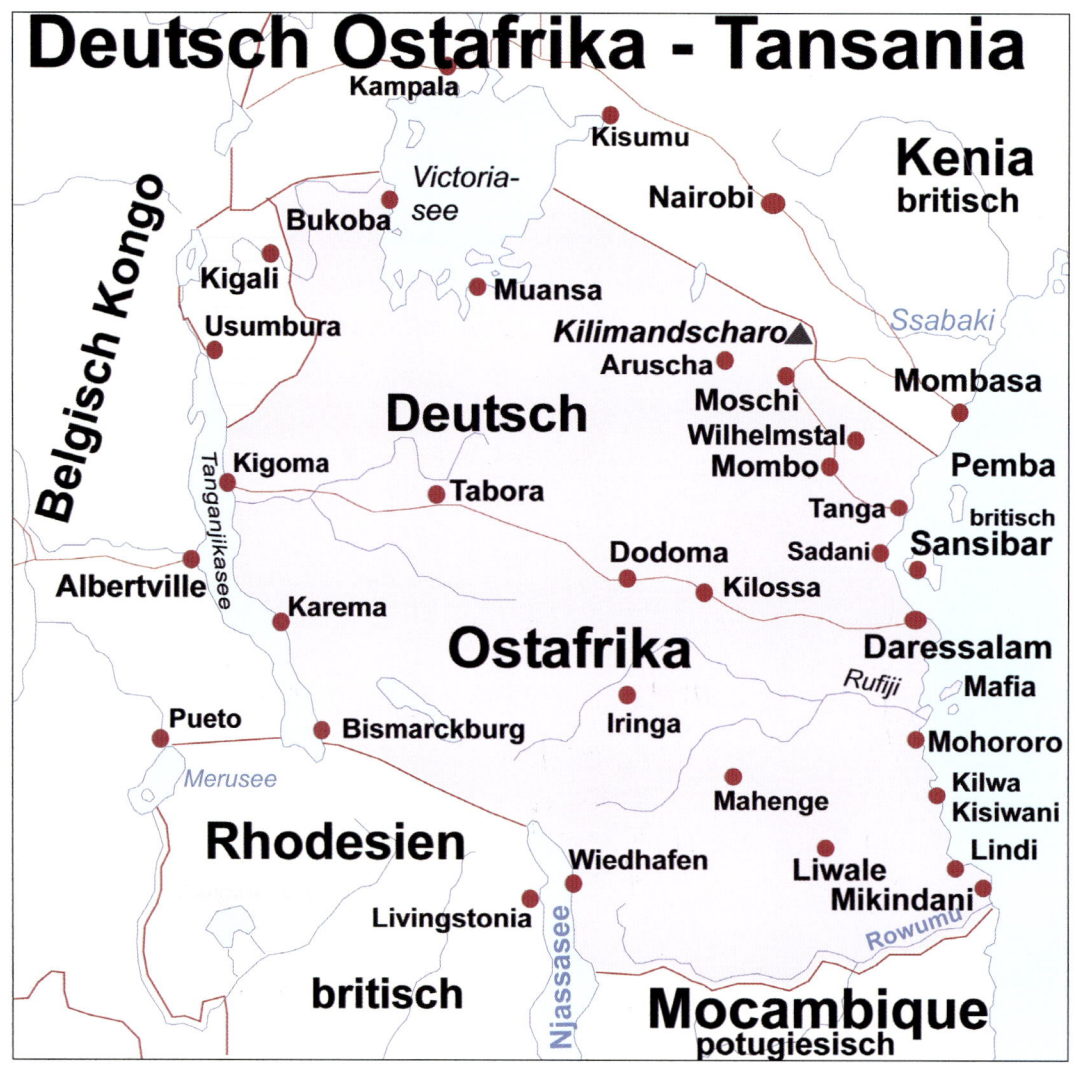

Die Kolonie Deutsch-Ostafrika (heute Tansania) stand zwischen 1885 und 1918 unter deutschem Schutz.

# DIE DEUTSCHEN KOLONIEN IN AFRIKA

1884 werden die Gründer der *Gesellschaft für Deutsche Kolonisation*, Carl Peters (Mitte) und Karl Ludwig Jühlke (links), bei ihrer Expedition nach Afrika von Joachim Graf von Pfeil (rechts) begleitet.

eng mit der umstrittenen Person des Carl Peters verbunden. Dieser Kolonisator war getrieben von rassistischem Gedankengut und wollte sich selbst ein Denkmal setzen.

Die deutsche Kolonialherrschaft in Ostafrika war von zahlreichen Aufständen der Einheimischen geprägt, die von der brutalen Willkür, die vor allem Peters an den Tag legte, hervorgerufen wurde. Der Widerstand der Afrikaner eskalierte im Maji-Maji-Aufstand von 1905.

Aus wirtschaftlicher Sicht war Deutsch-Ostafrika wie die anderen Kolonien ein Minus-Geschäft. Nach Südwestafrika erhielt es die höchsten Zuschüsse des Reiches. Die Hauptexportgüter Baumwolle, Sisal und Kautschuk konnten die Verluste, die die Kolonie erwirtschaftete, nicht auffangen.

Immerhin bot Deutsch-Ostafrika für die Kolonialzeit eine Attraktion: Der höchste deutsche Berg war von 1885 bis 1918 nun nicht mehr die Zugspitze, sondern der Kilimandscharo mit der sogenannten „Kaiser-Wilhelm-Spitze".

Der „Deutsche Kolonialverein" wurde am 6. Dezember 1882 in Frankfurt am Main gegründet und

165

# DIE DEUTSCHEN KOLONIEN IN AFRIKA

# CARL PETERS

Unter den Kolonialbefürwortern herrschte die einhellige Meinung, dass das Deutsche Reich den Auswanderungsstrom, der zumeist in die neue Welt ging, in die Kolonien umlenken sollte. Dort wollten sie zudem einen Platz als Herrenmenschen einnehmen. Zu dieser Gruppe gehörte ohne Zweifel Carl Peters.

Carl Peters wurde 1856 als achtes von neun Kindern in Neuhaus an der unteren Elbe geboren. Sein Vater war Pastor und schickte den jungen Carl im Alter von 15 Jahren auf ein Internat in Ilfeld im Harz. Nach dem Abitur studierte Carl Peters in Göttingen Jura, besuchte aber häufiger historische, psychologische und biografische Vorlesung, da sie ihn mehr interessierten.

Lange hielt es Peters allerdings nicht in Göttingen aus. Er wechselte zunächst nach Tübingen und später nach Berlin. Obwohl er auch dort für Jura eingeschrieben war, besuchte er in erster Linie Vorlesungen bei den Historikern. Im November 1880 legte er sein Examen ab. Beruflich strebte er danach eine Universitätskarriere an. Deshalb promovierte er im Anschluss und reichte 1884 eine Habilitationsschrift an der Leipziger Universität ein.

In dieser Phase wurde Peters vor allem von der angelsächsischen Kultur beeinflusst, weil ihn ein Onkel nach London eingeladen hatte. Als dieser Onkel 1882 starb, erbte Carl Peters ein kleines Vermögen. Die Zeit in England hatte ihn geprägt. Er entwickelte eine Hassliebe zum Britischen Imperium und bewunderte vor allem die koloniale Weltmacht. Andererseits beneidete er die Briten für ihr Reich so sehr, dass er es ihnen missgönnte und sich selbst ein solches Reich für Deutschland wünschte. Von nun an war Peters besessen, eine eigene Kolonie zu erwerben.

Im März 1884 gründete er die „Gesellschaft für deutsche Kolonisation", die trotz geringer Resonanz und schwacher Kapitalisierung eine Expedition in das Mashonaland (im heutigen Simbabwe) entsandte. Dort sollte nach Peters Willen eine unabhängige deutsche Siedlung samt Handelsunternehmen entstehen. Auf seiner Anreise erreichte Peters im November 1884 Sansibar. Der dort ansässige deutsche Konsul machte ihm jedoch klar, dass die Reichsregierung ihn in seinem Vorhaben nicht unterstützen werde. Da sich sein Plan nun nicht realisieren ließ und der Schutz des Kaiserreiches ausblieb, wechselte Peters gewissermaßen das „Gebiet". Beeinflusst von den Berichten des englischen Afrikareisenden Henry Morten Stanley zog er nun mit seiner Expedition nach Ostafrika. Dort wollte er ein deutsches Indien begründen.

Mit falschen Versprechungen und kleinen Geschenken überzeugte er die lokalen Herrscher, Schutzverträge mit ihm abzuschließen und erwarb so ein Gebiet, dass zunächst doppelt so groß wie Bayern war. Peters ging dabei immer nach dem gleichen Schema vor: Die afrikanischen Häuptlinge mussten sich zunächst mit ihm betrinken, dann ließ er ihnen deutschsprachige Verträge vorlegen, die sie nicht lesen konnten. Unter dem Alkoholeinfluss mussten die Afrikaner nun die Verträge mit Kreuzzeichen unterzeichnen. Hierfür sicherte Peters ihnen Schutz gegen ihre Feinde zu. Im Gegensatz erhielt seine Kolonialgesellschaft das uneingeschränkte Recht, Zölle und Steuern zu verlangen, Verwaltung und Justiz aufzubauen, bewaffnete Soldaten in das Land zu bringen, und das Gebiet wirt-

## DIE DEUTSCHEN KOLONIEN IN AFRIKA

Porträtaufnahme des deutschen Kolonialpolitikers und Afrikaforschers Carl Peters (links), um 1900.
Der kaiserliche Schutzbrief (unten) für die von der *Gesellschaft für Deutsche Kolonisation* neuerworbenen Gebiete in Ostafrika, unterzeichnet von Kaiser Wilhelm II. und Bismarck im Februar 1885.

schaftlich zu nutzen. Carl Peters reichte das Kreuz unter dem Vertrag. Er prüfte nicht, ob seine Vertragspartner verstanden, was sie überhaupt unterzeichneten.

Nachdem das Deutsche Reich Südwestafrika, Togo und Kamerun unter seinen Schutz gestellt hatte, bat nun auch Carl Peters am 5. Februar 1885 in Berlin offiziell um Schutz für seinen Besitz in Ostafrika. Am 27. Februar erhielt er den kaiserlichen Schutzbrief. Somit hatte die Gesellschaft für deutsche Kolonisation, die mittlerweile in „Deutsch-Ostafrikanische Gesellschaft" umbenannt worden war, den notwendigen Rückhalt, um Ostafrika als Schutzgebiet auszubauen. Befürworter des Kolonialwesens feierten Carl Peters als tatkräftigen Helden

und weitblickendes Genie, der sich um das Deutsche Reich verdient gemacht hatte. Doch die Wirklichkeit sah anders aus. Mit äußerster Brutalität und Willkür herrschte der von rassistischen Motiven geprägte Peters in Afrika. Hinrichtungen waren an der Tagesordnung und brachten ihm den Beinamen „Hänge-Peters" ein. Die „Deutsch-Ostafrikanische Gesellschaft" stand zu Beginn noch unter dem Vorsitz Peters. Mit der Umwandlung in eine Kommanditgesellschaft, traten ihr auch andere Geldgeber bei. Unter anderem gehörte Kaiser Wilhelm I. dazu. Damit sank der Einfluss Peters. am 23. Dezember 1887 wurde er schließlich abberufen.

1889 brach der umtriebene Peters jedoch wieder zu einer Afrika-Expedition auf. Er nutzte das Verschwinden von Emin Pascha, einem Deutschen in den Diensten der ägyptischen Äquatorialprovinz, um nach Afrika aufzubrechen und ihn zu retten. Seine Reise, die etwas über ein Jahr dauerte, führte ihn durch die heutigen Staaten Kenia, Uganda und Tansania. Überall, wo er hinkam, hinterließ er eine Spur der Gewalt gegen die dort lebenden Afrikaner. Er ließ die Menschen auspeitschen, in Ketten legen und erschießen, brannte die Dörfer der Afrikaner nieder und bereicherte sich an den Einheimischen. In diesem einen Jahr hinterließ er verbrannte Erde. Seine sinnlose Gewalt und sein willkürliches Töten brannten sich tief in das Gedächtnis

# DIE DEUTSCHEN KOLONIEN IN AFRIKA

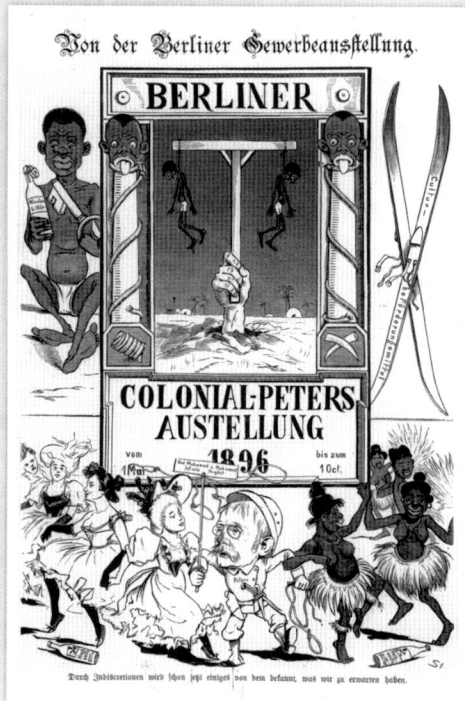

der Afrikaner ein. Emin Pascha fand er auf der Expedition nicht. Allerdings erntete er im Kaiserreich allgemeine Anerkennung für seine „Heldentat".

Peters erlitt durch den Helgoland-Sansibar-Vertrag von 1890 eine weitere herbe Niederlage. Zuvor hatte er mit König Mwanga von Buganda ein Abkommen geschlossen, durch den das Uganda-Gebiet in die deutsche Kolonie aufgenommen werden sollte. Damit wollte er sich seinen Traum eines Mittelafrikas erfüllen. Durch den Helgoland-Sansibar-Vertrag, in dem das Deutsche Reich auf alle Ansprüche in Uganda, Witu, an der Somaliküste und auf Sansibar verzichtete, wurde Peters Ambitionen ein Riegel vorgeschoben.

Im Reich stellte sich die Frage, wie mit Peters umzugehen sei. Der gefeierte Kolonialheld wurde nach seiner Emin-Pascha-Expedition feierlich von Kaiser Wilhelm II. empfangen und durch einen Orden geehrt. Obwohl Peters rassistische Gewalteskapaden bekannt waren, musste er beruflich versorgt werden. Daher wurde er von Wilhelm II. ab 1891 als Reichskommissar am Kilimandscharo eingesetzt. Er war damit beauftragt, die Grenzen zum britischen Teil Ostafrikas, dem heutigen Kenia, festzulegen. Wieder zeigte er sich in Afrika als brutaler, gnadenloser Herrscher und setzte sein Verhalten unnachgiebig fort. Trinkgelage, Prügeleien und Hinrichtungen waren an der Tagesordnung. Das Maß war schließlich voll, als er seinen achtzehnjährigen Diener Mabruk hinrichtete, weil er von Peters Zigarren gestohlen hatte. Zudem verhängte er die Todesstrafe gegen die junge Afrikanerin Jagodja, mit der er ein Verhältnis hatte. Jagodja war zuvor zu einem anderen Häuptling geflohen, um bei diesem Zuflucht zu suchen. Peters bezichtigte sie des Landesverrats und ließ sie vor der Hinrichtung brutal auspeitschen.

Unter der Führung des Sozialdemokraten August Bebel formierte sich 1896 der Widerstand gegen Peters im Reichstag. Bis auf wenige kolonialpolitische Kreise erfuhr nun auch die Bevölkerung von Peters psychopathischer Vorgehensweise in Afrika. Der Kaiser entzog ihm Amt und Titel. Beleidigt ging Peters von 1896 bis 1914 nach London, durfte jedoch ab 1905 den Titel „Reichskommissar a. D." führen. Ab März 1914 erhielt er zudem eine Rente des Reiches. Bei Kriegsbeginn kehrte er zurück nach Deutschland. Während des Ersten Weltkrieges ließ er noch einmal seine menschenverachtende Gesinnung durchblicken, als er anriet, alle Franzosen der eroberten Gebiete in Konzentrationslager zu stecken. Kurz vor Kriegsende am 10. September 1918 starb Peters.

## DIE DEUTSCHEN KOLONIEN IN AFRIKA

Zunächst erinnerte man sich im Reich an einen Kolonialhelden. Bereits 1914 wurde ein Carl-Peters-Denkmal errichtet, das ihn als Gründer von Deutsch-Ostafrika zeigte. Im Dritten Reich rehabilitierte Adolf Hitler Peters vollständig. Die Presse im Dritten Reich schrieb, dass sich bei Peters bereits Gedankengut fände, das wörtlich mit dem des Führers übereinstimmte. 1941 wurde schließlich Peters Leben mit Hans Albers in der Hauptrolle deutlich verklärt verfilmt. Erst nach dem Zweiten Weltkrieg relativierte sich die Erinnerung an ihn. Die meist zur Zeit des Nationalsozialismus nach ihm benannten Plätze und Straßen wurden ab den 1980er Jahren umbenannt oder bei Beibehaltung des Namens einer anderen Person mit gleichen Nachnamen umgewidmet. In wenigen deutschen Städten gibt es noch Straßen, die seinen Namen tragen, was zu heftigen Debatten in den Kommunen und Städten führt.

Die *Colonial-Peters Ausstellung* von 1896 in Berlin (linke Seite).
Filmszene aus dem anti-britischen nationalsozialistischen Propagandafilm *Carl Peters* (unten) unter der Regie von Herbert Selpin. Die Hauptrolle des Kolonialisten Peters übernahm der deutsche Schauspieler Hans Albers.

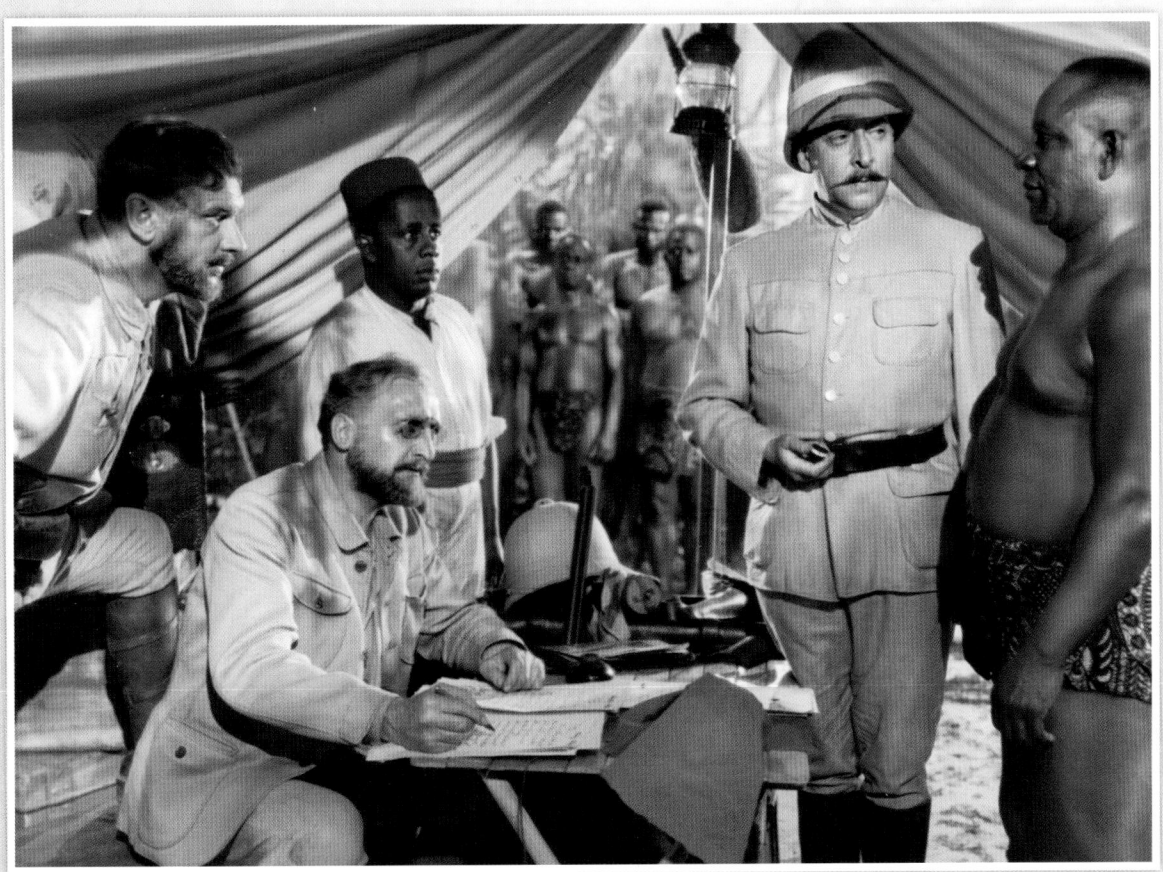

# DIE DEUTSCHEN KOLONIEN IN AFRIKA

verband Interessenten aus Wirtschaft, Industrie und Politik. Der Verein versuchte durch Öffentlichkeitsarbeit, das Interesse der Deutschen an Kolonien zu wecken und als Sprachrohr in die Gesellschaft zu wirken. Im Dezember 1887 fusionierte der Verein mit der von Carl Peters radikaleren „Deutsch-Ostafrikanischen Gesellschaft" (DOAG), ehemals „Gesellschaft für deutsche Kolonisation", zur Deutschen Kolonialgesellschaft.

Die „Deutsch-Ostafrikanische Gesellschaft" spielte davor eine entscheidende Rolle beim Aufbau der Kolonie Deutsch-Ostafrika. Da sich Reichskanzler Bismarck endlich dazu entschlossen hatte, deutsche Kolonien zu erwerben, schickte die DOAG im Herbst 1884 eine Expedition unter der Führung von Carl Peters, Karl Ludwig Jühlke und Joachim Graf von Pfeil nach Ostafrika. Auf dieser Expedition kam es zu dubiosen Verträgen, die Peters mit mehreren afrikanischen Häuptlingen schloss, und so ein riesiges Gebiet für die Gesellschaft erwarb.

Bismarck stand dem Vorgehen der DOAG im Allgemeinen und Peters im Besonderen ablehnend gegenüber. Peters „Erfolge", einige Verträge in deutscher Sprache mit ein paar Kreuzen, die von den Häuptlingen stammten, reichten dem Eisernen Kanzler zunächst nicht aus, Ostafrika unter deutschen Schutz zu stellen. Bismarck lenkte erst unter Einfluss des Reichstages ein und ließ Peters im Februar 1885 einen Schutzbrief für Ostafrika ausstellen. Dies war die Basis für die spätere Kolonie Deutsch-Ostafrika.

Er beabsichtigte nun das riesige Gebiet mit Hilfe der Deutsch-Ostafrikanischen Gesellschaft als alleiniger Gesellschafter zu regieren. Ihm gelang es, das Gebiet durch weitere dubiose Vertragsschlüsse zu erweitern, einige Handelsposten aufzubauen und kleinere Plantagen anzulegen, auf denen der Anbau von Kulturpflanzen versucht wurde. Vor allem aber

# DIE DEUTSCHEN KOLONIEN IN AFRIKA

konzentrierte er sich auf mehrere Expeditionen, um das Gebiet zu vergrößern beziehungsweise Ansprüche auf weitere Regionen zu erheben.

Mit seinen expansionistischen Plänen geriet Peters in Konflikt mit Bargash, dem Sultan von Sansibar. Ein Konflikt drohte mit dem sansibarischen Militär und der DOAG. Der Einsatz deutscher Schiffe unter Admiral Knorr beruhigte die angespannte Situation wieder. Unter Druck der deutschen Kreuzer gab der Sultan schließlich klein bei.

In der Folge verhandelte das Deutsche Reich mit Großbritannien über die genaue Aufteilung ihrer Interessenssphären. Beide Mächte einigten sich schließlich einige Jahre später im „Vertrag zwischen dem Deutschen Reich und dem Vereinigten Königreich von Großbritannien und Irland über die Kolonien und Helgoland" und konnten ihre Gebiete abstecken. Britisch-Ostafrika umfasste das Gebiet, was heute größtenteils den Staat Kenia ausmacht, Deutsch-Ostafrika beinhaltete Tansania, Ruanda und Burundi.

Die DOAG fühlte sich jedoch übergangen. Das Ergebnis der Verhandlungen entsprach nicht ihren Wünschen. Seit 1886 versuchte Peters eigenmächtig, vom Sultan von Sansibar die Kontrolle über einige Häfen an der Küste zu erlangen. Als Bargash starb, gelang es dem Deutschen mit dessen Nachfolger am 28. April 1888 einen Vertrag abzuschließen, der der DOAG die Verwaltung des sansibarischen Gebietes auf dem Festland und die Erhebung der Küstenzölle im Namen des Sultans gegen eine jährliche Pachtsumme zugestand.

### Deutsche Schulen

Die Deutschen wollten aber nicht nur Ostafrika erobern, sie wollten auch die dortige Bevölkerung zivilisieren. Zumindest herrschte die Absicht, dass die Bewohner nicht nur deutsch sprechen können sollten, afrikanische Unterbeamte sollten auch die Möglichkeit haben, Schulunterricht zu genießen. Auf diese Weise beabsichtigten die Deutschen Afrikaner auszubilden, um ihre Verwaltung zu stützen. Da-

Eingeborene (links) in der nördlichsten Hafenstadt Tanga.

Am Margaritentag chauffiert ein Einheimischer den deutschen Nachwuchs in einer mit Blumen geschmückten Rikscha (unten) durch Daressalam, der Hauptstadt von Deutsch-Ostafrika.

# DIE DEUTSCHEN KOLONIEN IN AFRIKA

her richtete die Deutsche Kolonialgesellschaft im Dezember 1892 eine Schule im ostafrikanischen Tanga ein. Doch die Afrikaner trauten dieser Initiative nicht. Sie sahen in dieser Schule eine Missionsschule, die einzig und alleine dem Zweck diente, das Christentum zu verbreiten. Aus diesem Misstrauen heraus entschlossen sie sich, ihre Kinder nicht in die deutsche Schule zu schicken.

Die Deutschen suchten nun nach einem Weg, um das Misstrauen zu überwinden. Die Lösung klingt wie eine Initiative aus der Gegenwart: Die Reichsregierung stellte einen Lehrer an der Schule an, der den Koran und die Kultur des Islam unterrichtete, somit sollte die deutsche Schule in Tanga in diesem Punkt im Einklang mit den anderen arabisch geprägten Koran-Schulen stehen. In Ostafrika kam diese Initiative gut an. In Berlin löste sie aber einen kleinen Skandal aus. Vor allem die Evangelische Kirche protestierte öffentlich und warb mit Flugblättern gegen diese Initiative. Öffentlichkeit und Kirche setzten die Regierung so sehr unter Druck, dass die Stelle des Koran-Lehrers wieder gestrichen wurde.

Schüler der Regierungsschule von Daressalam während einer Erholungsstunde.

# DIE DEUTSCHEN KOLONIEN IN AFRIKA

Einheimische Schüler während des Unterrichts in einer deutschen Schule in Deutsch-Ostafrika.

Dennoch gelang es der Schulleitung im Laufe des Jahres 1893 25 ältere sowie 33 jüngere Schüler regelmäßig unterrichten zu dürfen. Mit diesem Erfolg im Rücken gründeten die Deutschen im April 1895 in Daressalam sowie im Oktober des gleichen Jahres in Bagamoyo zwei weitere deutsche Schulen. Zunächst lag der Fokus auf nur zwei Fächern: Deutsch und Rechnen. Doch im Laufe der Jahre entwickelte sich der Stundenplan – auch wenn eine Initiative zur Einführung der Schulpflicht scheiterte. Im Jahre 1912 wurden in den deutschen Schulen schließlich Kisuaheli, Rechnen, Deutsch, Rechtschreiben, Singen, Turnen, Naturkunde, Geographie und Zeichnen unterrichtet. Turnen und Singen diente vor allem dazu, Disziplin und Gehorsam zu vermitteln. Zudem stärkte das Singen das Gemeinschaftsgefühl.

Die Lehrer kamen aus Deutschland und mussten zuvor Kisuaheli am Orientalischen Seminar in Berlin lernen. Auch wurde die Möglichkeit eingeführt, dass Schüler nach Deutschland kommen konnten, um dort Deutsch zu lernen. Hierfür wurde 1911 der „Fonds zur Verbreitung der Deutschen Sprache" eingeführt.

Nach der Jahrhundertwende sprossen deutsche Schulen gar aus dem Boden. Für das Jahr 1911 waren in Deutsch-Ostafrika insgesamt 78 Regierungs-Volksschulen, in denen 3.494 Schüler unterrichtet wurden, sowie 875 christliche Missionsschulen mit insgesamt über 60.000 Schü-

# DIE DEUTSCHEN KOLONIEN IN AFRIKA

## KISUAHELI – EINE SPRACHE FÜR ALLE

Der deutsche Missionar Johann Ludwig Krapf auf der Flucht vor Nashörnern in Kenia, Holzschnitt von 1861.

Bereits in den ersten Jahrhunderten des zweiten Jahrtausends wurde Kisuaheli als Handelssprache an der ostafrikanischen Küste verwendet. Von dort drang es sukzessive in das Landesinnere vor. Als ab 1800 Handelswaren von Sansibar aus, weite Teile Afrikas durchstreiften, breitete sich die Sprache weiterhin aus.

Als nun europäische Missionare, vornehmlich aus England und Deutschland, nach Ostafrika kamen, suchten sie nach Möglichkeiten, das Evangelium unter den Einheimischen zu verbreiten. Die meisten wählten daher Kisuaheli als Sprache, um das Leben Jesu Christi den Afrikanern zu vermitteln.

Die deutsche Reichsregierung befürchtete jedoch, dass durch die Verwendung von Kisuaheli anstelle von Deutsch, die Loyalität der Afrikaner zum Kaiserreich untergraben werden würde. Die allgemeine Politik des Deutschen Reiches sah es daher vor, überall Deutsch als Amtssprache einzuführen. Somit sollte eine starke Bindung der Afrikaner an das deutsche Vaterland geschaffen werden. Zudem sollte dies vermeiden, dass die einzelnen Stämme ein eigenes Nationalbewusstsein entwickeln konnten.

Doch die Missionare hatten andere Ziele als die Loyalität der Bevölkerung zum Kaiser. Ihnen war es wichtig, dass vor allem arabisch-islamische Ausdrücke im Kisuaheli ersetzt wurden. Zudem sollte Kisuaheli, dass - wenn es überhaupt als Schriftsprache eingesetzt wurde - in arabischer Schrift geschrieben wurde, fortan mit lateinischen Buchstaben geschrieben werden. Kisuaheli wurde von den Missionaren entsprechend geändert und verbreitet. In Schulen und in Kirchen brachten sie es der Bevölkerung nahe.

Der schwäbische Missionar Johann Ludwig Krapf spielte hierbei eine bedeutende Vorreiterrolle. Er brachte als erster Kisuaheli in eine Schriftform mit lateinischen Buchstaben. 1850 veröffentlichte er die erste, frühe Kisuaheli-Grammatik, 1882 folgte ein Wörterbuch. Damit legte er den Grundstein für Kisuaheli als Amts-, Verständigungs- und Literatursprache in Ostafrika – weit über die deutsche Kolonie hinaus. Auch für die Schutztruppe in Ostafrika, die sowohl aus deutschen Offizieren und afrikanischen Askari bestand, wurde um 1890 Kisuaheli als Dienstsprache angeordnet. Militärische Befehle wurden jedoch weiterhin auf Deutsch erteilt. Somit trug auch das Heer, das ein hohes Ansehen genoss, dazu bei, dass Kisuaheli sich verbreitete.

Als Ostafrika während des Ersten Weltkrieges in die Hände der Engländer fiel, setzten diese die Sprachpolitik fort und förderten Kisuaheli weiterhin als Amtssprache, die nun überregional gesprochen wurde und den verschiedensten Ethnien eine gemeinsame Identität gab.

lern verzeichnet. Darüber hinaus gab es zwei Höhere Schulen und 29 Höhere Missionarsschulen mit etwa 1.200 Schülern. Die Schüler an den Schulen machten zwar nur 1,5% der Gesamtbevölkerung aus. Verglichen aber mit den umliegenden Kolonien der Engländer wie zum Beispiel in Kenia war dies extrem fortschrittlich, da dort nichts Vergleichbares angeboten wurde.

### Die Aufstände der Küstenbevölkerung und der Hehe

Zeitgenössisch wurde der Aufstand der ostafrikanischen Küstenbevölkerung gegen die Herrschaft der Deutsch-Ostafrikanischen Gesellschaft von 1888 bis 1890, der sich gegen die Ausweitung des deutschen Einflusses auf den zu Sansibar gehörenden Küstenstreifen richtete, als Araberaufstand bezeichnet. Man vermutete damals, dass arabische Sklavenhändler hinter dem Aufstand stünden, die gegen ein Verbot des Sklavenhandels durch die Deutschen vorgehen wollten.

Die Bezeichnung beruht auf dem Irrtum, dass man an der ostafrikanischen Küste arabische Familien vermutete. Man verwechselte die Schirazi, die zwar durchaus Handelskontakte durch ihre Fernkarawanen nach Arabien hatten und auch Angehörige des islamischen Glaubens waren. Doch die Schirazi waren keine Araber. Zwar lebten tatsächlich einige Araber auch auf Sansibar, dennoch waren die allermeisten Beteiligten am Aufstand afrikanischer Abstammung.

Ausgelöst wurde der Aufstand durch mehrere Versuche der Deutsch-Ostafrikanischen Gesellschaft einige Küstenstreifen in Besitz zu nehmen. Zuvor hatte die DOAG am 28. April 1888 mit dem Sultan von Sansibar einen Vertrag über einen 10 Meilen langen Küstenstreifen abgeschlossen. Die dort ansässigen Afrikaner vermuteten nun, dass sie vollständig von den Deutschen unterworfen werden würden. Die brutale Willkür, mit der Peters in der Vergangenheit gegen die Afrikaner vorgegangen war, hatte sich auch bei ihnen herumgesprochen. Sie befürchteten zudem, dass ihr Wirtschaftssystem, das auf dem Sklavenhandel beruhte, zusammenbrechen würde. Als nun an mehreren Orten von Vertretern der DOAG die Flagge der Deutsch-Ostafrikanischen Gesellschaft gehisst wurde, brodelte es in der Bevölkerung.

Ausgelöst wurde der Aufstand schließlich durch die Missachtung der Kultur und Religion der Afrikaner, was zu interkulturellen Konflikten führte. Emil von Zelewski, einer der Vertreter der DOAG, verfolgte den lokalen Vertreter des Sultans von Sansibar während des Opferfestes, des höchsten Festes im Islam, in die Moschee von Pangani, die nur von Muslimen betreten

# DIE DEUTSCHEN KOLONIEN IN AFRIKA

werden durfte. Auch die Hunde von Zelewski folgten ihm in die Moschee. Beides störte das Opferfest aufs Empfindlichste. Die Unruhe in Pangani verbreitete sich schnell über den ganzen Landstrich. Auch an anderen Orten wie in Tanga und Bagamoyo spielten sich ähnliche Szenen wie in Pangani ab.

Bald war die DOAG nicht mehr in der Lage, die Bevölkerung zu kontrollieren. Es stand außer Frage, dass sie nicht über die Mittel verfügte, den Aufstand niederzuschlagen. Daraufhin richtete die DOAG ein Hilfsgesuch an die Reichsregierung. In Folge dieser Anfrage schickte das Deutsche Reich den afrikaerfahrenen Offizier Hermann von Wissmann in das Krisengebiet nach Ostafrika. Wissmann sollte dort eine Streitmacht aus deutschen Offizieren und afrikanischen Söldnern, den sogenannten Askari, aufstellen, mit denen er den Aufstand niederringen konnte. Dadurch verlor die DOAG jedoch ihre Vormachtstellung und musste diese an das Deutsche Reich abtreten. Zugleich löste Wissmann Carl Peters als Reichskommissar für Ostafrika ab.

## DIE VERWALTUNG DER KOLONIEN

Von 1884 bis 1890 war das Dezernat für die deutschen überseeischen Interessen des Auswärtigen Amtes für die Kolonien als oberstes Amt zuständig. 1890 wurde schließlich eine eigene Kolonialabteilung eingerichtet, die zwar im Auswärtigen Amt angesiedelt war, aber direkt dem Reichskanzler unterstellt wurde. Sechs Jahre später kam auch die Verwaltung der einzelnen Schutztruppen hinzu, die bislang dem Reichsmarineamt unterstanden war.

Im Mai 1907 wurde dann das Reichskolonialamt ins Leben gerufen. Dies bedeutete lediglich, dass die seit 1890 bestehende Struktur der Kolonialabteilung nun eigenständig und weitgehend unverändert zu einem eigenständigen Amt wurde. Es untergliederte sich fortan in vier Abteilungen und war weiterhin direkt dem Reichskanzler unterstellt.

Die Dienstflagge mit dem deutschen Reichsadler des Auswärtigen Amts (1871-1918) und des Reichskolonialamts (1907-1918).

## DIE DEUTSCHEN KOLONIEN IN AFRIKA

Porträt des Sultans von Sansibar, Sayyid Barghash bin Said (1837-1888).
Männer vom Stamm der Hehe (folgende Doppelseite) in Deutsch-Ostafrika.

Um der Situation Herr zu werden, begann Wissmann mit der Rekrutierung von sogenannten Askari. Sie waren afrikanische Soldaten oder Polizisten, die in den Einheiten der Kolonisten dienten. Sie wurden bevorzugt in Gebieten rekrutiert, die weit von ihren Einsatzgebieten lagen, so dass die Söldner in keinen Gewissenskonflikt kamen, wenn sie gegen andere Afrikaner eingesetzt wurden. Die Deutschen sicherten sich zudem die Loyalität der Askari, indem sie ihnen sowohl einen hohen Sold wie auch eine lebenslange Rente zahlten. Innerhalb der deutschen Schutztruppen wurden sie größtenteils in Deutsch-Ostafrika eingesetzt.

Als Wissmann nach Ostafrika geschickt wurde, um den Aufstand niederzuschlagen, rekrutierte er 650 Sudanesen aus Ägypten und 350 Zulu aus Mozambique. Sie bildeten die sogenannte Wissmann-Truppe, die gegen die Aufständischen in Ostafrika eingesetzt und von etwa 60 deutschen Offizieren und Unteroffizieren angeführt wurden. Was sich in der Wissmann-Truppe abzeichnete, galt im Grunde für alle Kolonialtruppen. Üblicherweise wurden sie von europäischen Offizieren und Unteroffizieren geleitet und befehligt. Die Truppen selbst bestanden jedoch meist aus afrikanischen Soldaten. Zum Teil war es Afrikanern möglich zu Unteroffizieren aufzusteigen. Sie befehligten dann die anderen Afrikaner, waren den Deutschen aber nicht gleichgestellt.

Vor Ort in Ostafrika bewahrheitete sich Wissmanns Taktik. Da die Askari aus fremden Regionen kamen, hatten sie keine moralischen Probleme gegen die afrikanischen Einwohner Ostafrikas mit aller Härte vorzugehen. Sie waren den Deutschen so loyal untergeben, dass sie, selbst nachdem das Deutsche Reich seine Kolonien verloren hatte, stets loyal zu den Deutschen blieben.

# DIE DEUTSCHEN KOLONIEN IN AFRIKA

## DIE DEUTSCHEN KOLONIEN IN AFRIKA

Die Aufständischen hatten sich in der Zwischenzeit hinter Abushiri ibn Salim al-Harthi, genannt Buschiri, versammelt. Er war ein Plantagenbesitzer und lebte in der Nähe von Pangani, wo der Aufstand seinen Ursprung hatte. Sein Aufbegehren war bis in den September 1889 zunächst erfolgreich und führte immerhin dazu, dass die DOAG nicht mehr alleine mit der Situation zurechtkam. Erst Wissmanns Schutztruppe und der Einsatz deutscher Kampfschiffe konnten den Aufstand Schritt für Schritt niederringen. Nachdem Buschiri bereits militärisch geschlagen war, wurde er von einigen Afrikanern, die ihm feindlich gegenüberstanden, gefangen und an die Deutschen ausgeliefert. Die Kolonialherren verurteilten ihn vor einem Kriegsgericht und ließen ihn am 15. Dezember 1889 öffentlich hängen.

Als schließlich auch Sultan Bana Heri, der sich Bushiri angeschlossen hatte und im Hinterland gegen die Deutschen kämpfte, sich Wissmann ergab, brach der Aufstand zusammen. Ab April 1890 kehrte Ruhe in Deutsch-Ostafrika ein.

Mit der Entsendung der Schutztruppe nach Ostafrika endete die Verwaltung durch die Deutsch-Ostafrikanische Gesellschaft im Rahmen eines Schutzvertrages und die direkte Kolonialverwaltung begann. Im Februar 1891 wurde der bisherige Gouverneur von Kamerun, Julius

Flüchtende Araber (linke Seite) während des Aufstandes der ostafrikanischen Küstenbevölkerung (1888-1890), eine Widerstandsbewegung gegen die Deutsch-Ostafrikanische Gesellschaft (DOAG). Der deutsche Afrikaforscher Hermann von Wissmann (sitzend links) mit seiner Truppe sudanesischer Soldaten in Kairo. Foto, 1889.

## DIE DEUTSCHEN KOLONIEN IN AFRIKA

von Soden, zum Gouverneur in Ostafrika ernannt. Im gleichen Atemzug wurde die Wissmann-Truppe offiziell zur Schutztruppe in Deutsch-Ostafrika, und die DOAG wurde zu einer reinen Handelsgesellschaft umorganisiert. Zunächst war die Schutztruppe der kaiserlichen Marine unterstellt, ab 1896 stand sie unter dem Befehl des Reichskolonialamtes. Schon bald nach dem Ende des Aufstandes der Küstenbevölkerung hatte es die Schutztruppe mit neuen Unruhen zu tun. 1890 nistete sich die Kolonialverwaltung in Bagamoyo ein. Doch nur ein Jahr später zog man in das 60 Kilometer weiter südlich gelegene Daressalam, das aufgrund seines großen Hafens interessanter für die Deutschen war.

Um die Herrschaft der Deutschen in Ostafrika zu manifestieren, wollte Emil von Zelewski, der Kommandeur der Schutztruppe, das Volk der Hehe unterwerfen. Völlig überheblich zog er im Juli 1891 mit drei Kompanien gegen die Afrikaner los. Aufgrund der besseren technischen Ausstattung wähnte er sich in absoluter Sicherheit. Sobald er die Gebiete der Hehe erreicht hatte, ließ er die Dörfer niederbrennen und mit Maschinengewehren auf die Menschen feuern.

Mkwawa, der Anführer der Hehe, sammelte etwa 3.000 Kämpfer zusammen und bereitete einen Gegenangriff vor. Sie lauerten den Deutschen in der Nähe des Ortes Lugalo auf. Diese Stelle war dicht bewachsen und verschaffte den Hehe einen entscheidenden Vorteil. Voller Hochmut hatte Zelewski auf Späher und eine Vorhut verzichtet. Die Hehe schossen aus dem Dickicht hervor und überraschten die Deutschen sowie ihre Askari. Einige konnten noch eine Salve aus ihrem Gewehr abfeuern, dann fielen sie den Hehe, die hauptsächlich mit Messern und Speeren bewaffnet waren, zum Opfer. Auch Zelewski, der an der Spitze seiner Truppen vorangeritten war, fiel. Die Schlacht von Lugalo dauerte gerade einmal eine Viertelstunde. Lediglich der Nachhut gelang es zu flüchten und in sicheres Gebiet zurückzukehren.

Während des Kampfes konnten die Hehe 300 Gewehre sowie Geschütze und Maschinengewehre erbeuten. So bewaffnet waren sie in der Folge ein gefährlicher Gegner.

Buschiri bin Salim, Anführer des Araberaufstandes, wird nach seiner Gefangennahme im Dezember 1889 öffentlich hingerichtet.

## DIE DEUTSCHEN KOLONIEN IN AFRIKA

Unter ihrem Anführer Chief Mkwawa gelang dem Volk der Hehe 1891 ein Sieg über eine deutsche Militärexpedition unter Kommandeur Emil von Zelewski. Erst 1894 konnte die deutsche Schutztruppe unter Friedrich von Schele den Aufstand der Einheimischen gewaltsam unterwerfen.

Diese Schlacht war der Auftakt eines drei Jahre dauernden erneuten Aufstandes. Nach Zelewskis Tod übernahm Friedrich von Schele die Führung der Schutztruppe. Er bekämpfte die Hehe nun in einem schwer zu führenden Buschkrieg und hinterließ in Deutsch-Ostafrika einmal mehr verbrannte Erde. Letztlich gelang es von Schele, die Festung Mkwawas zu stürmen. Entsprechend geschwächt ließ sich Mkwawa am 19. Juli 1898 von einem seiner Männer töten, damit er den Deutschen nicht in die Hände fallen würde. Aufgrund seiner militärischen Leistungen für sein Volk, erhielt er den Beinamen „Schwarzer Napoleon".

Als die Deutschen den Leichnam Mkwawas fanden, schnitt ihm Johann Merkl, ein späteres Mitglied der Bayerischen Volkspartei, den Kopf ab und kassierte die Kopfprämie, die zuvor auf den Afrikaner ausgesetzt worden war. Später gelangte der Schädel ins Deutsche Reich, wo er ausgestellt wurde. Obwohl im Versailler Vertrag die Rückgabe des Schädels ausdrücklich gefordert wurde, blieb er in Deutschland. Erst 1954 konnte der Engländer Sir Edward Twining den Schädel Mkwawas im Bremer Übersee-Museum ausfindig machen. Er ließ ihn zurück nach Afrika bringen, wo er heute im Mkwawa Gedächtnismuseum in Kalenga zu besichtigen ist.

## DIE DEUTSCHEN KOLONIEN IN AFRIKA

# DER HELGOLAND-SANSIBAR-VERTRAG

Allgemeinhin herrschte in der deutschen Öffentlichkeit die weit verbreitete Meinung, dass durch diesen Vertrag beide Inseln miteinander getauscht wurden. Doch diese Annahme ist falsch. Der „Vertrag zwischen dem Deutschen Reich und dem Vereinigten Königreich von Großbritannien und Irland über die Kolonien und Helgoland" vom 1. Juli 1890 regelte lediglich die Beziehungen zwischen beiden Nationen hinsichtlich ihrer Ansprüche auf verschiedene Gebiete in Afrika. Großbritannien übertrug dem Deutschen Reich Helgoland zwar tatsächlich in diesem Vertrag, doch war Sansibar nie deutsch und wurde daher auch nicht an England abgegeben.

Seit Jahrzehnten hatte Deutschland ein hohes Interesse an Helgoland gezeigt. Nicht zuletzt wurde dort auch die heutige Nationalhymne als „Lied der Deutschen" gedichtet. Viel bedeutender aber war Helgoland in militärischer Hinsicht. Das Deutsche Reich brauchte die Insel vor allem zum Ausbau seiner Seemacht. Helgoland lag strategisch geschickt mitten vor der gesamten deutschen Nordseeküste und ermöglichte eine Kontrolle der Flüsse Weser und Elbe sowie des „Kaiser-Wilhelm-Kanals" zwischen Ost- und Nordsee. Zum einen bestand in einem britischen Helgoland für die deutsche Reichsflotte eine Gefahr, darüber hinaus konnte Wilhelm II. mit einem deutschen Helgoland seinen Flottenbau absichern.

Die Briten betrachteten den Wert der Insel jedoch als geringfügig. Strategisch hätte man in einem Kriegsfall die Insel ohnehin nicht halten können. Man trat sie gewissermaßen gerne an das Deutsche Reich ab. Des Weiteren klärten beide Vertragspartner in diesem Kontrakt einige Interessensphären, wobei das Deutsche Reich die britische Hoheit über Sansibar anerkannte.

Blick auf die Insel Helgoland (oben), die sich seit 1890 in deutschen Besitz befindet. Im Juni 1895 fahren Kaiser Wilhelm II. und seine Familie mit der Staatsyacht *Hohenzollern* (rechts) zur dreitägigen feierlichen Eröffnung des Kaiser-Wilhelm-Kanals in den Kieler Hafen ein.

DIE DEUTSCHEN KOLONIEN IN AFRIKA

Der griffige Name Helgoland-Sansibar-Vertrag, mit dem der Vertrag häufig bezeichnet wird, ist daher irreführend. Er entstammt dem zu diesem Zeitpunkt bereits ehemaligen Reichskanzler Otto von Bismarck, der nach seiner Entlassung das umfangreiche Vertragswerk seines Nachfolgers Leo von Caprivi abwerten wollte.

Bismarcks politische Polemik sollte vor allem den Eindruck erwecken, dass das Deutsche Reich die wertvolle ostafrikanische Insel Sansibar gegen einen bedeutungslosen Felsen in der Nordsee eingetauscht habe.

In diesem Vertrag übertrug Deutschland die Schutzherrschaft über Witu an England und verzichtete auf Ansprüche nördlich des Gebiets. Ebenso wurden die Interessenssphären in Südwestafrika geregelt, und Deutschland erhielt über den sogenannten Caprivi-Zipfel Zugang zum Sambesi. Weitere Grenzregelungen betrafen Togo, Kamerun und Nigeria. Deutschland verpflichtete sich zudem, die britische Herrschaft über Sansibar und Pemba anzuerkennen. Das Empire versicherte im Gegenzug beim Sultan von Sansibar die Anerkennung der Küstengebiete von Deutsch-Ostafrika.

# DIE DEUTSCHEN KOLONIEN IN AFRIKA

## DIE ERSTBESTEIGUNG DES KILIMANDSCHAROS

Für 33 Jahre, von 1885 bis 1918, erhielt man eine andere Antwort als gewöhnlich auf die Frage, welcher Berg der höchste deutsche sei. Während die heutige Antwort „Zugspitze" lautet, lernten Schüler im Kaiserreich, dass der Kilimandscharo der höchste deutsche Berg sei. Im Grunde genommen aber ist der Kilimandscharo gar kein Berg, sondern ein Bergmassiv, das aus drei erloschenen Vulkanen besteht. Der mittlere Gipfel der drei Vulkane ist mit 5.895 Metern der höchste. Er heißt noch heute „Kibo", der Weiße.

Zur Kolonialzeit befand sich das Bergmassiv auf dem Boden Deutsch-Ostafrikas und gehörte somit zum Deutschen Reich. Das machte auch den Kibo zum höchsten Gipfel des wilhelminischen Reiches. Dem Kaiser zu Ehren taufte der Geograph und Forschungsreisende Hans Meyer den Kibo „Kaiser-Wilhelm-Spitze". Meyer war es auch, der bis heute als Erstbesteiger des Kilimandscharo gilt.

Hans Heinrich Josef Meyer wurde 1858 in Hildburghausen geboren und entstammte jener wohlhabenden Familie, die das „Meyers Konversationslexikon" verlegten. Sein Vater war Leiter des Bibliographischen Instituts in Mannheim. Hans Meyer studierte und promovierte. Danach stellte ihn sein Vater im Verlag ein, wo er dem Gebiet „Geographie" unterstellt war.

1887 reiste Hans Meyer nach Deutsch-Ostafrika und begann mit der Erforschung des Kilimandscharos. Er hatte ein Ziel vor Augen: Er wollte als erster den höchsten deutschen Berg besteigen. Beim Versuch der Erstbesteigung musste er sein Vorhaben allerdings in 5.500 Metern Höhe wieder abbrechen.

Im darauffolgenden Jahr unternahm Meyer einen erneuten Versuch. Dieses Mal wurde er von Oscar Baumann, einem österreichischen Afrikaforscher, der die Usambara-Berge im Nordosten Tansanias erkundete, begleitet. Gemeinsam mit mehreren Trägern begaben sie sich auf die Expedition. Doch während des Unternehmens brach der Aufstand der Küstenbevölkerung gegen die deutsche Kolonialherrschaft aus und die Träger verließen die Expedition. Alleine mit der gesamten Ausrüstung zurückgelassen, mussten die beiden Erforscher und Bergsteiger ihr Unterfangen abbrechen. Für Meyer war dies bereits der zweite, gescheiterte Versuch. Auf ihrer Rückreise an die Küste wurden die beiden zudem von Buschiri, dem Anführer des Aufstandes, gefangen genommen, in Ketten gelegt und misshandelt. Gegen eine Zahlung von 10.000 Rupien ließ Buschiri die beiden wieder frei, behielt aber ihre kostbare Ausrüstung.

Doch Meyer gab nicht auf. 1889 unternahm er seinen dritten Versuch, endlich den Kilimandscharo zu besteigen. Dieses Mal wur-

## DIE DEUTSCHEN KOLONIEN IN AFRIKA

de er von dem erfahrenen Alpinisten Ludwig Purtscheller aus Salzburg und dem Afrikaner Yohani Kinyala Lauwo begleitet. Gemeinsam schafften sie das, was Meyer zuvor verwehrt blieb: Am 6. Oktober 1889 standen sie auf dem höchsten Punkt des Kibo, der Kaiser-Wilhelm-Spitze.

Meyer betrieb in den folgenden Jahren weitere Forschungen im Umland des Kilimandscharo. Zudem bereiste er die kanarischen Inseln und Teile Südamerikas. Zurück im Deutschen Reich veröffentlichte er seine Forschungsergebnisse und erreichte eine große Leserschaft. Ab 1915 leitete er als Professor das Institut für Kolonialgeographie an der Universität Leipzig.

In den 33 Jahren, in denen der Kilimandscharo als höchster deutscher Berg galt, interessierten sich auch andere Bergsteiger und vor allem der „Deutsche und Österreichische Alpenverein" für den Berg. Eine Hütte als Zwischenstation für Bergsteiger wurde auf einer Höhe von 4.900 Metern geplant. Zum Bau der Hütte kam es allerdings wegen des Ausbruchs des Ersten Weltkrieges nicht mehr.

Der deutsche Forschungsreisende Hans Meyer bestieg zusammen mit Ludwig Purtscheller (linke Seite) als Erster den Kilimandscharo in Deutsch-Ostafrika. Eine Elefantenherde im Amboseli Nationalpark. Im Hintergrund ist der Kilimandscharo zu sehen.

## Die Brüder Denhardt und das Wituland

Einige Jahre bevor das Deutsche Reich die ersten Schutzbriefe für afrikanische Kolonien ausstellte, unternahmen die Brüder Clemens, geboren 1852 in Zeitz, und Gustav Denhardt, geboren 1856 ebenfalls in Zeitz, im Jahr 1878 eine Expedition nach Ostafrika. Mit der Absicht diese Region für den Handel zu erschließen, fuhren sie die Flüsse Osi, Tana und schließlich den Massa hinauf. Zurück im Reich veröffentlichten sie ihre Reiseergebnisse und planten eine zweite Expedition, die sie im Jahre 1884 antraten.

Zunächst reisten sie nach Sansibar und dann wieder den Osi hinauf, wo Clemens Denhardt ein Gebiet von 50 Quadratkilometern erwarb. Wenig später erweiterte er seinen Besitz um weitere 1.300 Quadratkilometer und besaß nun ein weites Stück Land an der ostafrikanischen Küste. Dieses Gebiet wurde Wituland oder kurz auch nur Witu genannt. Witu lag weit nördlich, jenseits der späteren deutschen Einflussshäre im heutigen Kenia.

1885 gelang es den Brüder Denhardt sogar, während der allgemeinen Kolonialhysterie im Deutschen Reich einen Schutzbrief für das Gebiet zu erhalten. Am 27. Mai 1885 stellte die Reichsregierung diesen Brief aus. In Witu begrüßte man die Deutschen mit offenen Armen. Sultan Ahmad ibn Fumo Bakari, der 1858 Witu zu seinem Regierungssitz erklärt hatte, fürchtete sich vor der Macht Sansibars. Aus diesem Grund hatte er bereits 1867, vor der Initiative der Brüder Denhardt, den deutschen Afrikareisenden Richard Brenner um Schutz durch Preußen gebeten.

Sultan Barghash bin Said von Sansibar fühlte sich durch diesen Schutzbrief sowie durch den Schutzbrief für Deutsch-Ostafrika in die Ecke gedrängt. Er protestierte gegen den Schritt der Deutschen und machte mobil. Das Auftauchen der Deutschen Kriegsschiffe vor der ostafrikanischen Küste, ließ ihn jedoch von seinen Plänen abkommen.

Nachdem nun offiziell Friede um Wituland eingekehrt war, begannen die Brüder Denhardt mit der Anwerbung von deutschen Siedlern. Plantagen wurden angelegt, Handelsrouten aufgebaut und in die Infrastruktur investiert. Jedoch gestaltete sich alles viel schwieriger, als es sich die beiden Deutschen erhofft hatten. Es mangelte ihnen am nötigen Kapital, um die Kolonie vollends in Gange zu bringen, zumal die Reichsregierung keine Gelder freimachte. Sie beschränkte sich auf ein kleines Militärkontingent sowie auf die Einrichtung einer kleinen Poststation in der Hafenstadt Lamu. Darüber hinaus erschwerte die abgelegene Lage von Witu deutlich den Aufbau der Kolonie. Da es weit weg von Deutsch-Afrika und jenseits der

## DIE DEUTSCHEN KOLONIEN IN AFRIKA

Der zwischen 700 und 1000 Kilometer lange Fluss Tana ist Kenias größter Fluss. Von 1885 bis 1890 stand das Gebiet nördlich des Flusses unter deutschem Schutz.

britischen Einflusssphäre lag, waren die Deutschen in Witu auf die Mithilfe der Engländer angewiesen. Britische Schiffe legten aber nur selten an, so dass der Post- und Güterverkehr nur schleppend vollzogen werden konnte.

Die kurze Kolonialgeschichte von Wituland nahm ein baldiges Ende, als die Deutschen mit den Engländern den Helgoland-Sansibar-Vertrag schlossen und offiziell auf Witu verzichteten. Diese Nachricht traf sowohl die deutschen Siedler in Witu wie auch die Brüder Denhardt wie der Blitz und völlig unvorbereitet.

### Der Uganda-Vertrag

Zwischen 1885 und 1890 waren die Kolonien noch nicht so sehr gefestigt wie später. Dies betraf auch ihren geografischen Umfang. Expansionisten wie Carl Peters, der eine entscheidende Rolle bei der Etablierung von Deutsch-Ostafrika gespielt hatte, verfolgten neue Pläne, die deutsche Einflusssphäre zu erweitern. Als Peters in Deutschland vom Verschwinden Eduard Schnitzers, der in Afrika unter dem Namen Emin Pascha lebte, erfuhr, entwickelte er einen Plan: Zunächst wollte er eine Expedition auf die Beine stellen, um den ver-

# DIE DEUTSCHEN KOLONIEN IN AFRIKA

## DIE DEUTSCH-OSTAFRIKANISCHE ZEITUNG

Wie an allen Orten, an denen sich deutsche Siedler im 19. Jahrhundert niederließen, gab es auch in den Kolonien deutschsprachige Zeitungen. In Ostafrika erschienen neben lokalen Blättern und Zeitungen in der Landessprache auch zwei politische, deutschsprachige Zeitungen. Eine davon war die Usambara-Post und die andere das größte und einflussreichste Blatt in Deutsch-Ostafrika, die Deutsch-Ostafrikanische Zeitung (DOAZ).

Sie wurde 1899 von Willy von Roy in Daressalam herausgegeben und erschien bis 1916 wöchentlich. Willy von Roy war Philologe und kam 1898 auf Empfehlung eines Kolonialbeamten nach Deutsch-Ostafrika. Dort Roy stellte der Kolonialverwaltung und Gouverneur Liebert die Idee einer politischen Zeitung vor, die fortan von Liebert unterstützt wurde.

Die Deutsch-Ostafrikanische Zeitung verstand sich als Sprachrohr der deutschen Bevölkerung der Kolonie und setzte sich vehement für die Festigung der Kolonialherrschaft ein. In seinen Leitartikeln und in anderen Rubriken berichtete Roy von der kolonialen Herrschaft, dem Eisenbahnbau in Ostafrika und der Rekrutierung von Lohnarbeitern. Zusätzlich führte er ein Feuilleton und informierte ebenfalls über Neuigkeiten aus dem Kaiserreich. Häufig berichtete Roy von Auseinandersetzungen der deutschen Siedler mit den weiter nördlich lebenden Massai. Ständig veröffentlichte er Briefe des Bischofs Jean-Joseph Hirth, der die deutschen Siedler weiter aufhetzte, in dem er behauptete, dass Friede im Land so lange nicht möglich sei, wie einer der Massai noch am Leben sei.

Bis ins Jahr 1907 hinein war die Deutsch-Ostafrikanische Zeitung weitestgehend regierungsfreundlich eingestellt. Bei einer Auflage von etwa 1.000 Stück war Roy zudem hin und wieder auf die finanzielle Unterstützung des Gouverneurs angewiesen.

Jedoch änderte sich das Verhältnis der Zeitung zur Kolonialverwaltung, als 1906 Albrecht von Rechenberg zum neuen Gouverneur der Kolonie ernannt wurde. Rechenberg wollte aus Deutsch-Ostafrika eine reine Handelskolonie machen und wirkte gegen die dortigen Siedler. Der neue Gouverneur wollte die afrikanische Landwirtschaft fördern und lehnte weitere Siedlungsströme aus Deutschland ab. Rechenbergs Interesse galt vielmehr der afrikanischen Kultur, die er unterstützen wollte.

Aus dieser Haltung heraus entstand zunächst ein Konflikt mit der Usambara-Post, die in Tanga herausgegeben wurde. Von Rechenberg entzog der Usambara-Post jegliche staatliche Unterstützung, woraufhin das Blatt eingestellt werden musste. Willy von Roy, dem das Schicksal der deutschen Siedler ebenfalls am Herzen lag, sprang in dieser kritischen Lage ein und ließ die Usambara-Post drei weitere Monate lang drucken. Nun geriet auch von Roy in Konflikt mit dem neuen Gouverneur. Diese Auseinandersetzung führte dazu, dass die Kolonialverwaltung eine eigene Zeitung ins Leben rief, die Deutsch-Ostafrikanische Rundschau, deren erste Ausgabe am 22. August 1908 erschien, die aber von den Siedlern nicht angenommen wurde.

# DIE DEUTSCHEN KOLONIEN IN AFRIKA

Ein Redakteur der Rundschau recherchierte zudem, dass Roy 1899 wegen einer Bagatelle verurteilt worden war. Die Zeitung veröffentlichte diese Information, woraufhin eine Schlammschlacht begann. Als Retourkutsche behauptete Roys Blatt nun, Rechenberg habe eine homosexuelle Beziehung zu einem Diener. Damit ging er jedoch zu weit. Im November 1910 wurde Willy von Roy wegen Verleumdung angeklagt und verurteilt. Er sollte sechs Monate ins Gefängnis und musste zudem Deutsch-Ostafrika verlassen. Der Kaiser hob zwar die Freiheitsstrafe gegen Roy auf, nicht aber die Verbannung aus Deutsch-Ostafrika.

Kurz nachdem Willy von Roy Ostafrika verlassen hatte, wurde auch Rechenberg im Oktober 1911 abgelöst. Dies bedeutete zugleich das Ende der Rundschau. Kurz vor seiner Abreise hatte Roy aber in Alfred Zintgraff einen Nachfolger gefunden, der seine Zeitung weiterführte. Ohne die Rundschau war die Deutsch-Ostafrikanische Zeitung wieder konkurrenzlos. Als Daressalam im Laufe des Ersten Weltkrieges letztlich von der britischen Armee besetzt wurde, gelang es Zintgraf die Zeitung weiterhin von Morogoro herauszugeben. Von dort erschien auch im August 1916 die letzte Ausgabe der Deutsch-Ostafrikanischen Zeitung.

Die Deutsch-Ostafrikanische Zeitung informierte ihre Leser über den Eisenbahnbau (linke Seite). Das Foto zeigt den Bau der Strecke von Daressalam bis Morogoro. Herausgeber Willy von Roy schrieb auch über die Zusammenkünfte der Deutschen mit den Massai (unten). Hier mit Speeren für die Löwenjagd.

## DIE DEUTSCHEN KOLONIEN IN AFRIKA

schwundenen Schnitzer zu finden. Er beabsichtigte dem englischen Afrikareisenden Henry Morton Stanley in diesem Unterfangen zuvorzukommen. Diese Unternehmung sollte ihm nicht nur den Ruhm einbringen, Erwin Schnitzer gerettet zu haben, er nutzte die Gelegenheit zudem, seine Rückkehr nach Afrika vorzubereiten und dort weiterhin zu machen, wo er Weihnachten 1887 durch seine Abberufung vorläufig aufhören hatte müssen.

scha-Expedition aufbrach. Reichskanzler Bismarck entwarf den Plan, dass Hermann von Wissmann in einer Art Vorhut bereits den Kontakt zu Schnitzer herstellen sollte, bevor Peters Afrika erreichte. Doch der Aufstand der Küstenbevölkerung hielt Wissmann in Deutsch-Ostafrika. Bismarck entschied um und übertrug Carl Peters die Gesamtleitung der Expedition.

Carl Peters reiste direkt an die Ostafrikanische Küste. Von Daressalam brach er mit seinen Begleitern

Auf der Suche nach Emin Pascha gerät der britische Afrikaforscher Henry Morton Stanley in einen Kampf mit den Eingeborenen. Holzschnitt, von 1890.

Peters gelang es in Deutschland eine Hysterie zu entfachen. Eduard Schnitzer musste auf jeden Fall gefunden werden! Von überall her konnte er Spendengelder sammeln, mit denen er zur Emin-Pa-

Rusk, Tiedemann und Borchert mit einem Schiff auf, umfuhr die britische Seeblockade vor der Küste Kenias im Norden Deutsch-Ostafrikas und erreichte nach einer Woche schließlich die Kwaihu-Bucht,

# DIE DEUTSCHEN KOLONIEN IN AFRIKA

Mwanga II. (1868-1903) war der letzte König des unabhängigen Buganda. Foto von 1894.

die zum damaligen Zeitpunkt zu Wituland gehörte und unter deutschem Schutz stand.

Peters und Tiedemann brachen nun in Begleitung von 17 Somalis und etwa 60 afrikanischen Trägern in das Hinterland auf. Sie zogen den Fluss Tana hinauf und passierten den Mount Kenya. Auf dieser Reise war Peters voll und ganz damit beschäftigt, mit einigen afrikanischen Führern erste Absprachen über neue Gebietserwerbungen zu verhandeln. Die Rettung von Emin Pascha schien ins Hintertreffen zu geraten. Im Februar 1890 erreichte die Expedition Uganda.

Dort angekommen erhielt Carl Peters die Nachricht, dass Eduard Schnitzer längst von Stanley gefunden worden sei. Beide befänden sich bereits in Deutsch-Ostafrika. Eine Rettung des Verschwundenen war nun nicht mehr möglich und stand auch nicht mehr auf Peters Plan. Er konzentrierte sich nun vollends darauf, die deutsche Einflusssphäre auf Uganda zu erweitern.

In Mwanga, dem Herrscher Bugandas, fand er den passenden Partner. Mwanga kämpfte nicht nur gegen seinen rivalisierenden Bruder Karema um die Vorherrschaft, auch die Mahdis bedrohten seine Macht. Die Unterstützung von den Deutschen kam ihm gerade Recht.

Am 26. Februar traf sich Carl Peters mit Mwanga in Mengo, seiner Residenz. Peters fiel es leicht Mwanga für sich zu gewinnen. Er versprach ihm gleich beim ersten Treffen eine Waffenlieferung, die ihm im Kampf gegen die Mahdis wie auch gegen seinen Bruder helfen sollte. Schließlich konnte er von Mwanga erwirken, dass dieser sein Herrschaftsgebiet unter deutschen Schutz stellen wollte. Für Peters war dies ein riesiger Erfolg. Wieder fühlte er sich ganz in der Rolle des Kolonisators. Darüber hinaus war ihm bewusst, welche geostrategische Bedeutung Buganda einnahm. War das Land doch wirtschaftlich wie politisch Dreh- und Angelpunkt zwischen Kongo, dem Sudan und Ostafrika. Sollte es gelingen, das Land nicht nur unter Schutz zu stellen, sondern auch schließlich eine deutsche Kolonie daraus zu ma-

## DIE DEUTSCHEN KOLONIEN IN AFRIKA

Die Karte zeigt das nördlich von Deutsch-Ostafrika (heute: Tansania) gelegene Uganda.

chen, wäre das Kaiserreich einen Schritt weiter in der Etablierung eines deutschen Mittelafrikas.

Doch Mwanga hatte andere Pläne als der Deutsche. Er wollte zwar die Hilfe der Deutschen, er beabsichtigte jedoch in keiner Weise seine politische Souveränität aufzugeben. Der am 27. Februar 1890 geschlossene sogenannte Uganda-Vertrag beinhaltete daher neben der Öffnung zum europäischen Handel lediglich ein Freundschaftsabkommen mit Deutschland. Peters war damit zufrieden. Er glaubte, dass er sowohl den anderen europäischen Mächten zuvor gekommen sei, als auch dass er Mwanga mit einem weiteren Vertrag und Schutzbrief vollends an das Deutsche Reich binden konnte. Mit dem Uganda-Vertrag in der Tasche trat Peters mit seiner Expedition Ende März 1890 die Rückreise an. Er beabsichtigte nach Deutschland zurückzukehren, um dort seinen neuen Gebietsgewinn unter Schutz stellen zu lassen. Doch soweit kam es nicht. Bismarck war sich längst mit den Briten einig und hatte ihnen bereits 1889 zugesichert, dass er die deutsche Einflusssphäre nicht über Deutsch-Ostafrika hinaus erweitern wollte. Diese Absicht gipfelte im sogenannten Helgoland-Sansibar-Vertrag vom 1. Juli 1890, in dem Deutschland Helgoland erhielt, zudem aber ausschloss, seine Interessensphäre auf Wituland oder gar Uganda auszubreiten. Uganda wurde britisch – und Peters kehrte mit leeren Händen nach Deutschland zurück.

### Der Maji-Maji-Krieg

Der Aufstand der Herero ging in die deutsche Geschichte ein, und an ihn erinnert sich die allgemeine Öffentlichkeit noch heute. Doch ein anderer kolonialer Konflikt hingegen, der weitaus größer war, länger dauerte und Todesopfer forderte, ist heute fast vergessen. Es handelt sich um den Maji-Maji-Aufstand, der von 1905-1907 dauerte.

Unvorbereitet und völlig überrascht von der Größe des Aufstandes stand der Entdecker und Gouverneur Gustav Adolf Graf von Götzen, der dieses Amt seit 1901 ausübte, mit rund 200 Deutschen, etwa 1.700 Askari und 650 afrikani-

# DIE DEUTSCHEN KOLONIEN IN AFRIKA

schen Polizisten zigtausenden Aufständischen gegenüber. Der Aufruhr wurde durch eine Mischung aus Magie und Zauberei, Heilslehre und Mund-zu-Mund-Propaganda ausgelöst. Gerade die Mischung aus religiösen und antikolonialistischen Motiven machte ihn so gefährlich. Denn zum allerersten Mal schlossen sich sonst verfeindete, afrikanische Stämme zu einer riesigen Streitmacht zusammen, die in den deutschen Kolonialherren einen gemeinsamen Feind sahen.

Der Aufstand begann am 20. Juli 1905 im Süden von Ostafrika auf einer Baumwollplantage nahe dem Dorf Nandete. Die Arbeiter verweigerten den Dienst und rissen die Baumwollpflanzen aus der Erde, die für sie ein Symbol der Zwangsarbeit und Ausbeutung darstellte.

Diesem Protest ging ein langer Leidensweg voran, da das Leben vieler Afrikaner immer unerträglicher wurde. Die Kolonialherren hatten nicht nur das Land beschlagnahmt, sondern die ehemals unberührte Wildnis mit Landwirtschaft überzogen. Überall entstanden Plantagen, auf denen Zucker, Bananen, Kautschuk, Tabak, Baumwolle und

Der Gouverneur von Deutsch-Ostafrika, Gustav Adolf Graf von Götzen (1866-1910), auf einer Erkundungsreise ins Innere der Kolonie.

andere exotische Produkte angebaut wurden. Darüber hinaus dienten die kolonialen Produkte nicht dazu, die afrikanische Bevölkerung zu ernähren, sondern im Mutterland der Kolonie große Gewinne zu erzielen. Zudem wurden die Afrikaner, die in der Landwirtschaft arbeiteten, mit körperlichen Züchtigungen wie dem Auspeitschen gefügig gemacht. Im Angesicht der eigenen Armut und dem Sklavendienst für die landwirtschaftlichen Produkte der Deutschen regte sich Unmut gegen die Situation in Ostafrika.

Der Druck auf die Bevölkerung stieg zudem, als ab 1898 die sogenannte „Hüttensteuer" erhoben wurde. Mit dieser Steuer wurden die ansässigen Afrikaner verpflichtet, Steuern an die Kolonialverwaltung abzugeben. Ab dem 22. März 1905 wurden die Steuern weiterhin verschärft. Gouverneur von Götzen änderte die Hüttensteuer in eine Kopfsteuer, wie es der ehemalige Gouverneur Wissmann bereits 1898 geraten hatte. Durch die Vervierfachung der Steuersumme wuchs der Unmut der Bevölkerung.

Eine Kautschukplantage (links) und eine Bananenstaude mit grünen Früchten (rechts).

Die Anhebung der Steuern war letztlich der Auslöser für den Aufstand. Nun entlud sich der Frust, der sich seit Jahren angestaut hatte. Wie sehr die Deutschen die Situation in ihrer Kolonie verkannten, zeigt die Annahme von Gouverneur von Götzen. Er glaubte, dass sich die Bevölkerung erhob, weil die Afrikaner ihre angeborene Faulheit verteidigen und sich dem Fortschritt verweigern wollten.

## DIE DEUTSCHEN KOLONIEN IN AFRIKA

In Stone Town, Sansibar – einst das Zentrum für den Sklavenhandel, erinnert ein Denkmal an diese schreckliche Zeit.

Nach den Vorfällen in Nandete verbreitete sich der Aufruhr wie ein Buschfeuer. Bald lehnte sich der gesamte Süden von Deutsch-Ostafrika gegen die Kolonialherren auf. Zum ersten Mal schlossen sich Stämme gegen die Deutschen zusammen, die sonst miteinander verfeindet waren. Gemeinsam wollten sie die Kolonialherren davonjagen. Der Funke sprang auf immer weitere Stämme über und bald war überall der Schlachtruf „Maji-Maji!" zu hören.

Die Deutschen verstanden den Schlachtruf zunächst nicht. Übersetzt bedeutete „Maji" schlicht „Wasser". Der Zusammenhang mit diesem Begriff und dem Aufstand blieb ihnen lange unklar. Die Bewegung hatte ihren Ursprung im Rufiji-Gebiet und verlieh dem Bedürfnis der Afrikaner nach spiritueller und moralischer Erneuerung Ausdruck. Wahrscheinlich ging sie auf Kinjikitile zurück, der als Heiler und Prophet in den Matumbi-Bergen lebte. Angeblich sei er für eine Nacht in einem Teich verschwunden und am nächsten Morgen vollkommen trocken wieder aufgetaucht. In der Zwischenzeit, so erzählte er, sei er in der Welt der Ahnen gewesen. Sie hätten ihm mitgeteilt, dass sich die Verhältnisse in Ostafrika umkehren würden. Die Afrikaner würden die Deutschen vertreiben. Zudem würden sich die einzelnen Stämme endlich vereinen.

Kinjikitile war zudem überzeugt, dass bei der Vertreibung der Deutschen das heilige Wasser „Maji" eine bedeutende Rolle. Wenn die Afrikaner es mit Hirse kochen und entweder bei sich tragen oder ihren Körper damit besprengen wür-

197

den, dann erhielten sie magische Kräfte. Sie seien unverwundbar und die Kugeln der Deutschen würden an ihren Körpern abprallen wie Regen. Kinjikitile schickte Boten, Hongo genannt, durch das ganze Land, um seine Vision zu verbreiten. Sobald die ersten Afrikaner von der Unverwundbarkeit durch das Wasser hörten, verbreitete sich diese Neuigkeit von Mund-zu-Mund rasend schnell durch die Regionen. Die Maji-Maji-Bewegung breitete sich rasch aus. Hinzu kamen Gerüchte von einzelnen afrikanischen Kämpfern, an deren Körpern die Kugeln wirklich abgeprallt waren.

Doch die Realität sah natürlich anders aus. Maji-Maji motivierte zwar die Afrikaner und schloss mehrere Stämme zu einer großen Bewegung zusammen. Dennoch konnte das magische Wasser die Afrikaner nicht vor den Kugeln der Deutschen schützen. Nach anfänglichen Erfolgen der Afrikaner schlugen die Deutschen ab Oktober 1905 knallhart zurück. Ihre Strafexpeditionen endeten häufig in brutalen Massakern, bei denen die meisten Afrikaner, trotz ihrer Überzahl, im Kugelhagel der deutschen Schutztruppe starben. Weder die Kriegsmedizin Maji-Maji noch Speere und Messer konnten ihnen helfen. Die Aufständischen mussten schmerzhaft lernen, dass sie trotz des heiligen Wassers den Deutschen nicht die Stirn bieten konnten. Sie änderten ihre Taktik und griffen die Deutschen vermehrt aus dem Hinterhalt an. Die Guerilla-Taktik der Afrikaner beantworteten die Deutschen mit „verbrannter Erde". Sie schnitten die Versorgungswege der Afrikaner ab, vergifteten Brunnen und Felder, zerstörten Vorräte und machten ganze Dörfer dem Boden gleich.

Nach zwei Jahren Buschkrieg lagen die Afrikaner am Boden. Sie litten unter Hungersnot und Seuchen. Der Krieg hatte sie deutlich geschwächt. An Hunger und Krankheiten starben letztlich mehr Afrikaner als in den Schlachten mit den Deutschen. Schätzungen zufolge kostete der Aufstand zwischen 75.000 und 300.000 Afrikanern das Leben. Ganze Gebiete lagen brach und waren fast ausgestorben, Dörfer vernichtet, Felder standen in Flammen. Die Kolonialherren konnten den Tod von 15 Deutschen und fast 400 Afrikaner in den Reihen der Askari und Hilfstruppen verzeichnen.

Lange wurde von den Ereignissen nur von einem Aufstand gesprochen. Doch im Laufe der Forschungsgeschichte setzte sich nach und nach der Begriff „Krieg" durch. Vor allem die Geschichte des heutigen Staats Tansania beschreibt den Aufruhr als einen Befreiungskrieg.

DIE DEUTSCHEN KOLONIEN IN AFRIKA

Ein zerfallenes Wohnhaus aus der Kolonialzeit in Bagamoyo, Tansania.

## DIE DEUTSCHEN KOLONIEN IN AFRIKA

# EINE REISE INS INNERSTE DEUTSCHLANDS

Karl Fischer, der Gründer der Wandervogel-Bewegung (1901).

Eine Besonderheit der Beziehung Deutschlands zu Afrika ist das 1912 als Kolportage erschienene Werk über „Die Forschungsreise des Afrikaners Lukanga Mukara ins innerste Deutschlands". Verfasst wurde dieses Werk nicht etwa von einem Afrikaner, sondern von Hans Paasche, einem Angehörigen der deutschen Schutztruppe. Das Buch handelt von dem Afrikaner Lukanga Mukara, der seinem König in Briefen von seiner Entdeckungsreise nach Deutschland berichtet.

Literarisch ist die Umdrehung der Perspektive einer solchen Erzählung heute durchaus normal. Doch zu Beginn des 20. Jahrhunderts war sie – noch dazu von einem deutschen Soldaten – äußerst ungewöhnlich. Paasche ging in seinem Werk hart mit den Deutschen ins Gericht. Zynisch und nahezu spöttisch hielt er der deutschen Gesellschaft einen Spiegel vors Gesicht, beschrieb die bizarren Landschaften in Deutschland und persiflierte deutsche Gepflogenheiten. Er erzählte von einem irritierenden Verkehr, durch den ständig alles und jeder hin- und hergeschickt werde. Die Essensgewohnheiten der Deutschen würden einer ungemäßen Völlerei gleichen, weil sie immer so viel in sich hineinschlucken würden, wie auch nur irgendwie ging. Der Höhepunkt der Völlerei seien die Volksfeste, bei denen der Deutsche nichts weiter tat, als laut schreien und unglaublich viele Flüssigkeiten und Nahrungsmittel in sich hineinleerte. Durch seinen Humor und den ungewohnten Perspektivwechsel schaffte es Paasches Reisebericht zum Bestseller in Deutschland.

Hans Paasche entstammte einer gutbürgerlichen Familie und wurde 1881 in Rostock geboren. Im Alter von 24 Jahren kam er als Offizier nach Deutsch-Ostafrika und war von dem neuen Kontinent begeistert. Anders als viele trat er den Afrikanern freundlich gegenüber. Er interessierte sich für ihre Kultur und Lebensweise – und er lernte Kisuaheli, um sich mit den Menschen in Ostafrika besser verständigen zu können. In Afrika entwickelte er auch eine Leidenschaft fürs Fotografieren. Mit seinen Nahaufnahmen von wilden Tieren erarbeitete er sich den Ruf, einer der ersten Wildfotografen überhaupt gewesen zu sein.

Als in Ostafrika der Maji-Maji-Aufstand ausbrach, versuchte er zu vermitteln und Verluste auf beiden Seiten zu vermeiden. Zudem bemühte er sich um einen schnellen

## DIE DEUTSCHEN KOLONIEN IN AFRIKA

Friedensschluss und wurde sogar für seine Taten ausgezeichnet. Schließlich wurde ihm jedoch das Kommando entzogen, weil er eigenmächtig mit den Aufständischen in Friedensverhandlungen trat.

Zurück in der deutschen Heimat warb er vielerorts für Afrika und versuchte ein Verständnis für den Kontinent zu erwecken. Er hielt Vorträge, gründete die Zeitschrift „Vortrupp" und entwickelte sich vollends zu einem überzeugten Pazifisten. Darüber hinaus trat er für das Frauenwahlrecht, den Tierschutz und die vegetarische Bewegung ein. Mit diesen Idealen wurde er zum Vorbild der Wandervogel-Bewegung, die Ende des 19. Jahrhunderts in Berlin entstanden war. Ihre Anhänger waren zumeist Schüler und Jugendliche, die sich – geprägt von Vorstellungen der Romantik – nach einem Leben in der Natur sehnten.

Bei Ausbruch des Ersten Weltkrieges wurde er reaktiviert und trat der Marine bei. Seine pazifistische Einstellung gewann im Laufe des Krieges antimilitaristische Züge. Er hielt flammende Reden gegen den Weltkrieg und untergrub die Autorität der Marineoffiziere gegenüber der Mannschaft, in dem er sich immer wieder um deren Bedürfnisse kümmerte und sie aufstachelte. 1916 wurde er aus dem Dienst entlassen. Danach zog er sich auf das Gut Waldfrieden seiner Familie zurück.

Er blieb weiterhin seinen Idealen treu, stand der USPD nahe und war möglicherweise später Mitglied der KPD. In den revolutionären Unruhen nach dem Ende des Ersten Weltkrieges war Paasche aktiv und unterstützte streikende Arbeiter. Von politischen Gegnern und eventuell auch vom eigenen Vater wurde Paasche denunziert. Mehrfach wurde er bedroht. Einer Gruppe von 50 Männern und zwei Offizieren mit Maschinengewehren der berüchtigten Brigade Ehrhardt konnte er am 21. Mai 1920 jedoch nicht entkommen. Sie kamen auf sein Landgut und erschossen ihn kaltblütig. Im Bericht hieß es später, dass Paasche „auf der Flucht erschossen wurde". Seine Mörder wurden für ihre Tat nie belangt.

Blick auf eine Berliner Straße während des Kapp-Putsches im März 1920. Der rechtsradikale Umsturzversuch war der erste Anschlag gegen die deutsche Demokratie und zwang die Reichsregierung zur Flucht nach Dresden und Stuttgart.

DER VERLUST DER KOLONIEN

# DER VERLUST DER KOLONIEN

An der Revolverkanone. Das Foto zeigt eine Kriegsszene während des Ersten Weltkrieges in Deutsch-Ostafrika. Deutsche als Gefangene in Südafrika während des Ersten Weltkrieges (vorherige Doppelseite).

Um die Jahrhundertwende hatten die großen Mächte Österreich-Ungarn, Russland sowie das Osmanische Reich die meisten Gebiete in Osteuropa untereinander aufgeteilt. Lediglich auf dem Balkan gab es kleinere Staaten, die sich zu einem Unruheherd für die großen Mächte entwickelten. Vor allem im Vielvölkerstaat Österreich-Ungarn machten sich ethnische Minderheiten bemerkbar, da sie kein politisches Mitbestimmungsrecht besaßen. Sie strebten nach Unabhängigkeit und der Gründung einer eigenen Nation. Doch die drei Mächte gewährten ihren Autonomiewünschen jedoch keinen Spielraum. Daher brodelte es in Österreich-Ungarn zwischen den einzelnen Volksgruppen. Hinzu kam eine transnationale Bewegung, die sich „Panslawismus" nannte und gegen die Herrschaft Wiens auflehnte. Das russische Zarenreich verstand sich als Rückgrat und Sprecher aller slawischen Völker, weshalb es wiederholt zwischen Österreich und Russland zu Spannungen kam, die bereits zuvor leicht in einen Weltkrieg hätten münden können. Das Deutsche Reich hatte mit solchen Problemen weniger zu kämpfen. Doch durch die bedingungslose „Nibelungentreue" zu Österreich wurden die Probleme auf dem Balkan auch zu deutschen.

Aus historischer Distanz betrachtet scheint es fast so, als hätten alle europäischen Mächte nur auf einen Anlass für einen großen Krieg gewartet. Als am 26. Juni 1914 in Sarajewo der österreichische Thron-

# DER VERLUST DER DEUTSCHEN KOLONIEN

Die Länderwappen von Österreich-Ungarn. Das Oberhaupt der Doppelmonarchie, die zwischen 1867 und 1918 bestand, war der Kaiser von Österreich, der in Personalunion auch als Apostolischer König in Ungarn regierte.

folger Franz Ferdinand und seine Frau von einem serbischen Freischärler erschossen wurden, entlud sich die seit Jahren angespannte Situation in Europa. Durch seine Bündnistreue hatte das Deutsche Reich nur wenige Tage nach dem Attentat Österreich eine Blankovollmacht für das weitere Vorgehen erteilt. Wilhelm II. drängte zudem auf ein schnelles Losschlagen. Die Donaumonarchie wusste, dass Serbien auf die Unterstützung Russlands bauen konnte, und erklärte daher am 28. Juli Serbien den Krieg. Damit hatte der Erste Weltkrieg begonnen. Russland baute auf die Bündnistreue zu Frankreich und ordnete zugleich die Mobilmachung an. Scheinbar unweigerlich setzte nun eine Kettenreaktion ein, die niemand aufhalten wollte. Deutschland reagierte auf die Mobilmachung Russlands am 1. August mit einer Kriegserklärung und am 3. August an dessen Bündnispartner Frankreich. Einen Tag später erklärte Großbritannien Deutschland den Krieg.

Es wurden kaum konfliktlösende Vorschläge von einem der Großmächte gemacht, da der Krieg in allen Ländern als unvermeidlich angesehen wurde und jedes Land sich bei einem Sieg Gebietserweiterungen erhoffte. Nur wenige Wochen nach dem Attentat auf den österreichischen Thronfolger in Sarajewo befand sich Europa, und das bedeutete damals aufgrund der Kolonialreiche die ganze Welt, am Rande eines Weltkrieges mit bis dahin ungeahnten zerstörerischen Ausmaß. Das Deutsche Reich hatte sich in einen Weltkrieg manövriert, der seinen Untergang bedeutete und den Verlust der Kolonien mit sich bringen würde. Die Vorgänge in Osteuropa und das Versagen der europäischen Diplomatie im August 1914 hatten nun einen direkten Einfluss auf die Deutschen in Afrika im Besonderen und die koloniale Einteilung durch die Europäer im Allgemeinen.

## DER ERSTE WELTKRIEG IN DEN DEUTSCHEN KOLONIEN

Am 2. August 1914 empfingen deutsche Handelsschiffe vor der afrikanischen Küste ein Signal, dass

## DER VERLUST DER DEUTSCHEN KOLONIEN

sie sofort ihren Kurs ändern ließ. Ein Funkspruch aus der Heimat, der von der Funkstation Kamina in Togo weitergeleitet wurde, hatte sie erreicht. Sie wurden aufgerufen, in neutrale Gewässer abzudrehen. Den Schiffsbesatzungen war nun klar: In Europa bereitete man sich auf den Krieg vor.

In den Kolonien klang dieser Kriegsausbruch wie ein fernes Gewitter. Die 3.000 Deutsche, die Südwestafrika als ihre Heimat sahen, glaubten, dass es in Afrika zu keinen Kämpfen kommen würde. Hierbei stützten sich die Deutschen auf die Kongo-Akte der Berliner Afrika-Konferenz aus dem Jahr 1885, nach der allen Kolonialstaaten Handelsfreiheit und ein friedliche Lösung von kolonialen Problemen gewährt wurde. Diese Annahme wurde durch ein Telegramm des Reichskolonialamtes bestätigt, das direkt an die Kolonien gerichtet war und besagte: „Schutzgebiete außer Kriegsgefahr, beruhigt Farmer."

Auf kriegerische Auseinandersetzungen waren die Deutschen nicht vorbereitet. Vor allem England und Frankreich verfügte über Truppen, die bereits genügend Erfahrungen auf afrikanischem Boden sammeln konnten. Doch nur wenige Tage nach dem Kriegsbeginn in Europa dehnte sich der Krieg auch über Afrika aus. Kamerun und Togo fielen schnell. Deutsch-Ostafrika und Deutsch-Südwestafrika konnten hingegen Anfangserfolge aufweisen und den Angriffen für einige Zeit standhalten.

### Togo

Togo war flächenmäßig die kleinste, afrikanische Kolonie. Sie fiel als erstes den Kämpfen des Ersten Weltkrieges zum Opfer. Die kleine, in Togo stationierte Polizei- und Schutztruppe konnte den französischen Soldaten, die bestens auf einen Einsatz in tropischen und subtropischen Regionen vorbereitet waren, nicht lange Stand halten, da sie nur über eine geringe An-

Der habsburgische Thronfolger Franz Ferdinand (links) mit dem deutschen Kaiser Wilhelm II. in Kiel, 1913.

## DER VERLUST DER DEUTSCHEN KOLONIEN

# KOLONIALWARENLÄDEN

In der Kolonialzeit stieg Hamburg zum größten und bedeutendsten Überseehafen Europas auf. Hier trafen die Waren aus den Kolonien ein, wurden umgepackt und in deutsche Städte transportiert. Über Hamburg gelangten die Produkte aus den Kolonien in die deutschen Städte und Gemeinden. Verkauft wurden diese neuen, exotischen Produkte in sogenannten „Kolonialwarenläden". Sie machten ihr Geschäft mit dem Wunsch nach Exotik und der Vorstellung von besonderen Lebensmitteln, die aus dem Paradies kamen.

In den Kolonialwarenläden fanden sich vor allem Zucker, Kaffee, Tabak, Reis, Kakao, Tee und viele exotische Gewürze. All diese Produkte gehören heute zum alltäglichen Sortiment großer und kleiner Geschäfte und Märkte. Damals waren sie aber besonders und veranlassten die Menschen, in die Kolonialwarenläden zu strömen. Bereits der Duft von Produkten wie Tabak oder Kaffee ließen die Herzen der Deutschen höher schlagen.

Doch der Verlust der Kolonien nach dem Ersten Weltkrieg bedeutete nicht das Ende der Kolonialwarenläden. Sie wurden weiterhin beliefert und boten ihr Sortiment an. Nur stammten die Waren nicht mehr aus den eigenen Kolonien, was der Beliebtheit der Produkte keinen Abbruch gewährte. Der Begriff „Kolonialwarenladen" hielt sich bis in die 1970er und 1980er Jahre im allgemeinen Sprachgebrauch. Die Kolonialzeit war zwar lange vorbei, die Kolonialwaren gehörten jedoch längst zum Standard und wurden neben allerlei Haushaltsprodukten angeboten. Teilweise wurde auch der Name „Tante-Emma-Laden" verwendet, doch auch dieser Name ist aus dem heutigen Sprachgebrauch verschwunden.

Einzig und alleine die Supermarktkette Edeka erinnert noch an die Waren aus den Kolonien – aber nur auf den zweiten Blick. Denn der Eigenname Edeka steht für „Einkaufsgenossenschaft der Kolonialwarenhändler im Helleschen Torbezirk zu Berlin". Daraus wurde zunächst E.d.K. – und später „Edeka".

Die Speicherstadt (oben), Foto um 1890/1900. Der Stadtteil am Hamburger Freihafen wurde ab 1883 gebaut und gilt als der größte auf Eichenpfählen gegründete Lagerhauskomplex der Welt. Nachtaufnahme eines Kolonialwarenladens in Hamburg (rechts oben). 1898 wurde die Edeka-Gruppe durch 21 Einkaufsvereine aus dem Deutschen Reich gegründet. Foto (rechts unten) von 1926.

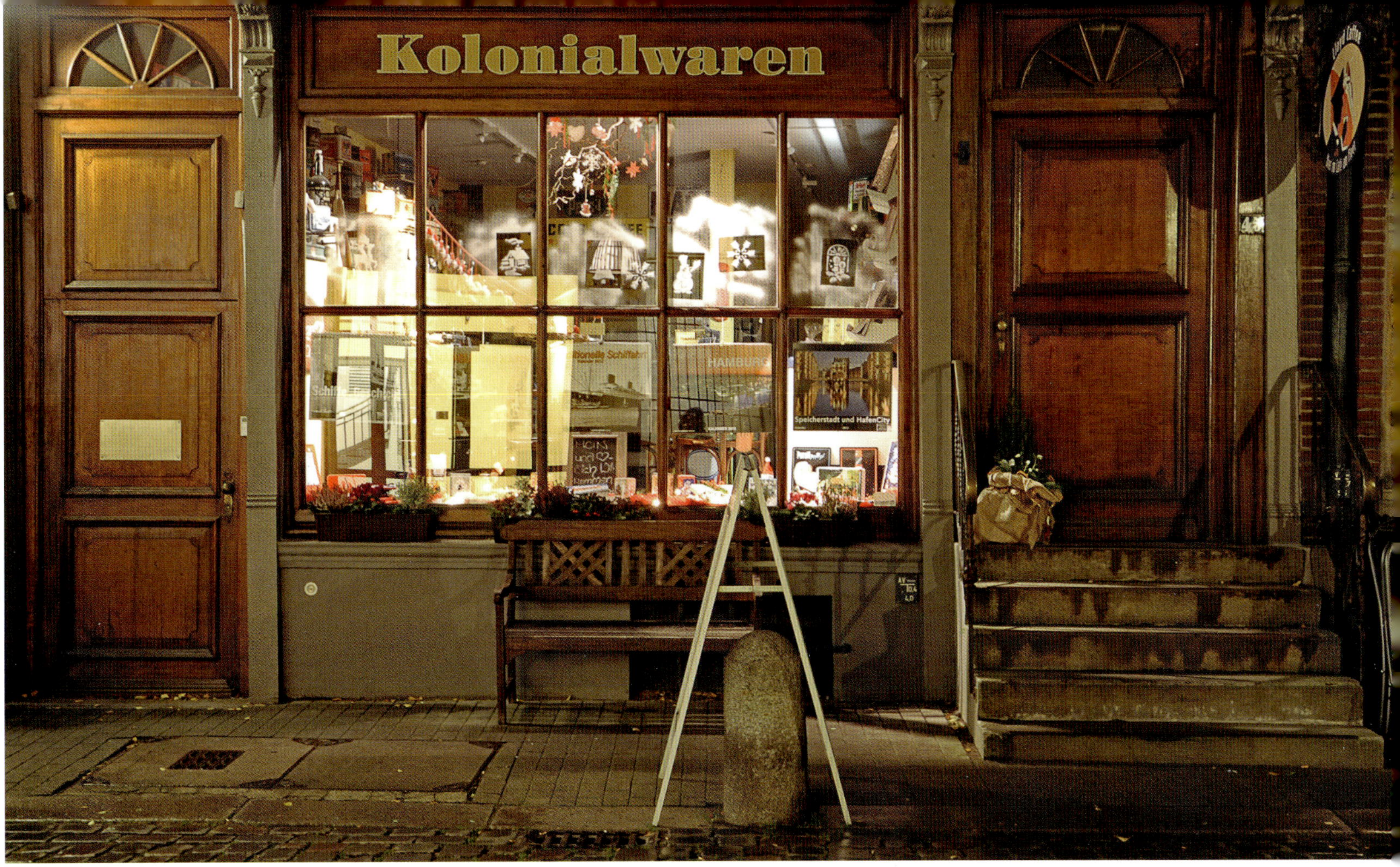
Kolonialwaren
HAMBURG
Speicherstadt und HafenCity

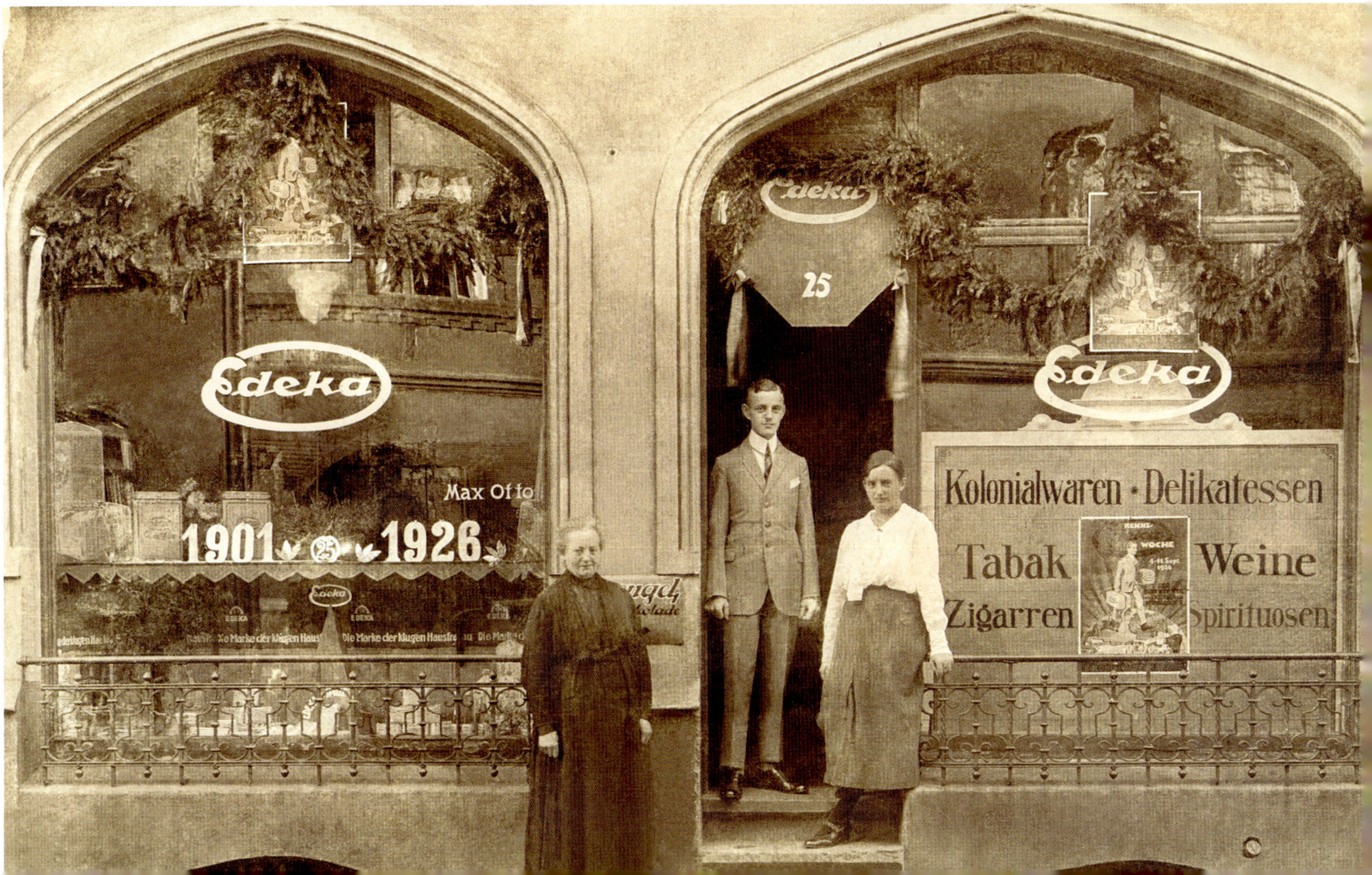
Edeka
25
Edeka
Max Otto
1901
1926
Edeka
Kolonialwaren · Delikatessen
Tabak
Weine
Zigarren
Spirituosen

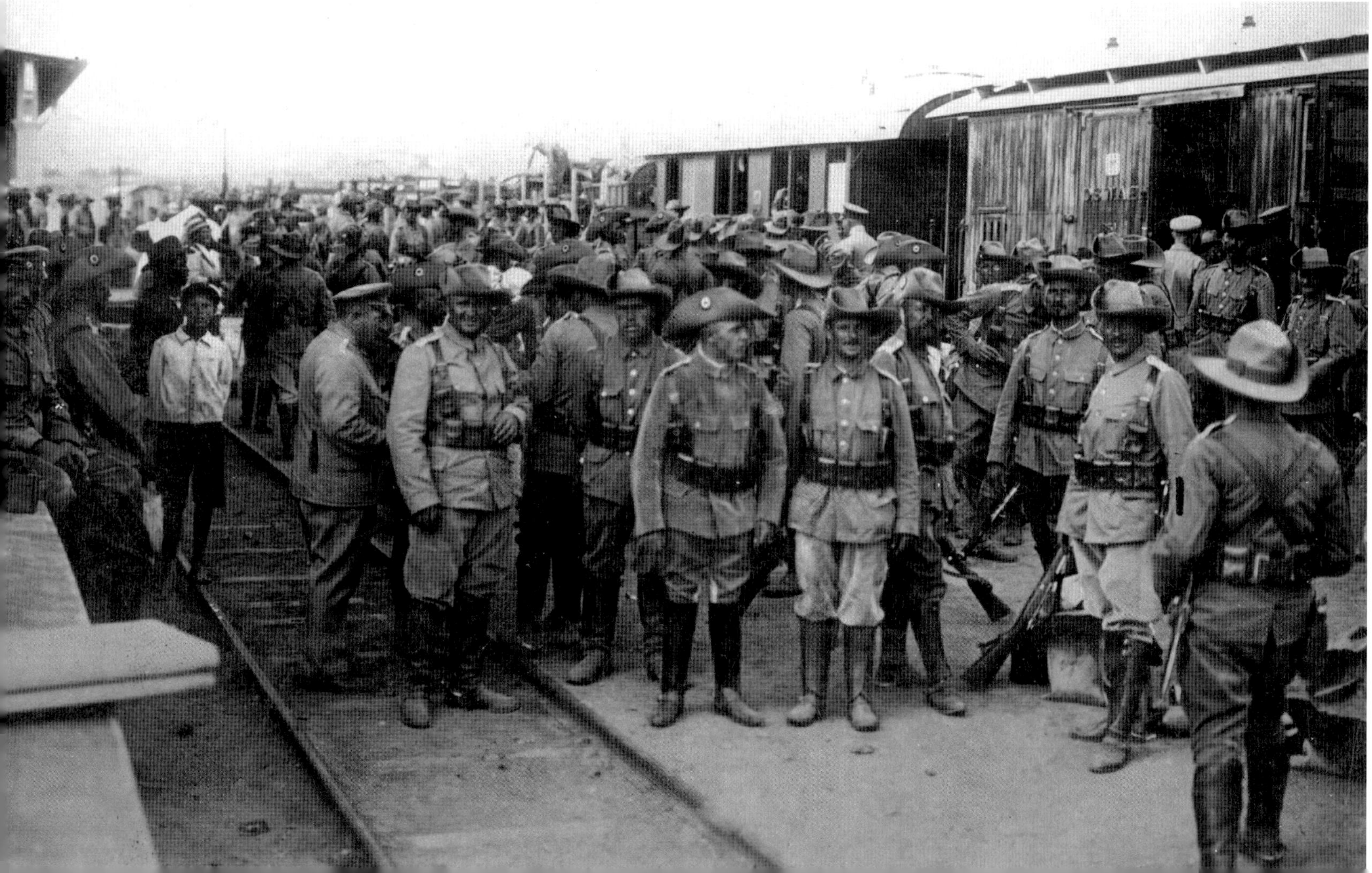

# DER VERLUST DER DEUTSCHEN KOLONIEN

Die deutsche Artillerie (links oben) am Fuß des Kilimandscharo im Gefecht während des Ersten Weltkrieges in den deutschen Kolonien (links unten).
Der Afrikareisende und Kolonialpolitiker Adolf Friedrich Herzog zu Mecklenburg (1873-1969). Zwischen 1912 und 1914 war er Gouverneur von Togo (unten).

zahl an Personal verfügte. Neben dem Kommandeur der Schutztruppe und seinem Stellvertreter waren zehn deutsche Unteroffiziere, ein togolesischer Unteroffizier und knapp 700 togolesische Polizisten in der Kolonie stationiert. Bei Kriegsbeginn stockte die Kolonialverwaltung die Anzahl der Polizisten auf 1.500 Mann auf, unter denen sich auch 200 Deutsche befanden. Gemeinhin waren die Polizisten auf einen militärischen Einsatz nicht vorbereitet. Deutsches Militär gab es indessen in Togo keines.

Eigentlich hatten die Deutschen gehofft, dass die Kolonien nicht zum Kriegsschauplatz werden würden. Doch sie hatten sich getäuscht. Nur wenige Tage nach den Kriegserklärungen, forderten die Franzosen und Briten am 6. August 1914 die Deutschen auf, sich zu ergeben. Der letzte deutsche Gouverneur Adolf Friedrich Herzog zu Mecklenburg versuchte ein Blutvergießen zu verhindern und bot an, dass die Deutschen die Herrschaft über Togo aufgeben würden, wenn man das Gebiet neutral organisieren würde. Doch die Alliierten zeigten sich unnachgiebig. Bereits am nächsten Tag marschierten sie in Togo ein. Die ersten Städte fielen ohne Gegenwehr. Am 12. August 1914 wurde die Hauptstadt Lomé besetzt, woraufhin sich die Deutschen ins Landesinnere zurückzogen. Sie sprengten ihre Brücken und Eisenbahnlinien, um es ihren Gegner die Verfolgung zu erschweren. Zudem zerstörten die Deutschen auch die Kolonialfunkstelle Kamina sowie weitere kleine Funkstationen.

Zu ernsthaften Kämpfen kam es entlang der Küsten- oder Kokosnussbahn, als die Alliierten die Deutschen Truppen immer weiter zurückzwangen. Letztlich ergaben sich die Deutschen am 26. August und übergaben Togo einen Tag später offiziell an Großbritannien, die das

211

# DER VERLUST DER DEUTSCHEN KOLONIEN

## DER VERLUST DER DEUTSCHEN KOLONIEN

Gebiet noch während des Krieges, im Jahr 1916, zwischen sich und Frankreich aufteilte. Großbritannien erhielt 33.000 und Frankreich 54.000 Quadratkilometer.

### Kamerun

Die wesentlich größere Kolonie Kamerun bestand im Jahr 1914 aus über 1.500 Askari, die von 185 deutschen Offizieren und Unteroffizieren befehligt wurden. Hinzu kam eine paramilitärische Schutzpolizei aus 1.200 Mann mit 30 Offizieren. Zwar wurde die Truppenstärke noch im Laufe des Weltkrieges auf 10.000 Mann ausgebaut, dennoch blieben die Deutschen den Alliierten zahlenmäßig und materiell unterlegen.

Wie auch in Togo war man in Kamerun zunächst überrascht, dass die Kolonie noch im August 1914 zum Kriegsschauplatz wurde. Zudem hatten die Deutschen nicht nur mit der Entente fertig zu werden, auch die Duala erhoben sich gegen die Kolonialherren. Ihr König Rudolf Manga Bell war ein Enkel jenes King Bells, mit dem die Deutschen 1884 den Schutzvertrag geschlossen hatten. Rudolf Manga Bell hatte zuvor im Reichstag gesprochen und auch eine öffentliche Beschwerde gegen das Vorgehen der deutschen Kolonialherren gegen sein Volk eingereicht. Kern der Beschwerde war, dass die Deutschen das Volk der Duala umsiedeln wollten. Darüber hinaus beklagte er sich über Enteignungen, das Niederbrennen von Häusern, Zwangsarbeit, willkürliche Verhaftungen und hohe Strafen gegen sein Volk. Im Deutschen Reich interpretierte man das Vorgehen Bells als Hochverrat. Ihm wurde vorgeworfen, Hilfsgesuche an Frankreich und Großbritannien gerichtet zu haben. Schließlich wurde er am 9. August gehängt. Seine letzten Worte waren bezeichnend für das, was die Kolonie in den nächsten Monaten erwartete: Bell beanspruchte, dass er unschuldig zum Tode verurteilt worden war, und sah voraus, dass sein Tod – aus deutscher Sicht – umsonst sei. Die Folgen seines Todes würden für die deutschen Kolonialherren schwerer wiegen, als wenn man ihn am Leben gelassen hätte. Nach Bells Hinrichtung stellten sich die Duala auf die Seite der Alliierten und zogen in den Ersten Weltkrieg.

Verglichen mit der hoffnungslosen Lage der Deutschen in Togo erhoffte man sich in Kamerun, dass die geographische Beschaffenheit der Kolonie genügend Möglichkeiten bot, um den Angriffen immer wieder geschickt auszuweichen und die Kämpfe solange in die Länge zu ziehen, bis der Krieg vorbei sei. Auf diese Weise hofften die Deutschen, eine Kapitulation bis zum Kriegsende in Europa zu vermeiden. Der Kommandeur der Schutztruppe, Carl Zimmermann, verteilte daher seine Soldaten an den Grenzabschnitten, um den Vormarsch der Gegner zu vermei-

Polizeitruppe bei Schießübungen in Togo (links).
Während des Ersten Weltkrieges setzten die britischen Marineoffiziere 12-Pfünder Kanonen gegen die deutschen Schutztruppen in Kamerun ein (folgende Doppelseite).

213

# DER VERLUST DER DEUTSCHEN KOLONIEN

Nach Ausbruch des Krieges im August 1914 wurden offensive Maßnahmen zur Verteidigung Nigerias gegen die benachbarte deutsche Kolonie Kamerun vorgenommen: Die Militär- und Polizeitruppen schrieben Freiwillige aus der Europäischen Gemeinschaft als Mitglieder der Marine und des Landes Nigeria ein. Das Foto zeigt das 1. Bataillon auf dem Weg nach Lagos am 7. August 1914.

den. Zudem reichte es zum Vorteil, dass sich die französische, belgische und englische Kriegsführung nicht miteinander vereinbaren ließ. Die Entente misstraute sich selbst und ließ so einige militärische Möglichkeiten ungenutzt.

Die allgemeinen Kampfhandlungen begannen am 24. August 1914, also zu einem Zeitpunkt, als Togo quasi bereits gefallen war. Die Alliierten bombardierten die Küste Kameruns sowie mehrere Küstenorte. Doch den Deutschen gelang es zunächst, die ersten Angriffswellen erfolgreich abzuwehren. Ab Herbst 1914 drangen die Briten jedoch mit der Unterstützung mehrerer Kampfschiffe von der Küste aus ins Landesinnere vor. Verzweifelt versuchten die Deutschen die Hafenstadt Duala zu halten. Doch mit ihren veralteten Geschützen konnten sie die Briten nicht abwehren. Um Zeit für den Rückzug zu gewinnen, rammte der Dampfer Nachtigal ein britisches Kanonenboot.

## DER VERLUST DER DEUTSCHEN KOLONIEN

Eine britische Truppe in Freetown, Sierra Leona, auf dem Weg zu einem Angriff auf eine deutsche Festung in Duala, Kamerun.

Ab 1915 verlagerten sich die Kämpfe in die Berge Kameruns. Das verschaffte den Deutschen zunächst einen Vorteil, weil die Alliierten in diesem Terrain nicht schnell genug nachrücken konnten. Anfang 1916 waren die Briten wieder im Aufwind, und der Entente gelang es, weitere Teile Kameruns zu erobern. Zu diesem Zeitpunkt waren die unterlegenen Deutschen bereits stark geschwächt. Es fehlte an Nachschub. Vor allem benötigten sie Medikamente. Aus Furcht vor einer Umklammerung entschloss sich Zimmermann mit seinen restlichen Truppen auf neutralen Boden zu flüchten, nach Spanisch-Guinea. Eine kleine Nachhut hielt die Alliierten beschäftigt, während Zimmermann mit seinen Leuten und weiteren deutschen Bewohnern Kameruns die Flucht gelang. Die letzte deutsche Einheit auf dem Boden Kameruns ergab sich schließlich Mitte Februar. Tapfer hatten sich die unterlegenen Deutschen eineinhalb Jahre gegen die Übermacht der Entente gewährt. Bedenkt man, dass der Erste Weltkrieg noch zwei weitere Jahre andauerte, so ist klar, dass Kamerun nicht länger zu halten war. Zimmermanns Flucht nach Spanisch-Guinea verhinderte somit weiteres Blutvergießen.

## Deutsch-Südwestafrika

Auch in Südwestafrika begannen noch im August 1914 die Kämpfe. Die Kolonie war vor allem in einer militärischen Zange zwischen dem britischen Protektorat Betschuanaland und der ebenfalls britischen Südafrikanischen Union, die 1910 gegründet worden war und ein bedeutender Teil des britischen Imperiums darstellte.

Gleich zu Beginn des Ersten Weltkrieges verhängte Großbritannien eine Seeblockade in der Nordsee, so dass keine deutschen Schiffe mehr das Reich verlassen und in die Kolonien fahren konnten. Ein zweiter Schritt war die Eroberung der Atlantikhäfen in den Kolonien. Sobald sich diese in britischem Besitz befanden, war der deutsche Hochseehandel zum Erliegen gebracht. Darüber hinaus war durch die Zerstörung der Kolonialfunkstelle in Togo Südwestafrika auch kommunikationstechnisch von der Außenwelt fast abgeschnitten. Danach bestand nur noch sporadischer Funkkontakt von Südwestafrika ins Reich.

Wie in den anderen Kolonien auch war die in Südwestafrika stationierte Schutztruppe lediglich zum inneren Schutz der Kolonie, aber keinesfalls zur Bekämpfung äußerer Feinde ausgestattet. Für eine Auseinandersetzung mit der Weltmacht England waren die Deutschen nicht vorbereitet. Zudem stand mit dem deutschen Kanonenboot *Eber*, das vor der Küste lag, das einzige Schiff der britischen Übermacht gegenüber. Die Vorzeichen, dass Deutschland Südwestafrika halten könnte, standen also denkbar schlecht.

Zudem war die Schutztruppe seit den Kämpfen mit den Herero und Nama von 15.000 Mann auf 2.000 Soldaten und 3.000 Reservisten bei Kriegsbeginn reduziert worden. Insgesamt standen also nur 5.000 Männer den Deutschen zur Verfügung, um Südwestafrika zu verteidigen. Auch ihre Ausstattung ließ zu wünschen übrig. Insgesamt verfügten sie über 70 Geschütze und fünf Autos. Askaris waren in Südwestafrika keine stationiert.

Die britische Südafrikanische Union im Süden der deutschen Kolonie sah im Ausbruch des Ersten Weltkrieges die große Chance, das eigene Gebiet zu erweitern. Südwestafrika sollte erobert und einverleibt werden. Hierfür standen die Zeichen nicht schlecht. Verfügte man doch über eine Streitmacht von 50.000 Soldaten, die leicht auf die doppelte Anzahl vergrößert werden konnte. Sie sollten die Vision eines Greater South Africa verwirklichen.

Die Deutschen hofften auch hier auf ein schnelles Ende des Krieges in Europa und entwickelten eine Hinhaltetaktik. Zunächst zogen sie sich von der Atlantikküste zurück und gaben die beiden Häfen Lüderitzbucht und

Dorfhütten der Ureinwohner in Kamerun während des Ersten Weltweltkrieges.

# DER VERLUST DER DEUTSCHEN KOLONIEN

Swakopmund frei. Danach sprengten sie die Bahnlinien ins Landesinnere, um das Vordringen der Gegner zu verhindern. Erst im Hinterland bereiteten sie sich auf die Kämpfe vor. Besonderer Schutz galt sowohl der Hauptstadt Windhoek wie auch der Grenze im Süden zu Südafrika. Ein deutscher Angriff auf Südafrika kam nicht in Frage. Am 7. August ließ der deutsche Gouverneur Theodor Seitz mobil machen. Als zweite Maßnahme evakuierte er einen 50 Kilometer breiten Grenzstreifen im Süden und ließ die deutschen Siedler aus der Gefahrenzone ins Landesinnere bringen.

Südafrikas Premierminister Louis Botha stand jedoch felsenfest an der Seite der Engländer und erklärte im Parlament, dass die Deutschen bereits die Grenze nach Südafrika überschritten hätten. Unter diesem Einfluss erklärte das südafrikanische Parlament am 9. September 1914 Deutschland den Krieg.

Neben der Hoffnung auf ein schnelles Ende des Krieges in Europa, hofften die Deutschen insgeheim auf die innere Zerstrittenheit Südafrikas, da die öffentliche Meinung über einen Kriegsbeitritt geteilt war. Man wollte nicht blind den Engländern in einen Kolonialkrieg folgen. Vor allem die Fraktion der Buren sprach sich gegen den Krieg aus. Schließlich kam es zu einem bewaffneten Aufstand in Südafrika. Ein Teil der Buren wollte sich nicht mit dem Kriegseintritt an der Seite Großbritanniens abfinden und stellte sich auf die Seite der Deutschen. Diese Rebellion

Bereits kurz nach Kriegsbeginn landeten die südafrikanischen und britischen Truppen in Deutsch-Südwestafrika. Die Deutschen gaben zuerst die Hafenstädte Swakopmund (unten) und Lüderitzbucht frei.

Rechts das Gouvernmentsgebäude in Windhoek.

## DER VERLUST DER DEUTSCHEN KOLONIEN

## DER VERLUST DER DEUTSCHEN KOLONIEN

verhinderte einen schnellen Angriff Südafrikas und zögerte diesen zudem um mehrere Monate hinaus.

Doch als Südafrika schließlich angriff, zeigte sich sehr schnell die Unterlegenheit der Deutschen. Schritt für Schritt wichen die deutschen Schutztruppen und die deutsche Verwaltung weiter nach Norden zurück. Auf diesem Weg zerstörten sie die zuvor angelegten Brücken, Dämme und Bahngleise, um es der südafrikanischen Union so schwierig wie möglich zu machen, ihnen zu folgen.

Am 12. Mai 1915 übergab die Verwaltung von Windhoek die Stadt kampflos an die Südafrikaner. Die Deutschen verließen die Stadt. Sie waren deutlich geschwächt und litten zum Teil an Entkräftung und Hunger. Die Kolonie war im Grunde bereits verloren. Der ehemals riesige Einflussbereich der Deutschen war auf die Größe Luxemburgs zusammengeschrumpft.

Die Engländer und die Südafrikanische Union witterten nun ihre Chance, um die Deutschen endgültig zu besiegen. Am 19. Juni 1915 begannen sie mit einer Offensive in Richtung Norden. In den darauffolgenden Schlachten dezimierten sie die deutschen Soldaten auf eine Truppenstärke von 800. Am 4. Juli kam

Der kleine Kreuzer der Kaiserlichen Marine, die SMS *Königsberg*, liegt nach der Selbstsprengung am 11. Juli 1915 im Rufiji-Delta, Tansania.

Ein deutscher Flugplatz bei Daressalam (vorherige Doppelseite), Foto von 1915.

## DER VERLUST DER DEUTSCHEN KOLONIEN

es zu den letzten Kämpfen. Fünf Tage später kapitulierte der Kommandeur der Schutztruppe Victor Franke, um seine dezimierte Armee vor der vollständigen Vernichtung zu bewahren. Im August 1915, ein Jahr nach Ausbruch des Ersten Weltkrieges, war Deutsch-Südwestafrika vollständig von südafrikanischen Unionstruppen besetzt.

Das südafrikanische Militär übernahm die Verwaltung der Kolonie.

Bis zur Beendigung der Kämpfe im November 1918 wurde etwa die Hälfte der deutschen Bevölkerung Südwestafrikas nach Deutschland geschickt. Doch einige von ihnen kehrten nach Südafrika zurück, gaben ihre deutsche Staatsbürgerschaft auf und nahmen die von Südafrika an. Dies war für sie die einzige Möglichkeit, in ihrer gefühlten Heimat Südwest zu bleiben.

### Deutsch-Ostafrika

Als der letzte deutsche Gouverneur von Deutsch-Ostafrika, Heinrich Schnee, Anfang August 1914 vom Ausbruch des Krieges in Europa erfuhr, entwickelte er eine Taktik, um die Kolonie aus dem Kriegsgeschehen herauszuhalten: Er erklärte die deutsch-ostafrikanischen Hafen und Küstenorte zu offenen Städten. Doch mit diesem Vorhaben geriet er in Konflikt mit General Paul von Lettow-Vorbeck, der mit der ostafrikanischen Schutztruppe einen Guerillakrieg gegen die Briten führen wollte.

Die eigentlichen Kampfhandlungen begannen einen Tag nach der britischen Kriegserklärung an das Deutsche Reich am 6. August. Der Kreuzer *Königsberg* hatte einige britische Schiffe abhängen können, die zur seiner Bewachung abgestellt worden waren. Gleich danach nahm die *Königsberg* Kurs auf die Küste des Oman, wo sie

Der letzte Kommandeur der Schutztruppe für Deutsch-Ostafrika, Paul von Lettow-Vorbeck (1870-1964). Das Foto zeigt ihn als preußischen Oberstleutnant, 1913.

225

DER VERLUST DER DEUTSCHEN KOLONIEN

an jenem 6. August den britischen Dampfer *City of Winchester* versenken konnte.

In der Folge kam es zunächst nur zu kleineren Gefechten entlang der Grenze zu Kenia aufgrund der geringen Anzahl an Soldaten im Krisengebiet. Auch im Grenzgebiet zu Belgisch-Kongo kam es vereinzelt zu Gefechten. Darüber hinaus setzte die deutsche Schutztruppe bewaffnete Schiffe auf dem Victoriasee ein, um die belgische wie auch die englische Schifffahrt lahmzulegen. Doch das Vorhaben misslang. Die Briten ließen über den indischen Ozean Schiffe heranbringen, die sie dann mit der Eisenbahn zur Hafenstadt Kisumu am Victoriasee transportierten. Als nun die Deutschen die Stadt angriffen, waren die Briten bestens gerüstet und konnten den Angriff abwehren. Auf dem Tanganjikasee hingegen gelang es den Deutschen mit einer kleinen Flotte, darunter die SMS *Möwe*, bis 1916 die Vormachtstellung zu behaupten.

Bereits im August 1914 gelang es der Schutztruppe die kenianische Grenzstadt Taveta in Britisch-Ostafrika zu erobern. Großbritannien reagierte daraufhin schnell und ließ zunächst 4.000 indische Soldaten nach Mombasa bringen, um weitere Niederlagen gegen die Deutschen zu vermeiden. Im Oktober 1914 kamen weitere 8.000 Inder hinzu.

Deutsche Soldaten in Deutsch-Südwestafrika während des Ersten Weltkrieges.

Lettows Spione hatten von der Landung dieser Soldaten in Tanga mitbekommen. Sie berichteten dies dem Kommandanten der Schutztruppe, der daraufhin einen Hinterhalt vorbereitete. Die Landung bei Tanga am 2. November 1914 wurde daher ein Desaster für die Briten. Die Deutschen hingegen konnten die britisch-indischen Truppen zum Rückzug auf ihre Schiffe zwingen. Überhaupt schienen die Deutschen in dieser Phase auf dem Vormarsch zu sein. Einen Tag nach der vereitelten Landung in Tanga gelang es der deutschen Schutztruppe, eine britische Offensive bei Longido im Kilimandscharo abzuwehren. Darüber hinaus kapitulierten indische Einheiten am Grenzposten Jassini nach Angriffen von Lettow.

Durch diese Anfangserfolge unterschied sich das Schicksal von Deutsch-Ostafrika in der ersten Hälfte des Ersten Weltkrieges deutlich von den anderen Kolonien. Bis 1916 konnte das Deutsche Reich seine Besitztümer im Großen und Ganzen halten. Die Briten waren zudem seit der Niederlage bei Tanga äußerst vorsichtig geworden. Ein weiteres Debakel konnte und wollte man sich nicht erlauben.

Doch 1916 änderte sich dies. Sowohl Großbritannien als auch Belgien zogen ihre Truppen zusammen, um bei Zusammenstößen mit den Deutschen zahlenmäßig

## DER VERLUST DER DEUTSCHEN KOLONIEN

überlegen zu sein. Hinzu kam, dass sich ab dem 9. März 1916 auch Portugal mit dem Deutschen Reich im Krieg befand. Portugal stockte seine Truppen in Portugiesisch-Ostafrika auf und verschaffte so den Alliierten letztlich eine deutliche Überlegenheit.

Ab 1916 befanden sich die Deutschen nun auf dem Rückzug. Von Kenia drängte vor allem ein Truppenverband aus Briten, Indern und Südafrikanern die deutschen Einheiten zurück. Die belgischen Truppen rückten zudem vom Kongo aus in Ruanda und Burundi ein. Und auch die Portugiesen befanden sich auf dem Vormarsch.

Insgesamt konnten die Alliierten knapp 100.000 Soldaten aufbieten, die gegen die unterlegenen 15.000 Deutsche ins Feld zogen. Doch von Lettow-Vorbeck hatte sich auf einen umfassenden Verteidigungsplan ausgedacht und verwickelte die Angreifenden immer wieder mit einer Guerilla-Taktik in aufreibende Kämpfe. Zwar konnte er den Vormarsch der Alliierten damit nicht aufzuhalten, er hatte es aber verstanden, dem Gegner schmerzhafte Verluste zuzufügen. Weitere Misserfolge erlitten die Alliierten vor allem durch Tropenkrankheiten. Hier zeichnete sich für die Deutschen aus, dass sie hauptsächlich afrikanische Soldaten einsetzten, die resistenter gegen die Tropenkrankheiten waren. Die Alliierten hingegen erlitten alleine dadurch wesentlich stärkere Verluste, da in ihren Reihen überwiegend Inder und Südafrikaner kämpften. Tausende fielen den unterschiedlichsten Tropenkrankheiten zum Opfer.

Doch auch die Tropenkrankheiten konnten den Vormarsch der Alliierten nicht stoppen. Im Sommer hatten sie alle Städte bis auf Daressalam unter ihre Kontrolle gebracht. Die deutsche Schutztruppe war hingegen in die südöstlichste Ecke zurückgedrängt. Während sich Teile der Schutztruppe im Oktober 1917 ergeben mussten, stiegen die Verluste in den restlichen Truppen an. Lettow-Vorbeck entschied daher alle Truppen zusammenzuziehen und den Grenzfluss Rovuma mit den letzten noch gesunden 280 deutschen und 1.600 afrikanischen Soldaten zu überschreiten. In seinem Gefolge befanden sich zudem etwa 5.000 weitere Menschen. Mit der Überschreitung des Flusses würde er zwar in das feindliche Gebiet Portugiesisch-Ostafrikas gelangen, er glaubte jedoch, dass von dort zu diesem Zeitpunkt kein großer Widerstand zu erwarten sei.

Lettows Rechnung ging auf. Während die Briten Schwierigkeiten hatten, die deutschen Truppen im Norden Mosambiks aufzuspüren, zeigten sich die Portugiesen nicht sonderlich kampfstark. Zudem konnte Lettows Truppe mehrere Stütz-

Deutsche Schutztruppen in einem Militärlager (oben) und bei einer Geländeübung (unten), um 1914/15.

# DER VERLUST DER DEUTSCHEN KOLONIEN

punkte einnehmen, in denen er seine Verpflegung sowie Waffen und Munition auffüllen konnte. Daraufhin ließ er seine Truppen in den nächsten Wochen umherziehen, um den Briten die weitere Verfolgung zu erschweren. Am 28. September überquerte er erneut den Rovuma und kehrte somit auf das Gebiet von Deutsch-Ostafrika zurück.

Letztlich entschloss sich Lettow, weiter nach Nordrhodesien zu ziehen, da er dort keine Briten vermutete. Als er dort ankam, erreichte ihn die Nachricht, dass in Europa endlich ein Waffenstillstand geschlossen worden sein. Am 25. November unterzeichnete er die Kapitulation seiner Truppe, die nur noch 1.300 Mann umfasste.

## DER VERSAILLER VERTRAG UND DAS ENDE DES DEUTSCHEN KOLONIALREICHES

Am 28. Juni 1919 wurde im Spiegelsaal des Versailler Schlosses, dort wo 1871 das Deutsche Reich gegründet wurde, jener Vertrag unterzeichnet, der den Ersten Weltkrieg endgültig beendete. Zuvor hatten sich die Siegermächte Frankreich, Großbritannien, Italien und die Vereinigten Staaten beraten, wie mit dem Deutschen Reich nach Beendigung der Kämpfe vorzugehen sei. Im Krieg

Die deutsche Delegation vor der Abreise nach Versailles. Berlin, 1919.

## DER VERLUST DER DEUTSCHEN KOLONIEN

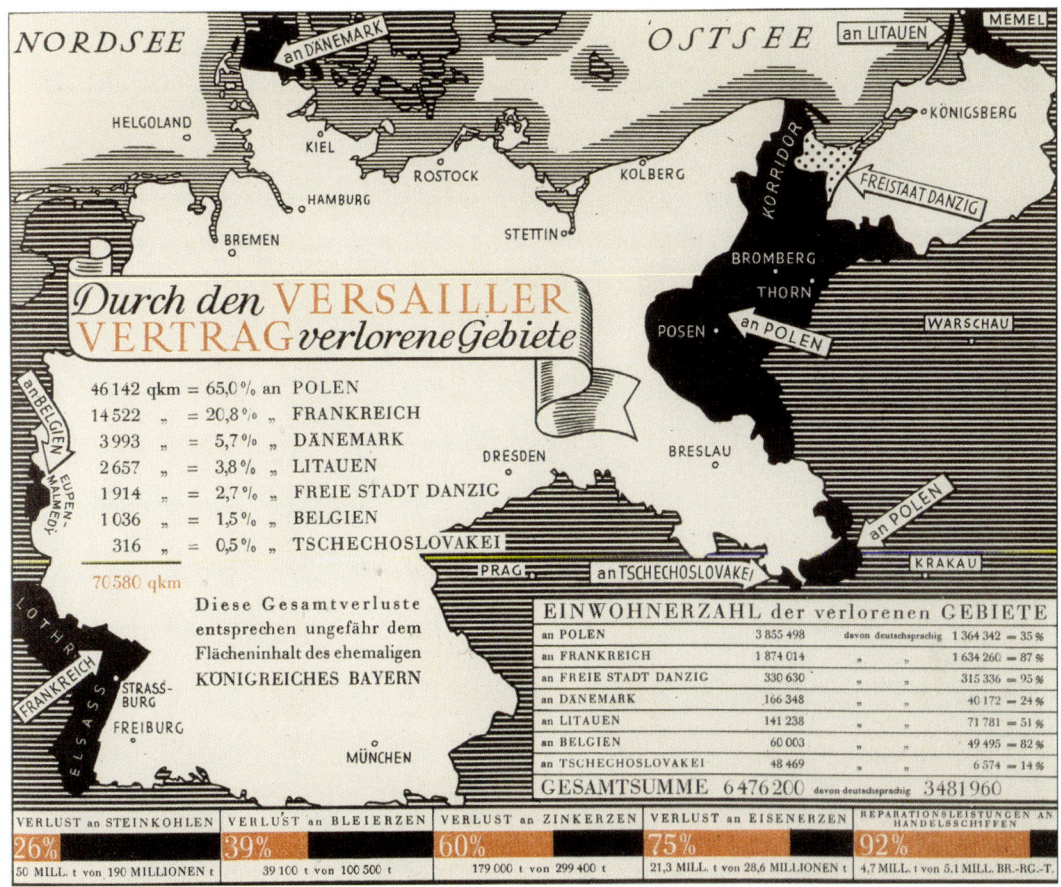

Die Verluste der deutschen Gebiete in Folge des Versailler Vertrages. Farbdruck, um 1934.

kämpften sie gemeinsam gegen die Deutschen. Doch während der Konferenz entfernten sie sich voneinander und vertraten unterschiedliche Standpunkte.

Der amerikanische Präsident Woodrow Wilson beabsichtigte einen weiteren Krieg dieses Ausmaßes für immer zu verhindern. Seiner Vorstellung nach sollte Deutschland geschont und damit die Rachegelüste gegenüber den Alliierten auf jeden Fall vermieden werden. Doch Frankreich sinnte auf Rache und konnte sich in den Verhandlungen durchsetzen. Empört verließen die Amerikaner die Konferenz und ratifizierten den Versailler Vertrag nach seiner Unterzeichnung nicht. Die übrigen Alliierten zwangen das Deutsche Reich nun die alleinige und gesamte Verantwortung für das Auslösen des Ersten Weltkrieges auf sich zu nehmen, auch wenn alle beteiligten Mächte im August 1914 den Krieg wollten.

Dem Deutschen Reich wurde es zudem verboten, militärisch nutzbares Material zu produzieren. Zu diesem Zwecke wurde auch das Rheinland entmilitarisiert, sowie die Marine und die Armee allgemein stark reduziert. Das Ruhrgebiet, in dem viele Kohlebergwerke die Grundlage

# DER VERLUST DER DEUTSCHEN KOLONIEN

der Waffenindustrie bildeten, sollte fortan für die Alliierten produzieren, und schließlich wurden den Deutschen hohe Reparationszahlungen auferlegt. Gezwungen diesen Vertrag zu unterzeichnen, ohne an den Verhandlungen teilgenommen zu haben, festigte sich in Deutschland auch der Ausdruck „Diktatfrieden von Versailles".

Der Friedensvertrag von Versailles bestimmte zudem, wie mit dem deutschen Kolonialreich zu verfahren sei. Hierin waren sich die Alliierten einig: Deutschland sollte alle seine Kolonien verlieren, die teilweise unter den Siegermächten aufgeteilt oder dem neugegründeten Völkerbund gestellt wurden.

Togoland wurde zwischen England und Frankreich aufgeteilt. Während Frankreich den größen, östlichen Teil des Landes erhielt, bekam das britische Empire den Westen, der heute ein Teil Ghanas ist. Erst 1960 wurde Togo in die Unabhängigkeit entlassen. Zu diesem Zeitpunkt befand es sich seit 40 Jahren unter französischer Herrschaft, der gegenüber lediglich 34 Jahre als Teil des Deutschen Reiches stehen. Insofern ist es nicht verwunderlich, dass man sich in Togo im Hinblick auf die Kolonialzeit mehrheitlich an die französische Zeit erinnert. Zumal diese Periode auch näher an der Gegenwart liegt.

Auch Kamerun wurde zwischen diesen beiden Weltmächten aufgeteilt.

Der Friedensvertrag von Versailles sah die Entmilitarisierung des Rheinlands vor. Ein Mann zerstört mit einer Spitzhacke deutsche Stahlhelme (links).

1922 kam der nun britische Teil zur Kronkolonie Nigeria, während der französische Teil weiterhin als Kamerun verwaltet und schließlich 1960 in die Unabhängigkeit entlassen wurde. Im Jahr 1975 erfuhr das afrikanische Land eine Gebietserweiterung, in dem der Süden des britischen Teils, der mittlerweile zu Nigeria gehörte, wieder an Kamerun gebunden wurde.

Deutsch-Südwestafrika war ein besonderes Schicksal vorbehalten. Es stand noch bis Anfang 1921 unter Kriegsrecht. Danach wurde es zu „Südwestafrika unter südafrikanischer Verwaltung". Der sogenannte Caprivi-Zipfel blieb zudem bis 1929 ein Bestandteil des britischen Protektorats Betschuanaland und kam erst danach wieder zurück zu Südwestafrika.

Doch die südafrikanischen Vorkriegspläne, Südwestafrika endgültig in die Union einzuverleiben, gingen nicht auf. Dennoch blieb die ehemals deutsche Kolonie für Jahrzehnte unter dem Einfluss Südafrikas. Nach dem Zweiten Weltkrieg erweiterte der Staat seine als Apartheid bekannte Rassentrennung auch über Südwestafrika. Erst im Jahr 1990 wurde der Staat Namibia gegründet und somit Südwestafrika in seine Unabhängigkeit entlassen. Die Walfischbucht blieb für vier weitere Jahre Teil Südafrikas und kam erst 1994 zu Namibia.

Der größte Teil Deutsch-Ostafrikas, das was heute Tansania umfasst, wurde nach dem Ersten Weltkrieg zunächst britisch. Belgien erhielt die Gebiete Ruanda und Burundi, während Portugal Kionga-Dreieck erhielt, das heute zu Mosambik gehört. Wie viele afrikanische Staaten, wurde das ehemalige Deutsch-Ostafrika Anfang der 1960er Jahren in die Unabhängigkeit entlassen. Nach der Vereinigung mit Sansibar erhielt es den Namen Tansania. Belgien entließ Burundi und Ruanda 1962 in die Unabhängigkeit.

## REAKTIONEN AUF DEN VERLUST DER KOLONIEN

Als einer der Gründe, weshalb Deutschland seine Kolonien abgeben musste, nannten die Alliierten, dass sich die Deutschen als unfähig erwiesen hätten, Kolonien zu führen. Zwar war man im Deutschen Reich selbst geteilter Meinung, ob man die Kolonien zurück wollte oder nicht. Einig war man sich jedoch darin, dass diese Behauptung der Alliierten Unfug und Verleumdung sei.

Daher stämmte sich auch die Weimarer Nationalversammlung im März 1919 mit 414 zu 7 Stimmen gegen den Verlust der Kolonien und forderte stattdessen die Wiedereinsetzung Deutschlands als Kolonialmacht. Selbst in Afrika, vor allem unter den treuen Askari, gab es laute Stimmen, die die deutschen Kolonialherren zurück wünschten. Doch der Frieden, der unter dem Druck der Franzosen dem Deutschen Reich diktiert wurde, sah laut Artikel 119 vor, dass Deutschland auf alle seine Rechte und Ansprüche bezüglich der Kolonien verzichten würde. Damit endete das Kapitel Kolonialgeschichte endgültig und faktisch. In der Phantasie der Deutschen jedoch lebte es weiter. Das Thema Kolonien wurde zu einer Projektionsfläche für Träumer, Revisionisten, Werbekampagnen und Politiker.

Ganz real fühlte sich Afrika plötzlich im besetzten Rheinland an, als afrikanische Männer in den Diensten der französischen und belgischen Armeen zu Besatzern wurden. Dies spielte den konservativen Kräften im Reichstag neue Argumente zu. Man sprach von einer Umkehrung der Kolonialpolitik. Extreme Stimmen wie die aufkommenden Nationalsozialisten nutzten dies gar, um vor einer Verunreinigung der „weißen Rasse" zu warnen. Die Franzosen würden mit dem Feuer spielen. Weiter verbanden die Nationalsozialisten geschickt ihre Rassenpolitik mit geostrategischer Politik.

Die Revisionisten konnten die Haltung der Nationalsozialisten nicht in ihrer vollen Gänze teilen. Für sie wiegte der Verlust der Kolonien schwerer als die Gefahr vor der Vermischung der Rassen. Bis weit in den zweiten Weltkrieg hinein hegten sie

## DER VERLUST DER DEUTSCHEN KOLONIEN

Demonstrationszug in der Potsdamer Straße gegen die Abtretung von Danzig und Posen (Westpreußen) nach den Bestimmungen des Versailler Vertrages. Berlin, November 1919.

die Hoffnung auf eine Rückgewinnung der Kolonien.

Allerdings gab es in Deutschland auch Stimmen, die den Verlust der Kolonien nicht verurteilten. Das Märchen, dass sich die deutsche Wirtschaft nur mithilfe der Kolonien vom Krieg erholen konnte, wurde bald ad absurdum geführt. Nur wenige Jahre nach dem Friedensschluss stellte sich die deutsche Wirtschaft um und sah es plötzlich als Vorteil, nicht mehr unter der wirtschaftlichen Last der Kolonien zu leiden, die sich ohnehin nicht als rentabel erwiesen hatten. Die Industrie konzentrierte sich auf die Entwicklung von synthetischen Rohstoffen, mit denen das Deutsche Reich unabhängig von kolonialen Bodenschätzen werden sollte.

Carl von Ossietzky, der Journalist und Herausgeber der „Weltbühne", stellte 1928 fest und sprach dabei vielen aus dem Herzen: „Deutschland ist unter allen Ländern des Krieges das einzige, das mit Fug und Recht behaupten kann, der Friedensvertrag habe ihm Nutzen gebracht. Es hat zwar Gebiete verloren, es muß schwere Reparationen leisten, und noch ist ein Stück Rheinufer besetzt. Dafür aber ist es aus der Sphäre des Imperialismus heraus, und es hat kein Deutschland in Übersee zu verteidigen."

DER VERLUST DER DEUTSCHEN KOLONIEN

## DER SAROTTI-MOHR

Der Sarotti-Mohr ist keine Schöpfung der Kolonialzeit. Zwar wurde er in den letzten Tages des Ersten Weltkrieges geschaffen, als das Deutsche Reich durchaus noch Kolonien besaß, dennoch entfaltete er seine Wirkung als Werbeikone erst in den Jahrzehnte danach – und das bis in die Gegenwart. Sein Erscheinungsbild hat sich dabei kaum gewandelt. Er trägt einen Turban, der ihm viel zu groß ist, zudem Pumphosen und Schnabelschuhe. Im Grunde ist seine Anmutung eher orientalisch als afrikanisch.

Betrachtet man die Figur jedoch genauer, versteckt sich hinter ihr mehr als nur eine Werbemaßnahme. Unbewusst verbinden die Konsumenten und die allgemeine Öffentlichkeit mit ihm die Erinnerung an die Kolonialzeit. Es wird mit Stereotypen und Klischees gespielt und Träume geweckt, die weder damals noch heute der Realität in Afrika entsprachen.

Zudem ist die Geschicht des Sarotti-Mohrs eng verbunden mit der Geschichte der Kolonialwarenläden und dem Verkauf von Schokolade. Letzteres erscheint uns heute wie ein alltägliches Gut. Doch gab es Zeiten, in denen Schokolade Luxusware war – und nicht zuletzt aus den Kolonien geliefert wurde.

Noch bevor das Deutsche Reich gegründet wurde, eröffnete Heinrich Ludwig Neumann 1852 in Berlin das Importgeschäft „Confiseur-Waaren-Handlung Felix und Sarotti" und verkaufte Waren, die er aus Paris kommen ließ. 1868 wurde das Un-

Die Sarotti-Höfe am Mehringdamm in Berlin Kreuzberg. Die restaurierte Gebäudeanlage steht heute unter Denkmalschutz.

## DER VERLUST DER DEUTSCHEN KOLONIEN

ternehmen mit der Produktionsstätte des Konditor Hugo Hoffman zusammengeführt. Er fertigte nun feine Pralinen sowie Pasteten an und verkaufte diese unter dem Namen Sarotti. 1894 meldete er Sarotti als Wortmarke an und firmierte das Unternehmen 1903 in eine Aktiengesellschaft um.

Zum 50. Firmenjubiläum im Jahr 1918 – in den letzten Zügen des Ersten Weltkrieges – war auf den Verpackungen zum ersten Mal der Sarotti-Mohr zu finden. Zunächst waren es noch drei Figuren, die nebeneinander stehend ein Tablett in den Händen hielten. Bis 1922 entwarf der Grafiker Julius Gipkens ein neues Firmenlogo, in das nun auch der Sarotti-Mohr aufgenommen wurde. Damit war der Sarotti-Mohr geboren.

In den 1920er Jahren entwickelte sich der Sarotti-Mohr zu einer Werbeikone. Letztlich wurde er so beliebt, dass er in der Zeit des Nationalsozialismus nicht mehr angefochten werden konnte, obwohl er nicht mit der allgemein vorherrschenden Ideologie in Einklang zu bringen war. Während des Zweiten Weltkrieges und vor allem verständlicherweise in der Nachkriegszeit veschwand der Sarotti-Mohr zunächst. Mit dem Aufblühen der deutschen Wirtschaft in der Zeit des Wirtschaftswunders der 1950er Jahre jedoch war er wieder allgegenwärtig und feierte sein gelungenes Comeback. Für zwei Jahrzehnte prangte sein Konterfei auf allen Sorten Verpackungen. Er schaffte es sogar in die ersten TV-Werbespots.

Doch mit dem Zeitgeist und den politischen Demonstrationen für Gleichheit und gegen Rassismus Ende der 1960er Jahre geriet der Sarotti-Mohr in die Kritik. Das Unternehmen musste sich den Vorwurf gefallen lassen, dass ein afrikanischer Diener mit dem Tablett in der Hand als Sklave gewertet wurde und somit einem rassistischen Stereotyp entsprach. Der Gesellschaft war es zuwider, dass ein Inbegriff der deutschen Kolonialgeschichte für ein Produkt wie Schokolade warb. Langsam aber sicher verschwand der Sarotti-Mohr.

Doch gerade durch dieses Verschwinden wurde ein Kult um ihn ausgelöst. Plötzlich gab es eine Fangruppe, die Dosen, Tassen, Plakate, Schilder und Verpackungen sammelten.

In der Gegenwart gibt es ihn wieder, jedoch mit einem neuen Image. Er ist nun nicht mehr dienender Sklave, sondern mit seiner eher goldenen Hautfarbe ein Artist, der Magie beherrscht und seine Konsumenten verzaubert. Ganz gleich mit welchen Attributen er nun verbunden wird: Er bleibt ein Erinnerungsstück an die deutsche Kolonialzeit in Afrika.

Osterhasenproduktion am Fließband der Sarotti-Werke, Foto von März 1934.

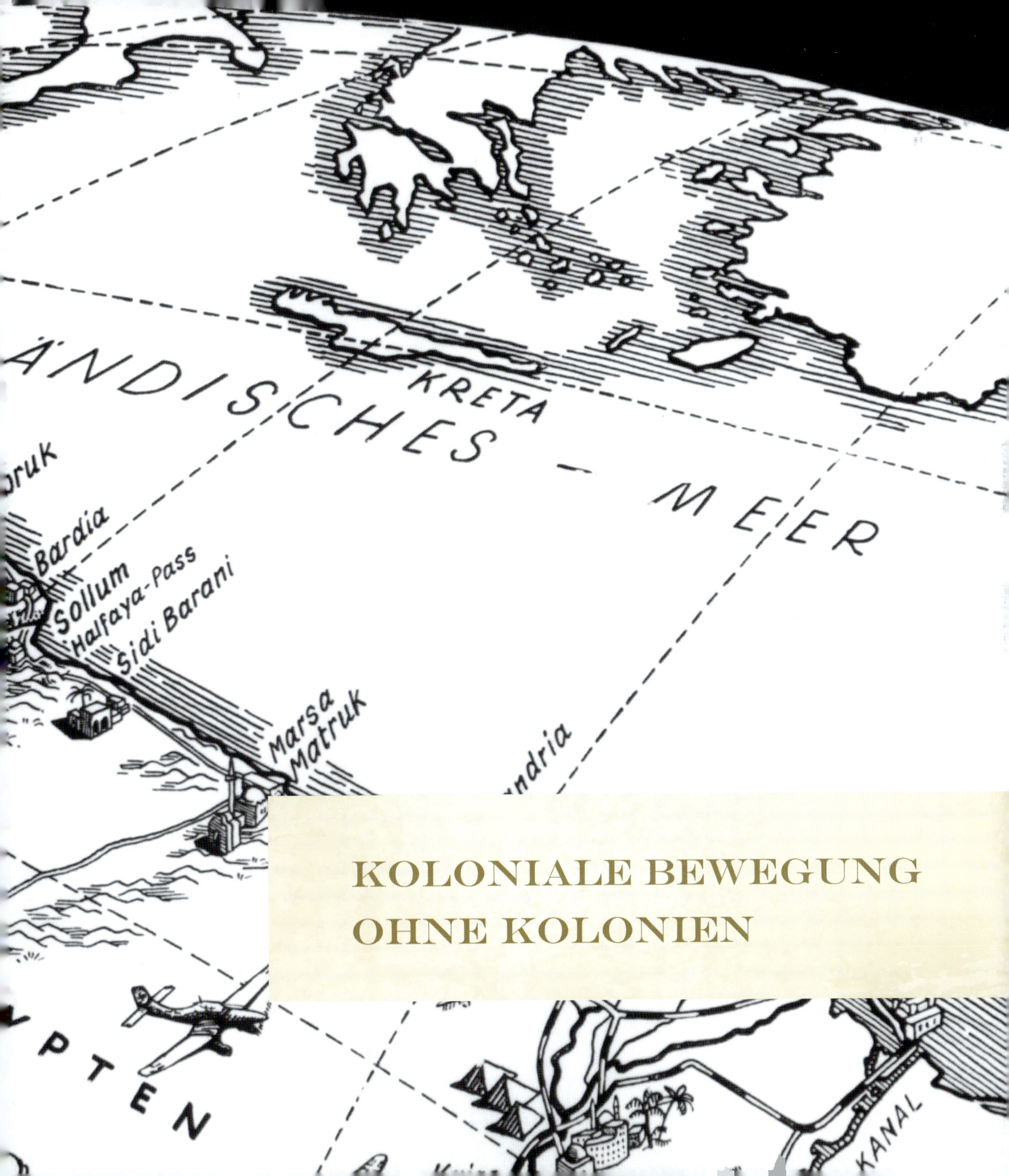

KOLONIALE BEWEGUNG OHNE KOLONIEN

# KOLONIALE BEWEGUNG OHNE KOLONIEN

Mit dem Zusammenbruch des Kaiserreichs als Folge des Ersten Weltkrieges ging auch die gut 30 Jahre währende Kolonialzeit Deutschlands zu Ende. Gemäß des Versailler Vertrages musste das Deutsche Reich auf alle Rechte und Ansprüche bezüglich seiner überseeischen Gebiete verzichten. Damit mochte sich jedoch die Kolonialbewegung in Deutschland nicht abfinden. Sie träumte von der Wiederentstehung eines deutschen Kolonialreiches mit Berlin als kolonialer Metropole und strahlendem Zentrum.

Die deutsche Öffentlichkeit hatte sich insbesondere über die offizielle Begründung der Siegermächte für die Wegnahme der Überseegebiete empört: Deutschland sei unfähig gewesen, seine Kolonien nach den Grundsätzen eines zivilisierten Staates zu verwalten und habe bei der Behandlung der kolonialen Bevölkerung besonders grausame Methoden angewandt.

In Deutschland gab es eine lautstarke Gemeinde, die die Kolonien zurückforderte. Man war überzeugt, dass sich die wirtschaftlichen Probleme der Weimarer Republik durch die wirtschaftliche Kraft der Kolonien in den Griff bekommen lassen würden. Die Kolonialverbände versuchten zudem durch eine offensive Propaganda, die Erinnerung an die deutschen Überseegebiete wachzuhalten. Vor allem aber nutzten die Reichsparteien und nicht zuletzt die Nationalsozialisten die koloniale Begeisterung eines

Landkarte (vorherige Doppelseite) des Kriegsschauplatzes 1941-43 in der Küstenregion Nordafrikas. Soldaten der deutschen Wehrmacht (links) in Tunesien, 1941.

# KOLONIALE BEWEGUNG OHNE KOLONIEN

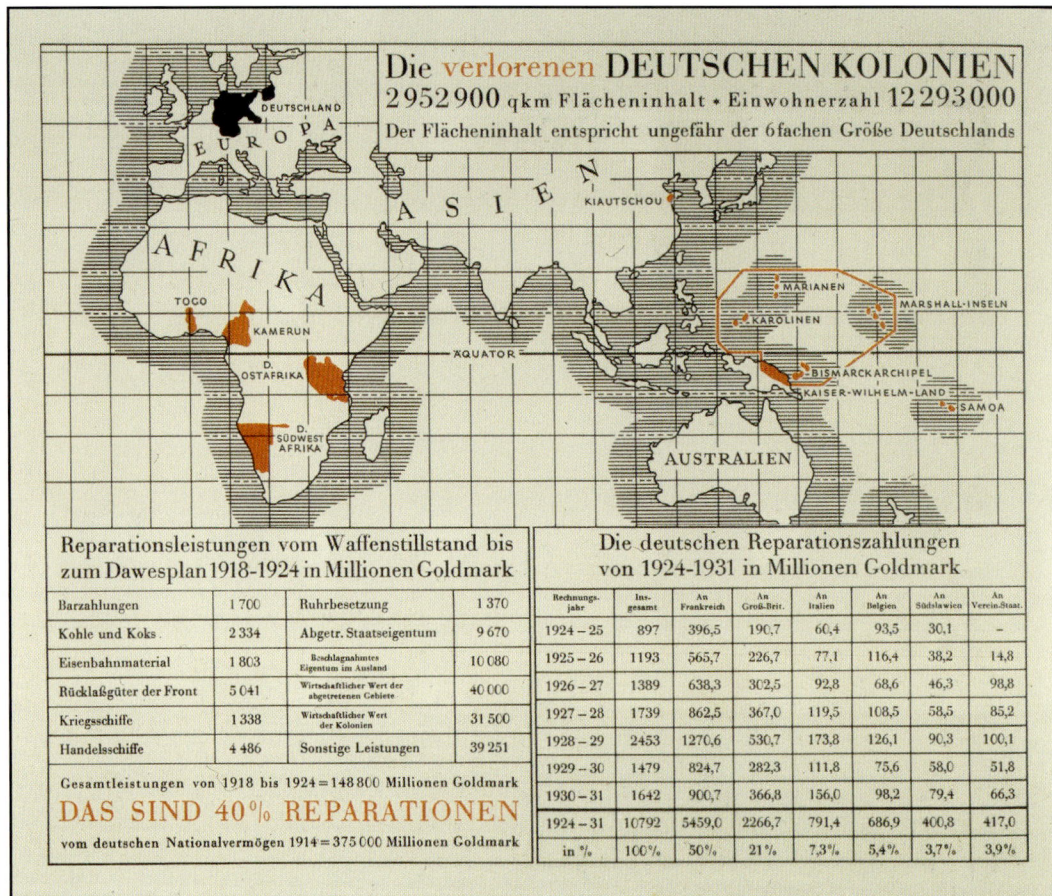

Die zeitgenössische Karte zeigt die nach Abschluss des Versailler Friedensvertrages verlorengegangenen deutschen Kolonien sowie eine Aufstellung der deutschen Reparationszahlung.

Teils des deutschen Volkes für ihre Zwecke.

Überall bildeten sich Kolonialvereine, die sich zum Ziel setzten, die Erinnerung an die Kolonien aufrecht zu erhalten. Um sie herum entstand eine starke Populärkultur. Die Vereine verstanden es zudem, überall das Thema „Kolonien" zu spielen. Auf Sammelkarten, in Zeitungsartikeln und im Bereich Spielzeug: Überall waren die Kolonien vertreten. Fotografien von wilden Tieren, Zeichnungen von afrikanischen Menschen und heroische Darstellungen von deutschen Großwildjägern beflügelten die Phantasie von Jung und Alt. Dies ging auch mit der Vorführung von Völkerschauen einher, die es seit der Gründung des Kaiserreiches unentwegt im Deutschen Reich gab. Darüber hinaus eröffneten in jeder deutschen Kleinstadt Kolonialwarenläden, die ihrerseits koloniale Produkte wie Bananen, Tabak, Kakao und Kaffee verkauften und auf diese Weise ebenso an die deutsche Kolonialzeit erinnerten.

## DIE KOLONIALE BEWEGUNG IN DER WEIMARER REPUBLIK

Deutschland hatte zwar seine Kolonien verloren, doch die Erinne-

# KOLONIALE BEWEGUNG OHNE KOLONIEN

rung an die Kolonialzeit lebte noch für Jahrzehnte weiter. Gleich nach dem Verlust der Kolonien gab es zu Zeiten der Weimarer Republik eine kleine, aber deutlich wahrnehmbare Interessensvertretung, die die Rückgabe der deutschen Kolonien forderte. Hierzu gehörten Teile der Regierungen, Vertreter der meisten Parteien, etliche Kolonialvereine sowie Banken und internationale Handelsunternehmen. Die Kolonialrevisionisten argumentierten ökonomisch, demographisch und sozialpolitisch. Für sie war es unabdingbar, dass sich die deutsche Nachkriegswirtschaft nur mit eigenen Kolonien als Rohstoff- und Absatzgebiete erholen konnte. Die breite Masse hingegen zeigte wenig Interesse an der Rückgewinnung der Kolonien.

Die Barrikade am Cöllnischen Rathaus während der Märzrevolution 1848 auf dem Titelblatt der Illustrierten Zeitung.

Noch bevor der Versailler Vertrag unterzeichnet und somit das Schicksal der deutschen Kolonien besiegt war, gab es im Deutschen Reich eine erste Protestbewegung. Sie hatte es sich zum Ziel gesetzt, die im Weltkrieg von Großbritannien, Frankreich oder Südafrika annektierten Überseegebiete wieder zurückzufordern.

Vor dem ersten Weltkrieg schien dies nicht möglich, aber nach dem Verlust der Kolonien vertraten alle Parteien mit Ausnahme der KPD und der USPD eine verhältnismäßig ähnliche Haltung gegenüber der Kolonialpolitik. Sie alle forderten die Rückgabe an das Deutsche Reich. Kontroverse Debatten im Reichstag über die koloniale Frage, wie sie im Kaiserreich hitzig diskutiert wurden, fand im Grunde genommen in der Weimarer Republik nicht mehr statt. Nach Innen war sich die Politik Weimars einig. Man stand zusammen und sprach zumindest in den frühen Jahren mit lauter Stimme. Außenpolitisch gestaltete sich dies allerdings anders. Das Thema Kolonien wurde vermieden oder zumindest äußerst strategisch und dezent eingesetzt. Gustav Stresemann, der von 1923 bis 1929 Außenminister des Deutschen Reiches war, machte da keine Ausnahme. Einerseits ließ er eine Kolonialabteilung im Auswärtigen Amt einrichten, auf internationalem Parkett jedoch agierte er weitaus vorsichtiger.

243

KOLONIALE BEWEGUNG OHNE KOLONIEN

# VÖLKERSCHAUEN

Der deutsche Tierhändler und Zoodirektor Carl Hagenbeck (1844-1913) war maßgeblich für die Erfindung der naturnahen Freigehege verantwortlich.

Im Grunde kann man sich dieses Szenario heute nur noch schwer vorstellen: In Zoos stehen neben den Gehegen mit Tieren Menschen aus anderen Ländern. Aus den Polarregionen, aus Nordamerika, aus Asien und aus Afrika. Sie präsentieren sich in einer vermeintlich originären Situation, tragen ihre landestypische Kleidung und sollen sich so verhalten, wie sie es „normal" in ihrer Heimat täten.

Seit der Zeit des Imperialismus, also seit etwa 1870, bis hin zum Zweiten Weltkrieg wurden überall in Europa Völkerschauen abgehalten. Sie demonstrierten den Anspruch der Europäer auf Überlegenheit gegenüber den Menschen von anderen Erdteilen. Neben Sklaverei, Kolonisation, Unterdrückung und Ausbeutung, sind die Völkerschauen eine weitere Ausprägung der eurozentrischen Weltsicht. „Exotische" Menschen werden angeworben, überredet oder nach Europa gelockt, um sie den hiesigen Zuschauern wie Schauobjekte zu präsentieren. Rassismus wurde dadurch zum Freizeitvergnügen – unter dem Deckmantel einer wissenschaftlichen Neugier nach fremden Kulturen.

In Deutschland begannen die Völkerschauen mit einer Idee des Hamburgers Carl Hagenbeck. Er stellte 1874 eine Lappländer-Ausstellung auf die Beine, die zum Vorbild aller späteren Völkerschauen wurde. Hagenbeck zeigte in seiner Ausstellung nicht nur Menschen aus dieser Region, sondern ließ auch ihre Lebensumstände ausstellen. Neben Rentieren waren auch Zelte, Werkzeuge und Schlitten zu sehen. Seine Ausstellung war so erfolgreich, dass sie Schule machte. Sogar im Ausland war man auf die Völkerschauen aufmerksam geworden, und die Pariser Weltausstellung kam nicht ohne sie aus.

Die Macher der Völkerschauen nutzten alle damals erdenklichen Werbemittel, um die Massen für ihre Veranstaltungen zu begeistern. Besonders im Gedächtnis blieben jedoch die unzähligen Plakate, die in bunter Farbe mit reißerischen Titeln für die Völkerschauen warben. Sobald die Teilnehmer der Ausstellung den Ort der Völkerschau erreicht hatten, begann der Veranstalter mit bunten Umzügen in der Stadt auf das kommende Ereignis hinzuweisen. Teilweise wurde in den Städten besondere Köstlichkeiten aus dem Land des auszustellenden Volkes verkauft oder mit Durchsagen von wortgewandten Ansagern die Völkerschau angepriesen.

## KOLONIALE BEWEGUNG OHNE KOLONIEN

Ein halbes Jahr vor Beginn der Schau wurden die Menschen „rekrutiert". Dies geschah meist über Tierhändler, die entsprechende Orte kannten und über die Transportmöglichkeiten ins Deutsche Reich verfügten. Dann wurden möglichst unterschiedliche Vertreter einer Ethnie gesucht, um als Frauen, Männer, Kinder und Greise ein umfassendes Bild zu vermitteln. Die Agenten suchten möglichst nach Menschen mit besonderen Fähigkeiten, die entweder ein Handwerk gut beherrschten oder ein besonderes Kunststück ausüben konnten. Das hatte den Vorteil, dass diese Menschen es bereits in ihrer Heimat gewohnt waren, vor einem Publikum aufzutreten.

In Bezug auf Afrika stellten die deutschen Völkerschauen zumeist „Schwarzafrikaner" aus. Sie wurden auf den zahlreichen Plakaten zumeist als wild und unzivilisiert sowie kämpfend und mit Waffe in der Hand dargestellt. Sie lebten von der Jagd auf wilde Tiere, die ebenfalls auf den Plakaten zu sehen waren. Dem Klischee zufolge waren sie dem Urmenschen näher und nicht in der Lage, erwerbstätig zu sein. Deshalb wurden sie auch nie bei der Arbeit dargestellt.

Anders war es mit den Arabern, die nicht als Naturvolk, sondern als Kulturvolk stilisiert wurden. Auch hier griffen die Veranstalter auf bereits bestehende Klischees zurück. Auf Plakaten lockte man mit mythischen Märchen aus „1001 Nacht" und mit Menschen, die kostbare, bestickte Kleidung und einen Turban trugen. Hinzu kam eine Portion Erotik durch die Darstellung von Bauchtänzerinnen.

In den Jahren 1875 bis 1939 gastierten rund 400 ethnische Gruppen bei Völkerschauen in Deutschland. Ein Viertel davon wurde von dem Hamburger Unternehmen Hagenbeck veranstaltet. Die ausgestellten Menschen aus Afrika kamen zumeist aus Somalia, Nubien aber auch aus der deutschen Kolonie Kamerun. Letztlich bestätigten die Völkerschauen im Grunde nur die ohnehin bestehenden Klischees, die man in Deutschland von fremden Völkern hatte – und die sich zum Teil bis heute in der Gesellschaft halten.

Massai auf der Ostafrika-Schau im Zoologischen Garten von Berlin. Foto, um 1920.

# KOLONIALE BEWEGUNG OHNE KOLONIEN

Doch bereits Mitte der 1920er Jahre wurden die Forderungen nach der Rückgabe der Kolonien leiser. Ohnehin hatte die große Mehrheit der Bevölkerung nie einen Sinn im Erhalt der Kolonien gesehen. Der wenige Rückhalt, der vorhanden war, schwand zudem langsam dahin.

publik verbreitete, unterschieden sich jedoch in keiner Weise inhaltlich von den Bildern der Kolonialzeit. Die Sichtweise auf Afrika hatte sich nicht geändert. Noch immer steckte hinter jeder Werbung ein rassistischer Unterton.

Einen großen politischen Erfolg konnte der deutsche Außenminister Gustav Stresemann (rechte Seite) bei der Konferenz von Locarno (oben) verbuchen. Der am 16. Oktober 1925 geschlossene Sicherheitspakt legte die deutschen, französischen und belgischen Grenzen fest und stellte den gegenseitigen Gewaltverzicht sowie die Entmilitarisierung des Rheinlands sicher.

Was jedoch nicht verschwand waren die Vorstellungen von Afrika. Weiterhin waren überall Klischees und Stereotypen vertreten. Dies spiegelte sich vor allem in der Alltagskultur und der neu aufkommenden Werbeindustrie wieder. Diese hatte durch die Kriegspropaganda an Stellenwert gewonnen. Nun nach Kriegsende setzte sie sich vor allem in der Konsumgüterindustrie fest. Die Bilder, die die Werbeindustrie in der Weimarer Re-

Obwohl überall der Rückhalt für die Revisionisten schwand, entstand die Deutsche Kolonialgesellschaft (DKG), die sich zum Gralshüter der Rückforderungen aufschwang. Ihr standen die ehemaligen Gouverneure Theodor Seitz (1920-1930) und Heinrich Schnee (1930-1936) als Präsidenten vor. Zur Bündelung der Kräfte gründete die DKG die Koloniale Reichsarbeitsgemeinschaft, unter deren Dach sich auch der Deutsche Kolonialkriegerbund, eine

Vereinigung von Kolonialsoldaten und Kolonialdeutschen, der Frauenbund der Deutschen Kolonialgesellschaft und der Frauenverein vom Roten Kreuz für Deutsche über See einfanden. Zur Kolonialbewegungen gehörten darüber hinaus einige karitative Vereinigungen, Ju-

gendorganisationen, akademische Verbände sowie Vereinigung, die sich mit der Erinnerungskultur an die Kolonien beschäftigten.

Die Deutsche Kolonialgemeinschaft organisierte immer wieder öffentlichkeitswirksame Veranstaltungen. Zum 40. Jahrestag des Deutschen Kolonialreiches lud die Kolonialgemeinschaft zu einem Kongress im September 1924 nach Berlin. Und zwei Jahre später, kurz bevor das Deutsche Reich dem Völkerbund beitrat, organisierte die DKG mehrere Veranstaltungen und warb mit Flugblättern, Postkarten, Ausstellungen und anderen Aktivitäten für ihre Zwecke.

## DIE NSDAP UND AFRIKA

Bis heute gibt es zwei grundlegend verschiedene Sichtweisen, wie das Dritte Reich zu den Kolonien stand. Einerseits schrieb Hitler, dass der „Zug" der Deutschen nun nach Osten geleitet werden sollte, denn er sah den Osten Europas als neuen Lebensraum und somit gewissermaßen als neue Kolonien des Reiches. Andererseits gab es durchaus Äußerungen, den bereits im 19. Jahrhundert gehegten Traum eines deutschen Mittelafrikas endlich zu verwirklichen.

Dennoch wurde Hitler nicht müde, die Bemühungen des Kaiserreiches um ein Kolonialreich zu verurteilen. Erst durch die Anwesenheit der Deutschen in Afrika sei die Gefahr entstanden, dass sich die „Rasse" der Arier mit der der Afrikaner vermische. Dies führe, so die Denkweise des Führers, zu einer Degenerierung und zu einem Wertverlust der überlegenen „weißen Rasse", die nicht in Berührung mit den Afrikanern kommen dürfe. Diese Degenerierung sei bereits bei Engländern, Franzosen und den anderen Kolonialmächten deutlich spürbar.

# KOLONIALE BEWEGUNG OHNE KOLONIEN

Hitler sah daher den neu zu besiedelnden Lebensraum seines Volkes im Osten Europas liegen.

Die Forderungen nach der Rückgabe der Kolonien, wie sie während der Weimarer Republik von den entsprechenden Interessensverbänden geäußert wurden, teilte er nicht. Er war sich zwar sicher, dass die Nationalsozialisten ebenso in der Lage wären, Kolonien zu verwalten, doch zunächst hielt ihn seine Rassenideologie von jedem weiteren Gedanken ab. Unter dem Druck der Wirtschaftskrise forderten jedoch viele Nationalsozialisten in entscheidenden Positionen, die Rückkehr zur Kolonialpolitik. Schließlich schwenkte Hitler um und verlangte in der Rede nach dem Einmarsch der deutschen Truppen in das entmilitarisierte Rheinland am 7. März 1936 die Rückgabe der Kolonien an das Deutsche Reich.

Zwei Jahre später stellte Adolf Hitler in seiner Rede im Berliner Sportpalast fest, dass es keine Kolonialpolitik an sich gebe, sondern dass diese unweigerlich mit der Außenpolitik verbunden sei. Diese wiederum sei ideologisch festgelegt und ihre Grundlage unveränderlich. Sollte Deutschland seine Kolonien zurückerhalten, so gelte das Blutschutzgesetz. Ehe und Geschlechtsverkehr sollten mit dem Tode bestraft werden, um so die Vermischung der Rassen um jeden Preis zu unterbinden. Doch auch darüber hinaus sollte eine strikte Rassentrennung gelten, die sich bis in das Militär hineinzog. Radikale forderten sogar, dass kein Afrikaner in der Armee dienen dürfe, da es ihm zu verbieten sei, eine Waffe zu tragen. Auch sollten die Kolonien nur als Rohstofflieferant dienen. Auf keinen Fall sollten dort deutsche Siedler hinziehen. Diese wollten das Dritte Reich nach wie vor nach Osteuropa lenken.

Propagandaplakat zum Reichsparteitag der NSDAP in Nürnberg 1934.

In seiner Rede am 26. September 1938 im Berliner Sportpalast bekräftigte Adolf Hitler (rechte Seite) seine Forderung nach der sofortigen Übergabe des Sudetenlandes an das Deutsche Reich.

Im Zuge der Gleichschaltung und des Aufbau des Dritten Reichs wurden auch die kolonialen Initiativen der Weimarer Republik aufgelöst und umgeformt. General Franz Ritter von Epp erhielt die Aufgabe, den Reichskolonialbund und das Kolonialpolitische Amt mit eiserner

# KOLONIALE BEWEGUNG OHNE KOLONIEN

*Recht muß Recht bleiben, auch wenn es sich um Deutsche handelt*, heißt es auf einem Transparent der Sudetendeutschen bei einer Kundgebung im Mai 1938. Nach der Rückgewinnung ihrer Heimat in Folge des Münchner Abkommens im September 1938, folgte acht Jahre später die endgültige Vertreibung: Fast drei Millionen Deutsche verloren ihre Heimat.

*Ein Soldat der deutschen Wehrmacht mit schützenden Tüchern gegen die Sand- und Staubstürme in Afrika (rechte Seite).*

*Die folgende Doppelseite zeigt Soldaten der deutschen Wehrmacht beim gemeinsamen Frühsport in Afrika, 1941.*

Hand zu führen. Dem Kolonialpolitischen Amt fiel hierbei die Aufgabe zu, die Übernahme der alten Kolonien vorzubereiten.

Doch das Interesse der Nationalsozialisten lag nach wie vor nicht auf Afrika. Als Expansionsgebiete hatten sie längst Osteuropa ins Auge gefasst, dort sollte der neue Lebensraum des deutschen Volkes liegen. Die Kolonialbewegung blieb für Hitler lediglich ein außenpolitisches Druckmittel, das er je nach politischer Wetterlage einsetzte. Im Kolonialpolitischen Amt plante man hingegen weiter in der Hoffnung die Übernahme der Kolonien sowie die Ausweitung der deutschen Herrschaft auf weitere Gebiete. Dort glaubte man fest daran, dass so nun endlich ein deutsches Mittelafrika entstehen konnte. Doch als zu Beginn der 1940er Jahre dieses Kolonialreich endlich auf dem Reißbrett entworfen war, beendete ein Befehl Hitlers Anfang 1943 jede weitere Tätigkeit in Richtung Rückgewinnung der Kolonien.

## DER ZWEITE WELTKRIEG IN NORDAFRIKA

Seit dem Ersten Weltkrieg wurden keine deutschen Soldaten mehr nach Afrika geschickt. Dies änder-

KOLONIALE BEWEGUNG OHNE KOLONIEN

# HANS ALBERS

Hans Albers war einer der bekanntesten deutschen Filmstars der 1930er, 1940er und 1950er Jahre. Zu seinem Unglück fiel der Höhepunkt seiner schauspielerischen Schaffensphase in die Herrschaft des Dritten Reiches, was ihm im Nachhinein einige Kritik einbrachte. Dennoch war der „Blonde Hans", wie sein Spitzname lautete, vor wie nach dem Zweiten Weltkrieg in weiten Teilen der Bevölkerung beliebt.

Geboren wurde Hans Albers am 22. September 1891 in Hamburg als jüngstes von sechs Kindern. Er starb am 24. Juli 1960 im Alter von 68 Jahren im Kempfenhause. Nach einer Kaufmannslehre begann er schließlich in Frankfurt am Main seine Schauspielkarriere beim Theater. 1915 kam er zum Film. Danach musste er in den Ersten Weltkrieg ziehen, in dem er schwer verletzt wurde.

Bereits in den Stummfilmen der 1920er Jahre brillierte er in Nebenrollen und spielte auch im ersten deutschen Tonfilm *Die Nacht gehört uns*, der 1929 entstand, mit. Seinen endgültigen Durchbruch hatte Albers 1930 an der Seite von Marlene Dietrich in der Heinrich-Mann-Verfilmung *Der blaue Engel*.

Als die Nationalsozialisten ab 1933 ihre Diktatur aufbauten, war Albers ein lautstarker Gegner der NSDAP. Dennoch gelang es ihm, weiterhin als Schauspieler gefragt zu sein, und er spielte in mehreren Filmerfolgen mit. Ende der 1930er Jahre geriet er jedoch zunehmend unter Druck. Die Nationalsozialisten griffen ihn an, weil er mit einer „Halbjüdin" verheiratet war. Seine Frau Hansi Burg floh 1938 nach London, kehrte aber nach dem Krieg wieder nach Deutschland zurück.

Albers blieb in Deutschland und drehte in den Kriegsjahren seine größten Erfolge. Als aufrechter Haudegen war er vielerorts beliebt und wurde nun von Goebbels an der sogenannten Heimatfront eingesetzt, um die Bevölkerung bei Laune zu haben. Wenn man Albers Filme sah, sollte man die Schrecken des Krieges vergessen. Vor allem der Farbfilm *Münchhausen*, der tricktechnisch zu den neuesten Mitteln der Filmproduktion griff, avancierte zum Klassiker. In den letzten Monaten des Krieges entstand zudem *Große Freiheit Nr. 7*, durch den Albers und der Regisseur Helmut Käutner der Bevölkerung vor allem Mut machen und Durchhaltevermögen vermitteln wollten, dass sowohl der Krieg wie auch die Nazi-Herrschaft bald vorbei seien. Nach dem Krieg hatte er mit *Auf der Reeperbahn nachts um halb eins* noch einmal einen großen Erfolg.

Die umstrittenste Rolle, die Albers während des Krieges spielte, war die von Carl Peters im gleichnamigen Spielfilm. Albers verkörperte den als rassistischen Gewaltherrscher bekannten Kolonisator von Ostafrika als zivilisatorischen Haudegen und übertrug Peters so ein Image, das sich Albers in vielen seiner Filme aufgebaut hatte. Für die Nationalsozialisten gab es viele Gründe, einen Film über Peters zu produzieren. Vor allem aber dachten Adolf Hitler und Carl Peters gleich über die Menschen Afrikas. Die Brutalität und die Willkür, mit der Peters gegen die Afrikaner vorging, spielten in dem Film keine Rolle. Stattdessen wurde er verfälscht und verklärt als Überbringer der Zivilisation dargestellt, der tatkräftig wusste, wie er mit den Afrikanern und den Bedingungen in Afrika umzugehen hatte.

Filmplakat (rechte Seite) von *Große Freiheit Nr. 7*, der 1943 unter der Regie von Helmut Käutner mit Hans Albers (oben) in der Hauptrolle gedreht wurde.

# KOLONIALE BEWEGUNG OHNE KOLONIEN

## KOLONIALE BEWEGUNG OHNE KOLONIEN

Reichskanzler Adolf Hitler besucht den italienischen Ministerpräsidenten Benito Mussolini (unten) in Florenz, Mai 1938.

Die Panzer des deutschen Afrikakorps (rechte Seite) paradieren durch Tripolis, Libyen. Foto, um 1941.

te sich Anfang der 1940er Jahre, als sich der Zweite Weltkrieg auf Nordafrika ausweitete. Tausende junge, deutsche Soldaten wurden in den Krieg hineingezogen und nach Afrika gebracht, wo sie unter der Führung von Generalleutnant Erwin Rommel, der hierbei den Spitznamen Wüstenfuchs erhielt, gegen die Briten kämpften.

Zu dieser Konstellation kam es, weil der italienische Duce Benito Mussolini von einer Neuerrichtung des römischen Reiches träumte, in dem Italien über den Mittelmeerraum herrschen würde. Hierfür plante er, Nordafrika zu erobern und es unter italienische Kolonialverwaltung zu stellen. Von Libyen aus starteten im September 1940 italienische Streitkräfte eine Offensive gegen Ägypten, das unter britischer Herrschaft stand. Doch die Italiener gerieten schnell ins Hintertreffen. Ursprünglich waren sie zahlenmäßig weit überlegen, doch den Briten gelang es, Truppen aus den Commonwealth-Staaten herbeizubringen, die diese Überlegenheit wieder ausglichen.

Anfang Februar 1941 waren die Italiener wieder von Briten weit hinter die eigenen Grenzen zurückgedrängt. Der drohende Verlust Libyens veranlasste Mussolini, Hitler um Hilfe zu ersuchen.

# KOLONIALE BEWEGUNG OHNE KOLONIEN

Hitler sah sich nun gezwungen, in den Konflikt einzugreifen. Eine Schwächung der Achse Berlin-Rom musste verhindert werden. Italien durfte nicht ins Hintertreffen geraten. Zudem würde ein Sieg der Briten in Nordafrika bedeuten, dass dort eine neue Front entstehen würde, durch die Italien fallen und das Deutsche Reich in Gefahr gerieten könnte.

Die Deutschen stellten den Italienern eine Bedingung: Der Oberbefehl über die vereinten Truppenverbände sollte in den Händen eines deutschen Generals liegen: Generalleutnant Erwin Rommel. In seinem Gefolge waren Hunderttausende deutsche Soldaten, die am 11. Februar 1941 in Tripolis erstmalig afrikanischen Boden betraten. Sie bildeten das sogenannte Deutsche Afrikakorps.

Im März begann Rommel mit der Rückeroberung, der verlorenen italienischen Gebiete. In dieser Phase bildete sich der Mythos vom „Wüstenfuchs". Auf den flachen, wüstenartigen Ebenen gelang dem Taktiker Rommel nahezu alles. Immer wieder überraschte er die britischen Verbände mit kleinen Manövern und seinen sehr beweglichen Truppen. Er überrannte nahezu den Feind und legte ihn kurzer Zeit 800 Kilometer über Benghasi und Derna zurück. Dann stoppte der Vorzug zunächst. Rommel hatte den Feind so schnell überrannt, dass der Nachschub ausblieb. Für Monate verharrte er im Stellungskrieg an der libysch-ägyptischen Grenzen, bis die Engländer im November zu einem Gegenschlag ausholten. Der britische Angriff war nicht zu verhindern. Hatten die Deutschen zuvor große Erfolge gefeiert, wurden sie nun bis Ende des Jahres wieder an ihre Ausgangsposition zurückgeworfen.

Erst die Unterstützung der Luftwaffe brachte Rommel wieder in die Offensive, die er im Januar 1942 startete und die ihn wiederum weit nach Osten – 100 Kilometer vor Alexandria – führte.

Doch die deutschen Soldaten litten schwer unter den harten Bedingungen in Nordafrika. Ähnlich wie die Soldaten der Schutztruppen Jahrzehnte zuvor waren auch sie das Klima in Afrika nicht gewohnt. Die Trockenheit und die Hitze der Sahara zehrten an den Deutschen. Tagsüber konnte es bis zu 50 Grad Celsius heiß werden, während in der Nacht eisige Temperaturen herrschten. Ein Mensch brauchte unter diesen Umständen 4 bis 5 Liter Wasser, um halbwegs gesund zu bleiben.

Viele Soldaten fielen krankheitsbedingt aus. Erschwert wurde das Leben der Soldaten durch den vielerorts ausbleibenden Nachschub. Nahrungsmittel, Munition und Treibstoff ließen häufig auf sich warten. Sobald eine Offensive gelungen war, wurde das Problem des schwindenden Lagerbestands größer. Das

Die deutsche und italienische Luftwaffe (oben) in Nordafrika während des Zweiten Weltkrieges (1941-1943).

Gefangen genommene Engländer (unten) in Libyen. Foto, um 1942.

KOLONIALE BEWEGUNG OHNE KOLONIEN

## KOLONIALE BEWEGUNG OHNE KOLONIEN

betraf beide Seiten, die so mehrere Monate in der afrikanischen Wüste verharrten.

Die Wende kam im Jahr 1942 zugunsten der Briten. Ihre U-Boote hatten im Mittelmeer zusätzliche Nachschubschiffe zerstört oder aufgehalten, so dass die italienisch-deutschen Truppenverbände in Nordafrika allmählich an den Rand ihrer Kräfte kamen. Zwar gelang es den Deutschen ein letztes Mal weiter vorzudringen – und sogar den Suez-Kanal zu erreichen, doch in der Folge drängte sie die britische Armee unter General Bernard L. Montgomery wieder nach Libyen zurück. Nachdem nun auch die Amerikaner in Nordafrika gelandet und die meisten deutschen Soldaten im Ostfeldzug in der russischen Kälte gebunden waren, wurde die Lage für Rommel aussichtslos.

Im Winter 1942/43 standen die deutsch-italienischen Truppenverbände schließlich einer doppelten Übermacht von über einer halben Million alliierter Soldaten gegenüber, die sie nicht mehr aufhalten konnten. Unter Rommels Nachfolger Generaloberst Hans-Jürgen von Arnim kapitulierte die Heeresgruppe Afrika bei Tunis am 13. Mai 1943. Damit endete der Afrikafeldzug. 18.000 deutsche, 13.000 italienische, 35.000 britische und 16.000 amerikanische Soldaten starben bei den Kämpfen. 130.000 Angehörige des deutschen Afrikakorps gerieten in Gefangenschaft. Sie und die Soldaten, die nach Deutschland zurückkehrten, hatten das Klima Afrikas hautnah erlebt. Das wirkliche Afrika lernten sie dabei allerdings nicht kennen. Dennoch ist es nahezu symptomatisch für die Europäer, Afrika als Schlachtfeld für einen Krieg auszuwählen, an dem die Afrikaner im Grunde nur sekundär beteiligt waren.

Verletzte deutsche Kriegsgefangene (linke Seite) warten unter amerikanischer Bewachung auf ihren Transport. Foto, 1941.

Das Sanitätswesen der Deutschen Afrikakorps (rechts).

KOLONIALE BEWEGUNG OHNE KOLONIEN

# ROMMEL – DER WÜSTENFUCHS

Der Befehlshaber des Afrikakorps, Erwin Rommel (oben), zusammen mit Adolf Hitler bei der Eröffnung des Winterhilfswerks im September 1942 (rechts).

Eine Figur der deutschen Geschichte wird unweigerlich mit Afrika verbunden: Erwin Rommel. Er wurde am 15. November 1891 in Heidenheim an der Brenz geboren und begann gleich nach der Schule mit einer Karriere beim Militär. Nach seiner Ausbildung in der Militärschule von Danzig zog Rommel als Leutnant in den Ersten Weltkrieg. Für seine Leistungen wurde er 1914 mit dem Eisernen Kreuz zweiter Klasse und 1915 mit dem Eisernen Kreuz erster Klasse ausgezeichnet.

Schon bevor die Nationalsozialisten 1933 die Macht übernahmen, war Rommel bis zum Major aufgestiegen und in militärischen Kreisen ein angesehener Offizier. Ab 1933 ging seine Karriere dann steil nach oben. 1937 wurde Rommel schließlich zum Oberst befördert. Als er als Kommandeur an der Besetzung des Sudetenlandes mitwirkte, wurde Adolf Hitler auf ihn aufmerksam. Dem Führer gefielen die Qualitäten des aufstrebenden Offiziers.

Zu Kriegsbeginn bekleidete Rommel den Rang eines Generalmajors, als er 1941 als Kommandeur des Deutschen Afrikakorps nach Libyen geschickt wurde, war er bereits Generalleutnant. In Afrika erwarb er sich die in der deutschen Presse kolportierte Bezeichnung „Der Wüstenfuchs". Gegen die scheinbare Überlegenheit der Briten fand Rommel immer wieder einen Ausweg und bot den Kriegsgegner zwei Jahre lang die Stirn.

Rommel entwickelte in Nordafrika besondere taktische Fähigkeiten im Panzerkrieg. Aus den Augen der Nationalsozialisten bewährte er sich derart, dass er im Juni 1942 zum Generalfeldmarschall befördert wurde. Die Presse und die Wochenschauen waren voll von ihm und seinem Afrikakorps, denn die Propagandamaschinerie von Goebbels nutzte Rommels Siege geschickt, um die Soldaten an den anderen Fronten zu motivieren. Das Afrikakorps war geradezu Sinnbild für den „deutschen Kampfeswillens".

Erst zwei Tage vor der Kapitulation der deutschen Truppen in Nordafrika erfuhr die deutsche Bevölkerung, dass Rommel bereits Anfang März 1943 wegen ausbleibenden Erfolgs abgelöst worden war. Die deutsche Bevölkerung reagierte mit Entsetzen auf die Niederlage und die hohen Verluste in Nordafrika.

Rommel befand sich zu dieser Zeit bereits längst an der Westfront und ging zuneh-

## KOLONIALE BEWEGUNG OHNE KOLONIEN

mend auf Distanz zur nationalsozialistischen Kriegspolitik. Mit dem Wissen, dass die Invasion der Alliierten in der Normandie kurz bevorsteht, forderte Rommel im Juli 1944 von Hitler die sofortige Beendigung des Krieges. Der Führer wertete diesen Akt als Aufbegehren gegen ihn selbst.

In wieweit Rommel wirklich der Widerstandsgruppe des 20. Juli nahestand, ist bislang nicht eindeutig geklärt. Fest steht aber, dass ihm die Nationalsozialisten die Nähe zu der Gruppe vorwarfen. Hitler setzte ihn unter Druck und stellte ihn vor die Wahl zwischen Selbstmord oder Verurteilung durch den Volksgerichtshof. Rommel entschied sich für den Suizid und beging den erzwungenen Selbstmord am 14. Oktober 1944. Aufgrund seiner Beliebtheit in der Öffentlichkeit wurde dieses Kapitel jedoch verheimlicht. Stattdessen erhielt er ein Staatsbegräbnis. Das Regime verschleierte die Umstände seines Todes und nutzte zudem den toten Rommel für seine propagandistischen Zwecke. Man behauptete, dass Rommel den Verletzungen eines Fliegerangriffs erlegen sei, letztlich aber bei einem Autounfall starb, um den Nimbus des unbesiegten Soldaten nicht zu beschmutzen. Dies markierte den Beginn der Legendenbildung um den „Wüstenfuchs", die bis in die Gegenwart anhält.

# DEKOLONISATION UND TOURISMUS

# DEKOLONISATION UND TOURISMUS

Afrika heute:
Kriege und Hunger auf der einen, luxuriöse Safari-Lodges auf der anderen Seite.

Auf Grund von Bauarbeiten wurde das Reiterdenkmal im Jahr 2009 vor den Haupteingang der Alten Feste (vorherige Doppelseite) verschoben.

Für Deutschland war die koloniale Episode ja bereits nach dem Ersten Weltkrieg zu Ende. Nach dem Zweiten Weltkrieg zogen sich nun auch die anderen europäischen Mächte Schritt für Schritt aus Afrika zurück und entließen die dortigen Staaten in die Unabhängigkeit.

Doch was ist davon in unserer Gesellschaft geblieben? Wie viel von Afrika erleben wir noch immer im gegenwärtigen deutschsprachigen Raum? Zieht man beispielsweise Paris oder London, zwei Hauptstädte der mächtigsten Kolonialreiche heran, ist Afrika noch immer allgegenwärtig: Afrikanische Menschen leben in den Metropolen und brachten die afrikanische Kultur, afrikanische Lebensmittel und afrikanische Ideen mit nach Europa. Einige leben bereits in vierter, fünfter Generation in den Metropolen und haben sich mit der englischen oder französischen Kultur „akkulturiert". Andere sind gerade erst angekommen und müssen sich erst an die Fremde gewöhnen.

Einen derartigen Einfluss der ehemaligen Kolonien gibt es in Deutschland nicht. Zu lange liegt das deutsche Kolonialreich zurück. Und zu kurz war die Zeit, um einen entsprechenden Einfluss zu entwickeln. Die deutsche Kolonie Kamerun war beispielsweise noch länger unter französischen Einfluss als unter deutschem, weshalb sich dort bis heute auch die französische Sprache hält.

Nimmt man ein Beispiel aus der Welt des Sports, so stilisiert die Presse

## DEKOLONISATION UND TOURISMUS

ein Spiel der französischen Fußballnationalmannschaft gegen eine Auswahl aus einer ehemaligen Kolonie stets als „Frankreich I" gegen „Frankreich II". Ein Spiel der deutschen Auswahl gegen Kamerun hingegen erfährt eine solche Konnotation nicht.

benannt, die Entwicklungshilfe ist in Deutschland ein großes Thema und nicht zuletzt beeinflussen Klischees und Stereotypen, die im 18. und 19. Jahrhundert geprägt wurden, nach wie vor das Denken der Gesellschaft im deutschsprachigen Raum.

Auf Safari in Tansania.

Dennoch: Die Beziehungen zu Afrika in Vergangenheit und Gegenwart sind auch in Deutschland zu spüren. Viele öffentliche Plätze und Straßen sind nach den deutschen Kolonien oder Kolonisatoren

Über Jahrhunderte hatte die europäische Herrschaft über weite Teile Afrikas angedauert, wobei die Zeit des Imperialismus gegen Ende des 19. Jahrhunderts den Höhepunkt des Kolonialismus darstellte. Nach

# DEKOLONISATION UND TOURISMUS

Heißluftballons im Serengeti Nationalpark, Tansania.

dem Zweiten Weltkrieg setzte jedoch ein Umdenken ein. Einerseits waren für die übrig gebliebenen europäischen Kolonialmächte die Kolonien nicht weiter rentabel. Andererseits zeigte sich in den afrikanischen Ländern ein Nationalismus, der nach Unabhängigkeit und Selbstbestimmung strebte. Für die Europäer kamen weder ein Kampf um die Macht in den Kolonien mit militärischen Mitteln noch eine Umstrukturierung der ehemaligen Kolonien mittelfristig in Frage. Die einzelnen Kolonien beriefen sich zudem immer wieder auf Versprechungen und Zusagen, die die Europäer vor dem Hintergrund des Zweiten Weltkrieges gemacht hatten.

Ein Problem, das sich bis in die Gegenwart zieht, sind vor allem die Grenzbildungen der europäischen Kolonialmächte. Diese Grenzen wurden bei der Befriedung und Eroberung meist als Grenze gegenüber der Einflusssphäre einer anderen europäischen Nation gezogen. Rücksicht auf die afrikanische Bevölkerung und auf lokal ansässige Ethnien nahmen die Kolonialherren nicht. Dies und die Tatsache, dass sich auch größere Stammesverbände nicht als Volk im europäischen Sinne verstehen, erschwert es den afrikanischen Staaten heute als solche zu regieren. Fast alle Staaten sind Vielvölkerstaaten. Es entwickelt sich nur langsam eine gemeinsame Identität, der nicht alle Mitglieder eines Staates zustimmen. Diese multiethnische Grundlage ist der Keim für instabile Regierungen und das Aufkommen von Diktaturen. Zudem fehlt in vielen Ländern eine demokratische

# DEKOLONISATION UND TOURISMUS

## KARLHEINZ BÖHM UND ÄTHIOPIEN

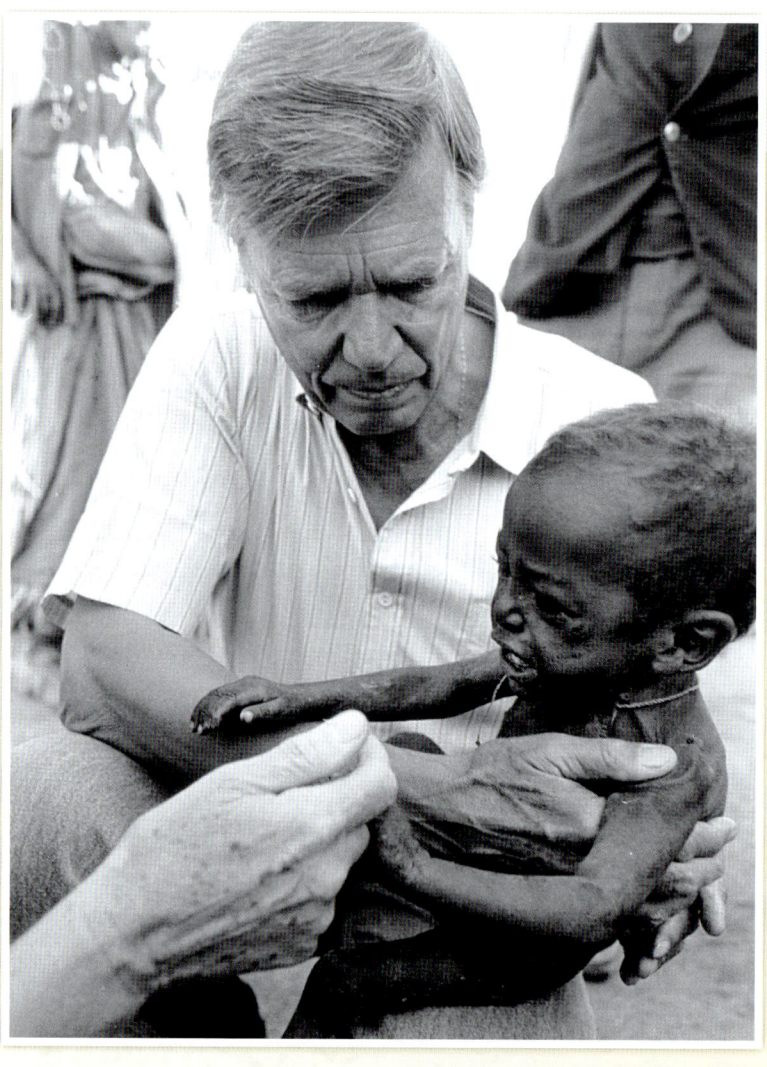

Bis zum 16. Mai 1981 war der Schauspieler Karlheinz Böhm vor allem durch seine Rolle als Kaiser Franz Joseph in der Sissi-Trilogie bekannt. An diesem Abend änderte sich dies, als Böhm in der Fernsehshow *Wetten, dass ...??* mit dem Publikum eine aufsehenerregende Wette einging. Er wollte sich für die Menschen in der Sahelzone engagieren, die unter einer schweren Hungersnot litten.

Vor allem in den 1970er Jahren griff eine schwere Dürre in der Sahelzone um sich. Dadurch brach die ohnehin magere Landwirtschaft in dieser Region völlig zusammen. Eine Hungersnot großen Ausmaßes war die Folge und betraf etwa 50 Millionen Menschen. Etwa eine Million erlag dem Hunger.

Karlheinz Böhm entschloss sich zu Handeln. Er tat dies weder aus einer Tradition heraus, zumal die betroffenen Zonen einmal deutsche Kolonie waren, noch handelte er aus irgendeinem anderen Motiv heraus als dem Interesse, anderen Menschen, die große Not leiden, zu helfen.

Mit dieser Absicht trat Karlheinz Böhm 1981 vor das deutsche Fernsehpublikum und wettete, dass nicht einmal ein Drittel der Menschen vor der Mattscheibe dazu bereit wäre, eine Mark für die hungernden Menschen zu spenden. Zwar gewann Böhm seine Wette, die er nur allzu gerne verloren hätte, dennoch konnte er mit seiner Aufforderung einen Betrag über 1.200.000 D-Mark zusammen bekommen.

Mit dieser Summe im Rücken bot Karlheinz Böhm den Ländern Tschad, Sudan und Äthiopien seine Unterstützung an. Auf die Einladung Äthiopiens hin flog er noch im gleichen Jahr nach Afrika, um sich ein Bild vor Ort zu machen, und er gründete seine Stiftung *Menschen für Menschen e.V.*

DEKOLONISATION UND TOURISMUS

*Menschen für Menschen* unterstützt seither viele Projekte in Äthiopien. Ziel ist es vor allem so zu fördern, dass die Äthiopier danach das Projekt ohne weitere Hilfe und aus eigener Kraft weiterführen können. Schwerpunkte der Stiftung liegen in der Verbesserung der Wasser- und Nahrungsmittelversorgung, des vorschulischen und schulischen Bildungswesens, der allgemeinen und beruflichen Weiterbildung, der medizinischen Versorgung, der Infrastruktur sowie der Land- und Viehwirtschaft. Außerdem stellt sich die Stiftung schädlicher Traditionen, wie die der Frauenbeschneidung entgegen und kämpft gegen die Ausbreitung von AIDS und Seuchen.

Während seiner Arbeit in Äthiopien lernte Karlheinz Böhm auch seine dritte Ehefrau, die Äthiopierin Almaz Böhm, geborene Teshome kennen. Er heiratete die Agrarexpertin im Jahr 1991. Almaz Böhm wurde für ihren Mann und die Stiftung im Laufe der Zeit immer wichtiger. Auf der Mitgliederversammlung im Jahr 1999 ernannte man sie zur stellvertretenden Vorsitzenden. Nachdem sich Karlheinz Böhm im Frühjahr 2011 aus der Öffentlichkeit zurückgezogen hat, übernahm sie zum 30-jährigen Bestehen der Stiftung auch den Vorsitz ihres Mann.

1986 besucht Karlheinz Böhm das äthiopische Dorf Abdi. 1984 erhielt der Schauspieler für seine Stiftung *Menschen für Menschen*, die er 1981 zugunsten Hungernder in Afrika gründete, das Große Bundesverdienstkreuz.

## DEKOLONISATION UND TOURISMUS

Der Gründer der Stiftung *Menschen für Menschen*, Karl-Heinz Böhm, mit seiner Ehefrau Almaz während der feierlichen Eröffnung des *Karl Square* in Addis Abeba. Der Karl Platz im Diplomatenviertel würdigt die humanitäre Arbeit des Deutschen in Äthiopien.

Tradition, die die Kolonialherren verpasst haben, in ihren Einflussgebieten aufzubauen. Auch dies erleichterte es den Diktatoren, an die Macht zu kommen.

Aber auch in wirtschaftlicher Hinsicht leiden die afrikanischen Staaten unter ihrer Vergangenheit als Rohstofflieferant für die Kolonialmächte. Nach wie vor müssen sich die afrikanischen Staaten mit ihren Rohstoffen oder Lebensmitteln der Preispolitik des Weltmarktes unterordnen, da sich weder in der Kolonialzeit noch in den Jahrzehnten

## DEKOLONISATION UND TOURISMUS

danach ein verarbeitendes Gewerbe entwickeln konnte.

Während sich das Verhältnis der Deutschen zu Afrika in der Kolonialzeit zumeist wirklich in Afrika abspielte, änderte sich dies nach den beiden Weltkriegen. Einerseits gibt es in Afrika die Erinnerung an die Deutschen, andererseits gibt es in Deutschland die Erinnerung an Afrika. Darüber hinaus zieht es zunehmend Menschen aus Afrika nach Deutschland und nicht mehr andersherum. Zusätzlich gibt es vereinzelt Aktionen von deutschen Einzelpersonen, die sich mit Afrika beschäftigen und dem Kontinent und seinen Menschen helfen möchten, wie die von Karlheinz Böhm gegründete Hilfsorganisation „Menschen für Menschen", die aber allesamt nicht aus einer kolonialen Tradition heraus, sondern aufgrund von Mitmenschlichkeit und Hilfsbereitschaft gegründet wurden. Daher wirft das Verhältnis der Deutschen zu Afrika in der Gegenwart ein weitaus diffuseres und vielschichtigeres Bild auf als in der Vergangenheit.

## DIE RÜCKFORDERUNGEN DER HERERO AN DIE BUNDESREPUBLIK

Lothar von Trotha wollte die Herero vernichten. Dies wird deutlich, wenn man sich seine Aussagen über die Afrikaner vor Augen hält: „Ich [...] habe lange Zeit alleine mit ihnen gelebt, verhandelt und fast gar keine Kriege geführt, sie aber alle als das selbe treulose Gesindel kennengelernt, deren einziges Gesetz die Macht ist. Sie führen im Innern so lange untereinander Krieg, bis einer am Boden liegt. Dies musste auch hier einmal geschehen. Daß ein Krieg in Afrika sich nicht nur nach den Gesetzen der Genfer Konvention führen lässt, ist selbstverständlich."

Aufgrund solcher und ähnlicher Aussagen befürchtete Gouverneur Leutwein das Schlimmste und bat Trotha, das Volk der Herero zu erhalten. Doch das Bitten des Gouverneurs half nichts. Lothar von Trotha war der Überzeugung, dass nur seine Sichtweise richtig sei. Das Volk der Herero sollte vernichtet werden. Er betrachtete den Aufstand der Herero nicht nur als bloße Rebellion, sondern stilisierte sie zu einem Rassenkampf. Mit aller Gewalt sollten die Deutschen demonstrieren, dass sie die Herren in Südwestafrika seien. Trotha ließ seinen Ansichten Taten folgen. Er trieb die Aufständischen in die Omaheke-Wüste und erteilte den Schießbefehl auf die Herero, der das Volk stark dezimierte. Sein Vorgehen wird allgemein als erster Völkermord des 20. Jahrhunderts betrachtet.

Gleich nach Namibias Unabhängigkeit besuchte Bundeskanzler Helmut Kohl 1990 die ehemalige Kolonie. Zwar übernahm die Bundesregierung keine Verantwortung

273

DEKOLONISATION UND TOURISMUS

# DIE „DRITTE WELT"

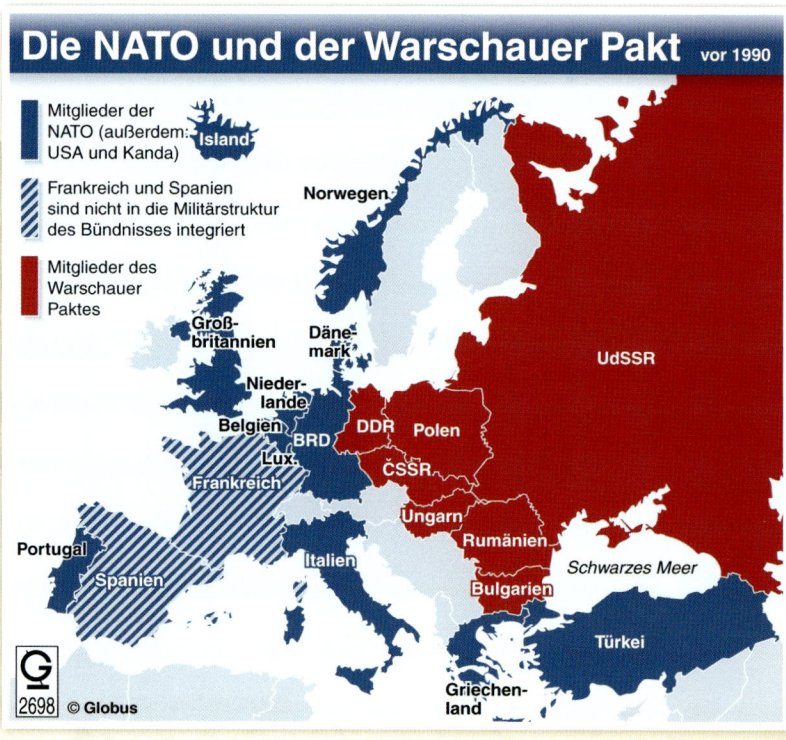

Der Kalte Krieg teilte die Welt in drei Lager: in den Westen unter der Führung der Vereinigten Staaten von Amerika, in den Osten unter der Führung der Sowjetunion – die beide den Großteil Europas unter sich aufteilten – und in die Dritte Welt, die blockfreien Staaten, die zum Teil zum Austragungsort der Stellvertreterkriege wurden.

Noch heute wird der Begriff „Dritte Welt" im allgemeinen Sprachgebrauch verwendet. Diese Verwendung erfolgt allerdings nicht mehr in Bezug auf die Blockfreien Staaten, der Begriff wird unscharf mit „Entwicklungsländern" gleichgesetzt. Häufig wird in Bezug auf den Kalten Krieg auch von einer bipolaren Welt gesprochen. Diese Sichtweise vernachlässigt die Blockfreien, da sie nicht als bestimmende Akteure des Kalten Kriegs in Erscheinung traten.

Ab 1947 vollzog sich die Blockbildung zunächst in Europa. Ausgangspunkt war die Streitfrage über die Zukunft Deutschlands und Mitteleuropas. Der Eiserne Vorhang teilte die vier Besatzungszonen Deutschlands und ganz Europa in Ost und West. 1949 entstand aus den drei Westzonen Deutschlands die Bundesrepublik. Im gleichen Jahr wurde das westliche Militärbündnis, die NATO (North Atlantic Treaty Organization) gegründet. Die Mitgliedstaaten der NATO in der Zeit des Kalten Krieges waren Belgien, Dänemark, Frankreich, Island, Italien, Kanada, Luxemburg, die Niederlande, Portugal, Großbritannien, die USA, Griechenland, die Türkei (beide ab 1952), Deutschland (ab 1955) und Spanien (ab 1982). Die Sowjetunion zog mit der bereits vorbereiteten Gründung der DDR ebenfalls im Jahr 1949 nach. Ab 1955 stand der NATO auch der Warschauer Pakt, der militärische Beistandspakt des Ostblocks, gegenüber. Zum Warschauer Pakt gehörten Albanien, die UdSSR, Bulgarien, Rumänien, die DDR, Polen, die Tschechoslowakei und Ungarn. Der Westen Europas organisierte sich darüber hinaus zudem in der ab 1952 gegründeten Europäischen Gemeinschaft für Kohle und Stahl, auch Montanunion genannt, die allen Mitgliedstaaten freien Zugang zu Kohle und Stahl gewährleistete, ohne dafür Zoll zahlen zu müssen. Zudem wurde damit ein einseitiges Aufrüsten eines Mitgliedstaates verhindert. Im Osten entstand parallel dazu der Rat für gegenseitige Wirtschaftshilfe (RGW), der später in den Warschauer Pakt überging.

Die Karte (oben) zeigt die Mitgliedsstaaten der NATO und des Warschauer Pakts. Nach dem Fall der Mauer und dem Zusammenbruch der Sowjetunion löste sich der Warschauer Pakt auf. 1949 fand die erste Sitzung des NATO-Rates in Washington D.C. statt (rechts).

## DEKOLONISATION UND TOURISMUS

Neben dem Konflikt der beiden Weltmächte entstand die Bewegung der Blockfreien Staaten. Auf deren erstem Gipfeltreffen Anfang September 1961 in Belgrad konstituierte sich die Organisation der Blockfreien auf der Basis von 25 Staaten und deren Staatschefs. Die Staaten gehörten größtenteils dem asiatischen und afrikanischen Raum an. Da viele von ihnen Entwicklungsländer waren, bürgerte sich der Begriff der „Dritten Welt" (neben den beiden Blöcken des Westens und des Ostens) für Entwicklungsländer ein. Die ursprüngliche Bedeutung, die Dritte Welt, sei die blockfreie Welt, ging nach und nach verloren. Die Blockfreien forderten den Abbau der Spannungen zwischen Ost und West, eine allgemeine Abrüstung sowie das Verbot von Kernwaffen. Darüber hinaus setzten sie sich stark für die Gleichberechtigung und Gleichstellung der ehemaligen Kolonien, die nun unabhängige Staaten waren, und Kolonialherren ein.

# DEKOLONISATION UND TOURISMUS

für die Niederschlagung des Aufstandes allgemein, aber dennoch unterstützte Deutschland die Entwicklungshilfe für Namibia seit 1990 in Millionenhöhe. Das Geld zur Wiedergutmachung erhielten jedoch auszuüben, griff die Organisation zu einem anderen Mittel. 2002 reichte sie vor einem US-Gericht durch Anwälte der amerikanischen Kanzlei Musolino & Dessel insgesamt 199 Einzelklagen mit

Auf seiner Reise durch Südafrika und Namibia im September 1995 wird Bundeskanzler Helmut Kohl bei seiner Ankunft in Windhoek von einer Tanzgruppe begrüßt.

die Ovambo, die als herrschende Schicht Namibia verwalteten. Die Herero profitierten dagegen kaum von der Entwicklungshilfe.

Daher entschlossen sie sich, gegen die Bundesrepublik zu klagen. Im Jahr 1999 reichte die „Herero People's Reparations Corporation" eine Klage ein, die vom internationalen Gerichtshof in Den Haag zurückgewiesen wurde. Um weiterhin politischen Druck auf Deutschland

Schadensforderungen in Höhe von zwei Milliarden Dollar ein. Rechtlich gesehen war die Bundesrepublik in diesem Fall der legitime Nachfolgerstaat des Deutschen Reiches. Allerdings ruhen die Anklagen seit der Ankündigung einer deutschen Versöhnungsinitiative aus dem Jahr 2004.

Seither kamen immer wieder Stimmen auf, die eine Wiedergutmachung durch die Bundesrepublik forderten. Diese Stimmen zogen Vergleiche zum Holocaust und bestanden ebenso auf Maßnahmen, damit die Öffentlichkeit ein größeres Schuldbewusstsein entwickeln würde.

Die Lage änderte sich erst, als die SPD-Politikerin Heidemarie Wieczorek-Zeul im August 2004, 100 Jahre nach den Kämpfen am Waterberg, nach Namibia reiste und als erste offizielle Vertreterin Deutschlands einer Gedenkfeier der Herero beiwohnte. Sie bekannte sich zur politischen und moralischen Verantwortung der Bundesrepublik Deutschland für das Vorgehen der Kolonialherren. Sie wies jedoch die Forderung von sich, dass Deutschland den Herero eine Entschädigung zahlen solle. Die allgemeine Entwicklungshilfe für Namibia blieb jedoch weiter bestehen.

Im gleichen Jahr noch trafen sich die Nachfahren von Trotha mit den Nachfahren von Samuel Maharero in Deutschland. Die Familie von Trotha entschuldigte sich stellvertretend bei Ombara Alfons Maharero für den Völkermord an den Herero durch den Schießbefehl ihres Vorfahren. Beide Seiten gaben zudem eine gemeinsame Erklärung ab. Drei Jahre später reisten Mitglieder der Familie von Trotha nach Namibia und entschuldigten sich im Oktober 2007 öffentlich für die Gewalttaten von Lothar von Trotha.

## AUF SAFARI IN AFRIKA

Trotz der Unterschiede zum 19. Jahrhundert, trotz aller Kriege und Umwälzungen sind die Vorstellungen

Die deutsche Bundesentwicklungshilfeministerin Heidemarie Wieczorek-Zeul trifft im August 2004 Namibias Präsident Sam Nujoma in Windhoek und nimmt an Gedenkfeiern zum 100. Jahrestag der gewaltsamen Niederschlagung des Aufstandes der Herero und der Nama teil.

## DEKOLONISATION UND TOURISMUS

und Sehnsüchte, die Klischees und Stereotypen, die die heutige Gesellschaft von Afrika prägen, nahezu gleich geblieben. Noch immer träumt man in Europa von einer bunten, exotischen Welt oder von einem Ort, an dem man der Zivilisation entfliehen kann, wenn man an Afrika denkt.

Man denkt an einen Löwen, der regungslos und majestätisch im Schatten liegt. Dabei wartet er nur auf die Chance, eine Hyäne zu erbeuten, die sich hinter einem Busch versteckt. Oder man stellt sich einen mächtigen Elefantenbullen vor, der mit erhobenem Rüssel aus der Herde tritt und wie ein Fels in der afrikanischen Savanne steht – umgeben von rennenden Herden der Gnus, Zebras oder Gazellen. Ihr Traben lässt den Boden unter den Füßen beben. Die Gnus blöken und werden nur vom Wiehern der Zebras übertönt. In wildem Galopp rasen sie über die Steppe und überziehen die gelbbraunen Grashügel mit schwarz-weißer Farbe. Schnaubend tauchen Nilpferde in einen Fluss. Sie werden von der Herde der Gnus unterbrochen, die sich nach und nach in das kühle Nass schiebt.

Ungebrochen ist vor allem die Vorstellung von einer Reise an einen exotischen Ort mit exotischen Tieren wie Nashörnern, Zebras oder gar Löwen. Zwar ist es heute möglich, diese Tiere ohne Weiteres in einem europäischen Zoo zu beobachten – anders als im 19. Jahrhundert, als man nur selten Schwarz-Weiß-Fotografien oder Zeichnungen dieser Tiere zu Gesicht bekam – dennoch ist es ein anderes Erlebnis die Tiere im Zoo oder in der freien Wildnis zu erleben.

Brauchte man zur Kolonialzeit mehrere Wochen mit dem Schiff nach Afrika, lässt sich heute die gleiche Strecke schnell mit dem Flugzeug überbrücken. Darüber hinaus ist man via Internet oder Handy direkt mit der Heimat verbunden. Diese Möglichkeiten führen dazu, dass eine Reise nach Afrika nunmehr auch als Erholung oder gar Luxus gesehen wird.

Vor 100 Jahren war Afrika zudem auch ein begehrtes Jagdparadies für weiße Trophäensammler. Die Tiere wurden wegen der begehrten Stoßzähne von Elefanten oder wegen der Felle von Löwen und Leoparden erbarmungslos gejagt und erlegt. Heute hat sich auch dieses Bild gewandelt. Auf einer Safari geht es weniger darum, ein Tier zu erlegen, sondern vielmehr die unbekannte Natur zu genießen und gegebenenfalls ein Foto von wilden Tieren zu knipsen.

Nichtsdestotrotz hat sich auch die Nische des Jagdtourismus etabliert. In einigen afrikanischen Ländern wurde diese Form des Tourismus in den letzten Jahren wieder zugelas-

Der Etosha Nationalpark in Namibia ist heute Ziel vieler deutscher Safari-Touristen.

## DEKOLONISATION UND TOURISMUS

# SERENGETI DARF NICHT STERBEN

Bernhard Grzimek mit einem jungen Zebra (oben) und seinem Sohn Michael Grzimek (rechts) in Serengeti, Tansania. Zwischen Dezember 1959 und Januar 1960 entstand aus ihrem Filmmaterial der preisgekrönte Dokumentarfilm *Serengeti darf nicht sterben*.

Über Jahrzehnte hindurch begrüßte Bernhard Grzimek ein Millionenpublikum vor den deutschen Fernsehbildschirmen. Er hatte ein festes Stammpublikum, das begierig seine Familiensendung *Ein Platz für Tiere* schaute, die er als fachkundiger Moderator präsentierte. In Zeiten vor dem Internet und vor dem Kabelfernsehen erreichte Grzimeks Sendung sagenhafte Zuschauerquoten von über 70 Prozent.

In aller Regelmäßigkeit brachte er exotische Tiere aus fremden Ländern vor die Kamera und damit die deutschen Zuschauer zum Staunen. Dabei nutzte er auch seine Popularität. Er warb für den Naturschutz, demonstrierte bedrohte Tierarten in seiner Sendung und sammelte nicht zuletzt Spenden, um mit den Geldern eigene Projekte in Afrika zu verwirklichen. „Geadelt" wurde Grzimek bereits 1960, als er für seinen aufsehenerregenden Dokumentarfilm *Serengeti darf nicht sterben* in Los Angeles den Oscar verliehen bekam. Wie so häufig zählte auch hier der Prophet im eigenen Land nicht so viel wie andernorts. Denn Grzimeks Film wurde in über 30 Ländern erfolgreich gezeigt, während sich in Deutschland die Filmbewertungsstelle mit dem Streifen schwer tat.

*Serengeti darf nicht sterben* stellt gewissermaßen das Herzstück des Vermächtnisses des 1909 in Schlesien geborenen Grzimek dar. Zunächst studierte er Tiermedizin und übernahm 1945 den vollkommen zerstörten Frankfurter Zoo. Grzimek reiste immer wieder nach Afrika und entdeckte die dortige Tier- und Pflanzenwelt für sich. Vor allem die Serengeti, die größtenteils in Tansania, dem ehemaligen Deutsch-Ostafrika, liegt, hatte es ihm angetan.

Ende der 1950er Jahre sollte der Serengeti-Park aufgeteilt werden. Der Ostteil wurde von den Massai beansprucht, die ihr Parkgebiet abgrenzen wollten. Damit hätte sich die Größe des Parks von 4.500 auf 2.000 Quadratkilometer verringert. Grzimek wollte eingreifen und bot an,

# DEKOLONISATION UND TOURISMUS

einen Teil der Serengeti mit dem Erlös seines Buches und Filmes *Kein Platz für wilde Tiere* freizukaufen. Doch die Parkverwaltung lehnte ab. Immerhin wurde Grzimek daraufhin vom Direktor des Nationalparks eingeladen, die Serengeti zu erforschen. Grzimek sollte sich ein genaues Bild der Tierwanderungen machen.

Gemeinsam mit seinem Sohn Michael Grzimek machte er sich an diese Aufgabe und begleitete diese Erforschung mit der Kamera. Aus seinem Filmmaterial entstand schließlich die Doku *Serengeti darf nicht sterben*. Die beiden Grzimeks erfanden eine neue Methode, die Tiere zu zählen und ihr Wanderverhalten zu dokumentieren: Mit zwei Flugzeugen folgten sie den Herden. Schließlich kamen die deutschen Forscher zu der Erkenntnis, dass der Park zu klein sei und nicht weiter geteilt werden dürfe.

Kurz vor Ende der Arbeit starb Michael Grzimek, als sein Flugzeug abstürzte. Ein Vogel hatte sich im Flügel der Maschine verfangen. Bernhard Grzimek traf der Tod hart. Er ließ seinen Sohn in der Serengeti beerdigen.

Noch heute wird Bernhard Grzimek in Afrika verehrt, während er in Deutschland trotz seines großen Fernseherfolges langsam in Vergessenheit gerät. Grzimek starb am 13. März 1987. Seinem letzten Wunsch folgend wurde seine Urne neben der seines Sohnes im Ngorongoro Krater in Tansania begraben.

# DEKOLONISATION UND TOURISMUS

Im Etosha Nationalpark in Namibia: Tierschützer fürchten durch den zunehmenden Jagdtourismus die Ausrottung seltener Tierarten.

sen und als Großwildjagd zu einer wichtigen finanziellen Einnahmequelle. Zwar wird von den Organisatoren behauptet, dass nur ältere, männliche Tiere getötet werden, dennoch gibt es scharfe Kritik von Seiten der Tierschützer. Sie befürchten, dass auch vom Aussterben bedrohte Arten illegal gejagt würden. Zudem stellten diese Großwildjagden verheerende Eingriffe in das Gleichgewicht der Natur dar. Den einzigen Schutz vieler Arten bieten nur die Nationalparks. Zudem bringen diese Einrichtungen Geld nach Afrika, mit dem bedrohte Tierarten geschützt werden können.

Einen Urlaub in Afrika sehen viele jedoch zwiegespalten. Ohne Zweifel reisen Touristen heute bewusst oder unbewusst auch mit den Bildern der Vergangenheit nach Afrika. Sie befinden sich entweder auf Forschungsreise, Erholungsurlaub oder begeben sich auf Safari. Doch eine Reise nach Afrika ist in keiner Weise zu vergleichen mit einer Expedition aus der Vergangenheit. Der Tourist muss im Grunde auf keine Annehmlichkeit der Zivilisation verzichten.

Riesige Zeltoasen oder Lodges laden bei bestem Hotelservice ein. Für romantische Liebespaare gibt es sogar die Möglichkeit bei Kerzenlicht

285

unter freiem Himmel im roten Sand Namibias stilvoll zu dinieren. Wasser ist für die Touristen mitten in der Wüste kein Problem. Ähnlich wie es sich die Kolonialherren vor über 100 Jahren wünschten, kann man nun speisen und sich vom afrikanischen Personal bedienen lassen. Serviert werden afrikanische Spezialitäten, als gäbe es in unmittelbarer Nähe keinen Hunger. Wer die eigenen Gewissensbisse überwindet, wird mit Sicherheit feststellen, dass ein Urlaub in Afrika sehr schön sein kann.

## AFRIKANISTIK

Ein weiterer Zugang, den die Menschen heute zum schwarzen Kontinent haben, ist die Afrikanistik: Die wissenschaftliche Erforschung Afrikas in Kultur, Sprache und Geschichte. Es ist zwar ein eher wenig studiertes Fach, dennoch gewinnt es an vielen Universitäten zunehmend – vor allem vor dem Hintergrund der Globalisierung – an Bedeutung.

Die Wurzeln der Afrikanistik liegen in den Berichten der Forschungsreisenden des 19. Jahrhunderts. Forscher wie die beschriebenen Gustav Nachtigal oder Heinrich Barth ebneten mit ihren Aufzeichnungen für viele Nachfolger den Weg nach Afrika. Hinzu kamen die christlichen Missionare, die sich intensiv mit den Sprachen der Afrikaner auseinander setzten. Doch nicht alle Forscher wurden nach ihrer Rückkehr nach Deutschland gefeiert und gelesen. Wilhelm Heinrich Immanuel Bleek beispielsweise zog es aufgrund des akade-

Luxus in der Wildnis: Im Okonjima Nature Reserve, Namibia, können Gäste in einem Himmelbett auf der Veranda im Freien schlafen oder den Sonnenuntergang im Wetland Park gelegenen Kosi Forest Lodge genießen (rechte Seite).

# DEKOLONISATION UND TOURISMUS

mischen Desinteresses an seinen Forschungen zur Bantu Sprache vor, nach Südafrika auszuwandern.

Porträtaufnahme des deutschen Sprachwissenschaftlers Wilhelm Heinrich Immanuel Bleek (1827-1875).

Wie andere Wissenschaften stand auch die Afrikanistik im Nationalsozialismus im Dienst des Regimts:
Das Rassen- und Siedlungsamt im nationalsozialistischen Deutschland (rechts) war zuständig für Rassenuntersuchungen und Ehegenehmigungen für Angehörige der SS.

Die beiden Theologen Carl Meinhof und Diedrich Westermann wurden schließlich auf Grundlage ihrer Forschungen zu den Bantu- und Sudan-Sprachen zu den ersten Professoren für Afrikanistik und erhielten Lehrstühle in Hamburg und Berlin. Doch im 19. Jahrhundert war es nicht leicht, zum Thema Afrika zu forschen. Das Außenministerium betrachtete die Afrikanistik als ihren eigenen Themenbereich. An unabhängige Forschung war nicht zu denken. Bis heute werden einige Arbeiten aus dieser Zeit unkritisch kolportiert.

Zu Beginn des 20. Jahrhunderts emanzipierte sich die deutsche Afrikanistik zunächst von der Politik. Der Tschadist Johannes Lukas und der Bantuist Ernst Dammann waren die Lehrer einer ganzen Generation neuer Afrikaforscher, die nun losgelöst vom Balast der Kolonien den Kontinent erforschen konnten. Wie die meisten Studienfächer erfuhr auch die Afrikanistik in der Zeit des Dritten Reiches eine tiefe Zäsur. Wiederum war die Forschung wesentlich mit der Politik verstrickt. Darüber hinaus wurde die Wissenschaft dazu missbraucht, die Rassenlehre der Nationalsozialisten zu untermauern.

Da die Afrikanistik auch in der Bundesrepublik eine untergeordnete Rolle spielte, wurden die Verflechtungen des Faches mit dem Nationalsozialismus genauso wie die im Kaiserreich entstandenen Forschungen zunächst nicht aufgearbeitet. Daran änderte auch die 68er Bewegung, die vieles aus ihren Ankern rüttelte, nichts. Problematische Werke der Vergangenheit wurden weiterhin eher problemlos behandelt.

Dennoch erlebte die Afrikanistik in der Zeit der Bundesrepublik eine neue Blüte. Viele andere Institutionen wurden an deutschen Universitäten gegründet, die sich nun wissenschaftlich mit dem exotischen Kontinent in der südlichen Hemisphäre beschäftigten. In den letz-

# DEKOLONISATION UND TOURISMUS

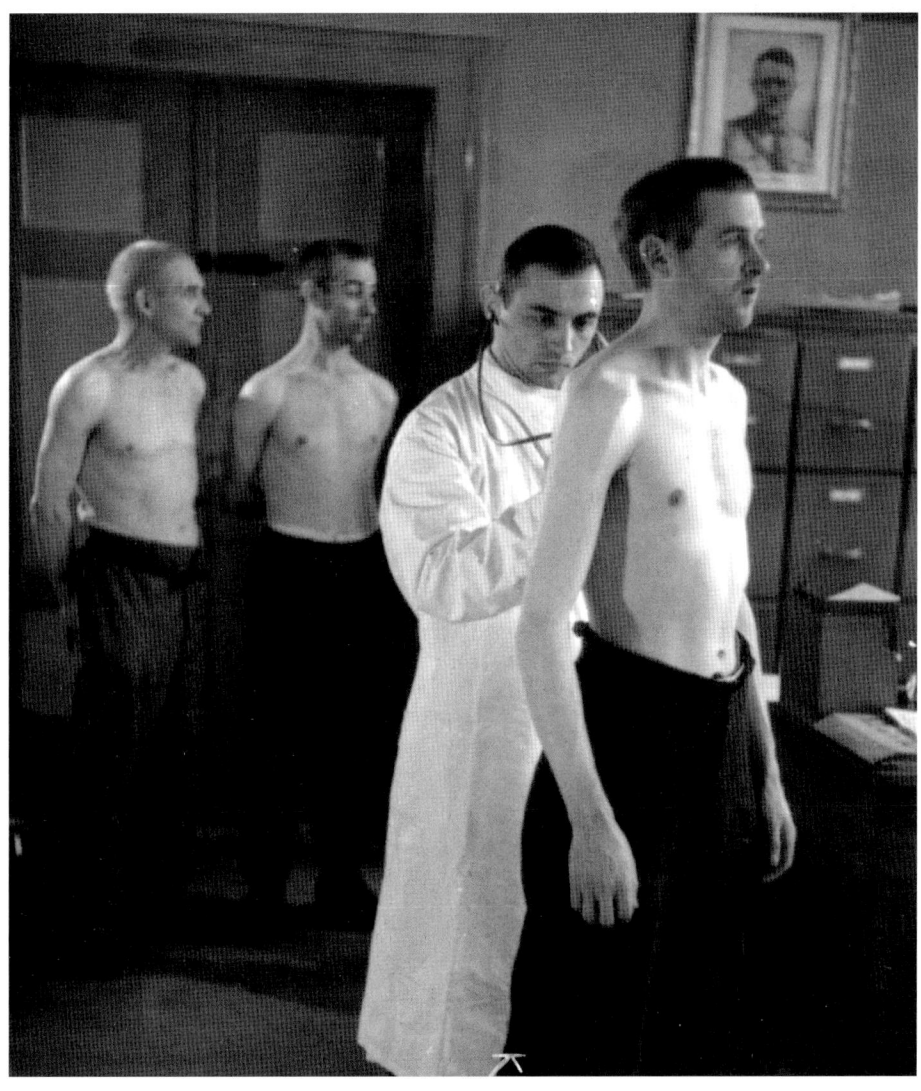

ten Jahren kam eine allgemeine Stärkung der interdisziplinären Forschung hinzu, so dass an vielen Instituten für Afrikanistik mehrere Disziplinen vereint sind, die Afrika mit unterschiedlichsten wissenschaftlichen Methoden und Blickwinkeln untersuchen.

Für viele Deutsche ermöglicht das Studium heute den Zugang zu Afrika. Mit wissenschaftlicher Neugier und akademischen Scharfsinn kann es gelingen hinter die bestehenden Klischees und Stereotypen zu blicken und Verallgemeinerungen zu vermeiden.

## DEUTSCHE SPUREN IN AFRIKA

Verglichen mit den anderen Nationen, vor allem den ehemaligen Weltimperien Frankreich und England, war die deutsche Kolonialzeit nur von kurzer Dauer. Im Grunde endete sie vor beinahe 100 Jahren. Von daher ist der gegenwärtige deutsche Einfluss auf die afrikanischen Länder als eher gering anzusehen. Erschwerend kommt hinzu, dass Togo und Kamerun nach dem Ersten Weltkrieg zur französischen Einflusssphäre kamen und Ostafrika zur britischen. Diese ehemaligen Kolonien waren daher beinahe länger anderen europäischen Einflüssen ausgesetzt, als den deutschen.

Lediglich die ehemalige deutsche Kolonie Namibia bildet da eine

# DEKOLONISATION UND TOURISMUS

Ausnahme. Zwar ließen sich auch einige Deutsche in Deutsch-Ostafrika nieder, allerdings war der Siedlerstrom nach Deutsch-Südwestafrika um vieles größer. Das lässt sich heute noch deutlich daran erkennen, dass Deutsch die Muttersprache von etwa 30.000 Namibiern und die Zweitsprache von Hunderttausenden ist. Demnach ist Deutsch im multilingualen Namibia auch eine anerkannte National- und Verkehrssprache, allerdings keine Amtssprache mehr.

Vor allem in Süd- und Mittelnamibia finden sich noch heute deutsche Schilder und Menschen, die Deutsch auch auf kommunaler Ebene als Verwaltungssprache nutzen. Darüber hinaus gibt es weiterhin deutschsprachige Schulen.

Ein weiteres Überbleibsel aus der Kolonialzeit sind die heute so beliebten afrikanischen Trachten. Zur Fußballweltmeisterschaft im Jahr 2010 waren die Medien voll von Beschreibungen des bunten Lebens im südlichen Afrika. Die farbenfrohen Kleider, die die Frauen auf vielen Fotografien trugen und die als afrikanische Landestracht stilisiert werden, haben – was Namibia betrifft – ebenfalls ihren Ursprung in der wilhelminischen Zeit. Bevor die deutschen Kolonisten kamen, waren die Afrikaner meist nur mit einem Lendenschurz bekleidet. Die Kleidung der Kolonialherren vermischte sich jedoch bald mit der Kultur der Afrikaner, woraus die bunten Trachten entstanden, die viele im Kopf haben, wenn sie an afrikanische Kleider denken.

Das Marinedenkmal (linke Seite) in Swakopmund wurde 1908 zu Ehren der Soldaten des 1. Marine-Expeditions-Korps errichtet, die während des Herero-Aufstands 1904/05 ums Leben kamen.

Das Hohenzollernhaus (rechts) wurde 1906 als Hotel erbaut. Heute gehört es zum Wahrzeichen von Swakopmund, Namibia.

291

# DEKOLONISATION UND TOURISMUS

Blick auf die namibische Hafenstadt Lüderitz (ursprünglich Lüderitzbucht), die 1883 gegründet und nach dem Bremer Kaufmann Adolf Lüderitz benannt wurde (rechte Seite). Das linke Foto zeigt Herero Frauen in ihrer typischen Kleidung.

In Namibia sind vielerorts zudem deutsche Straßenschilder zu finden, die zum Teil noch aus der Zeit vor der Unabhängigkeit des Landes im Jahr 1990 stammen, als Deutsch noch Amtssprache war. Die Beschriftungen der Schilder erinnern aber mehr an die Kaiserzeit als an die deutsche Gegenwart. Fast alles Deutsche hat in irgendeiner Weise einen Bezug zum Deutschen Kaiserreich. So finden sich Schilder, auf denen „Bismarckstraße", „Lüderitzstraße" oder „Kaiserstraße" steht.

Ähnlich ist es mit den Ortsnamen. Gerade im Süden Namibias geht ein Großteil der Ortsnamen auf die deutsche Kolonialzeit zurück. Die Namen sind größtenteils erhalten geblieben und nur teilweise mit dem ähnlich klingenden Afrikaans vermischt.

Seit der Unabhängigkeit Namibias ist Deutsch vor allem für den Tourismusbereich wichtig geworden. Immer mehr Deutsche zieht es auf eine Safari durch Namibia – ganz gleich, ob man weiß, dass es sich hierbei um eine ehemalige Kolonie des Kaiserreichs handelt. Viele, die die deutsche Sprache beherrschen, erhalten daher eine Anstellung in der Tourismusbranche.

Trotz all dieser Überreste aus der Kolonialzeit gibt es auch Gegenden in Namibia, in denen kein Hinweis mehr auf eine Verbindung zu Deutschland oder zur deutschen Sprache gefunden werden kann.

# AUSBLICK

Im Grunde ist es einfach: In der Alltagskultur erfährt Afrika die gleiche Aufmerksamkeit wie zu Beginn der europäischen Eroberungen im 17. Jahrhundert. Noch immer träumen die Menschen hierzulande von einem exotischen Paradies verbunden mit allen Klischees, die in dieses Bild gehören. Es ist ein Traumafrika, das sowohl von Film und Fernsehen wie auch von der Tourismusindustrie verwendet wird. Ob diese Betrachtungsweise Afrika hilft, sei jedoch dahingestellt. Sicher regen solche Bilder die Reisewilligen an, ihren nächsten Urlaub in Afrika zu verbringen, auf Safari zu gehen und im heißen Wüstensand eine romantische Nacht zu verbringen. Doch ob das Geld, das die Touristen mit nach Afrika bringen, dem Land hilft, bleibt fraglich.

Daneben hat sich auch ein anderes Bild von Afrika entwickelt: Durch objektive Berichterstattung, durch Reportagen und eher problemorientierte Filme hat das Publikum im deutschsprachigen Raum eine Sensibilität für die Probleme des „schwarzen Kontinents" entwickelt.

Teilweise blickt man mit Sorge und frei von Klischees auf die Entwicklung der entkolonisierten afrikanischen Staaten. Nicht ganz ohne Berechtigung darf die Befürchtung geäußert werden, dass afrikanische Staaten vor allem durch den Imperialismus der westlichen Ländern, nicht an die Demokratie glauben möchten, sondern sich eher am Islam oder gar am Kommunismus orientieren.

Giraffen beim Sonnenuntergang im Etosha National Park, Namibia (vorherige Doppelseite). Die Ruine eines Hauses in der verlassenen Siedlung Kolmanskop.

AUSBLICK

# FILMBILDER VON AFRIKA

Nach den Jahren des Imperialismus, nach den Forderungen der Revisionisten, nach den Kämpfen der Nationalsozialisten in Nordafrika und nach dem Prozess der Entkolonisierung sind dennoch viele heutige Bilder von Afrika immer noch die gleichen wie im 17., 18. und 19. Jahrhundert. Heute werden sie allerdings weniger durch Völkerschauen oder marktschreierische Werbekampagnen zur Schau getragen, als vielmehr subtil in seichten Liebesfilmen.

Dabei halten sich die deutschen Produzenten zumeist immer an das gleiche Schema: Afrika dient als Kulisse für europäische Akteure, die in einer Art exotischer Traumwelt handeln und agieren. Europa steht im Mittelpunkt, Afrika ist Dekoration - könnte man meinen, wenn man sich die Filme anschaut. Produziert werden solche Stoffe vornehmlich von öffentlich-rechtlichen Sendern, was die Vermutung nahe legt, dass sie sich an ein älteres Publikum richten. Gegebenfalls herrscht in der Generation über 50 weiterhin ein exotisches, romantisiertes Afrikabild, das die unter 30jährigen wohl nicht teilen. Doch letztlich dienen diese Verfilmungen ausschließlich der Unterhaltung. Sie hegen keinen Anspruch auf Authentizität und sollen kein Problembewusstsein beim Konsumenten wecken.

Die öffentlich-rechtlichen Sender setzen dabei ganz auf das Gesetz der Serie. Wem also *Jenseits von Afrika* gefallen hat, dem wird auch *Die weiße Massai* und *Der englische Patient* gefallen. All dies ist europäische Geschichte, die scheinbar rein zufällig in Afrika spielt, um für das vorhandene Liebesdrama eine besondere „Showbühne" zu besitzen.

Afrika muss dabei als mythischer Ort herhalten, denn das Erzählmuster ist im Grunde immer gleich: Nach einer enttäuschten Liebe oder einer Lebenskrise reist die Hauptperson an einen exotischen afrikanischen Ort, um wieder zu sich selbst zu finden. Afrikanische Themen wie Hungersnot, Gewaltherrschaf-

AUSBLICK

ten und Guerillakriege finden in diesen Stoffen keinen Platz. Es geht nicht um die Realität, sondern lediglich um die Vorstellung der Deutschen von Afrika.

Und um diesen Vorstellungen Rechnung zu tragen, ist zumeist einer der Protagonisten Pilot oder Pilotin, so dass es oft zu atemberaubenden Kameraeinstellungen aus dem Flugzeug kommt. Mit der Kamera werden – ganz im Stile von Bernhard Grzimek – Herden von wilden Tieren verfolgt und Landschaften in Szene gesetzt. Beides hat weder mit der Handlung zu tun, noch zeichnet es ein realistisches Bild von Afrika. Es unterstützt einzig und alleine das Klischee von der exotischen Traumwelt.

Dabei hat sich im Film diesbezüglich fast nichts verändert. Dieselben Klischees und Stereotypen finden sich bis heute genauso wie in den 1940er Jahren in NS-Filmen wie *Quax in Afrika* mit Heinz Rühmann, in den Tierfilmen der 1950er Jahre, aber auch in den ersten Filmen aus den Kolonien zur Zeit des Imperialismus.

*Jenseits von Afrika* (1985) mit Meryl Streep und Robert Redford (links). Ralph Fiennes in *Der englische Patient* aus dem Jahr 1996.

Der Postkolonialismus ist allerdings stärker in London oder Paris als in Berlin oder Hamburg zu spüren. Zu kurz war die deutsche Kolonialzeit, um heute mit Frankreich oder England vergleichbare Spuren in Deutschland zu hinterlassen. Gelegentlich sieht man an alten Hauswänden noch einen verblichenen Hinweis auf einen alten „Kolonialwarenladen". Zahlreiche Museen, botanische Gärten oder Forschungseinrichtungen können auf eine koloniale Vorgeschichte zurückgeführt werden. Doch direkt und unmittelbar spürbar ist das Afrika der Kolonialzeit in Deutschland nicht mehr.

Nur wer genau hinschaut, wird vor allem in Hamburg und Berlin Spuren finden. Betrachtet man diese nahezu unsichtbaren Relikte jedoch genauer, öffnet sich der Blick auf ein buntes, manchmal tragisches oder gar gewaltsames Verhältnis von Deutschland zu Afrika.

In Berlin-Wedding existiert beispielsweise ein „Afrikanisches Viertel". Dort lauten die Straßennamen „Togostraße" oder „Petersallee". Man kann über den „Nachtigalplatz" laufen. All diese Namen sind eng mit der deutschen Kolonialgeschichte verbunden. Doch Vorsicht: Nachdem die „Petersallee" ursprünglich wirklich an Carl Peters erinnern sollte, wurde ihre Bezeichnung Mitte der 80er Jahre umgedeutet. Die Straße ist nun dem Juristen Hans Peters gewidmet. Auch in anderen Städten Deutschlands gibt es Togostraßen, Afrikasiedlungen und Plätze, die an die Kolonialzeit gedenken. Ganz verblasst ist die deutsche Erinnerung an Afrika also noch nicht.

# AUSBLICK

Verblasste Erinnerungen an die Kolonialzeit: „Kolonialwaren" sind heute kein Begriff mehr.

Man darf auf die weitere Entwicklung der Geschichte der Deutschen in Afrika gespannt sein. Wird das Andenken an die Kolonialzeit weiter verblassen? Werden damit auch die bestehenden Klischees und Stereotypen langsam aus dem allgemeinen Gedächtnis verschwinden? Oder sind sie fester Anker und helfen uns zumindest, einen Zugang zu Afrika zu finden, wenngleich sie in einem zweiten Schritt hinterfragt werden müssen.

In jedem Fall ist es so, dass seit Ende des Kolonialismus in den 1960er Jahren weniger die Europäer nach Afrika ziehen, als die Afrikaner nach Europa. Das Aufeinandertreffen der Menschen aus dem deutschsprachigen Raum vollzieht sich also weniger in der Fremde als in der Heimat.

# LITERATUR

Baer, Martin/Schröter, Olaf: Eine Kopfjagd. Deutsche in Ostafrika. Spuren kolonialer Herrschaft, Berlin 2001.

Bald, Detlef: Deutsch-Ostafrika 1900-1914. Eine Studie über Verwaltung, Interessensgruppen und wirtschaftlicher Erschließung, München 1970.

Barth, Boris/Osterhammel, Jürgen (Hrsg.): Zivilisierungsmissionen. Imperiale Weltverbesserung seit dem 18. Jahrhundert, Konstanz 2005.

Bley, Helmut: Kolonialherrschaft und Sozialstruktur in Deutsch-Südwestafrika 1894-1914, Hamburg 1968.

Bührer, Tanja: Die Kaiserliche Schutztruppe für Deutsch-Ostafrika: Koloniale Sicherheitspolitik und transkulturelle Kriegführung, 1885 bis 1918, München 2011.

Conrad, Sebastian: Deutsche Kolonialgeschichte. Beck, München 2008.

Erbar, Ralph: Ein „Platz an der Sonne"? Die Verwaltungs- und Wirtschaftsgeschichte der deutschen Kolonie Togo 1884–1914. Stuttgart 1991.

Graudenz, Karlheinz/Schindler, Hanns-Michael: Die deutschen Kolonien. Weltbildverlag, Augsburg 1994.

Gründer, Horst: Geschichte der deutschen Kolonien. Schöningh, Paderborn 2005.

Gründer, Horst: Geschichte der europäischen Expansion, Stuttgart 2003.

Heyden, Ulrich van der: Rote Adler an Afrikas Küste. Die brandenburgisch-preußische Kolonie Großfriedrichsburg an der westafrikanischen Küste, Berlin 1993.

Heyden, Ulrich van der/Zeller, Joachim (Hg.): Kolonialmetropole Berlin. Eine Spurensuche. Berlin Edition, Berlin 2002.

Hildebrand, Klaus: Vom Reich zum Weltreich. Hitler, NSDAP und koloniale Frage. 1919-1945, München 1969.

Hubatsch, Walter: Die Schutzgebiete des Deutschen Reiches 1884–1920, Marburg 1984.

Kundrus, Birthe: Moderne Imperialisten. Das Kaiserreich im Spiegel seiner Kolonien, Köln 2003.

Morlang, Thomas: Askari und Fitafita. „Farbige" Söldner in den deutschen Kolonien, Berlin 2008.

Nagl, Dominik: Grenzfälle – Staatsangehörigkeit, Rassismus und nationale Identität unter deutscher Kolonialherrschaft, Peter Lang Verlag, Frankfurt/Main 2007.

Pesek, Michael: Koloniale Herrschaft in Deutsch-Ostafrika. Expedition, Militär und Verwaltung seit 1880, Frankfurt a. M. 2005.

Schicho, Walter: Geschichte Afrikas, Stuttgart 2010.

Schulte, Varendorff, Uwe: Krieg in Kamerun: Die deutsche Kolonie im Ersten Weltkrieg, XXX

# LITERATUR

Tiebel, André: Die Entstehung der Schutztruppengesetze für die deutschen Schutzgebiete Deutsch-Ostafrika, Deutsch-Südwestafrika und Kamerun (1884–1898), Frankfurt a. M. 2008.

Wagner, Norbert Berthold: Die deutschen Schutzgebiete. Erwerb, Organisation und Verlust aus juristischer Sicht. Nomos, Baden-Baden 2002.

Zollmann, Jakob: Koloniale Herrschaft und ihre Grenzen. Die Kolonialpolizei in Deutsch-Südwestafrika 1894–1915, Göttingen 2010.

# LITERATUR

## LISTE DER GOUVERNEURE IN DEUTSCH-SÜDWESTAFRIKA

**Reichskommissare**

| | |
|---|---|
| Gustav Nachtigal | 1884 – 1885 |
| Ernst Heinrich Göring | 1885 – 1890 |
| Louis Nels (provisorisch) | 1890 – 1891 |
| Curt von Francois | 1891 – 1893 |

**Landeshauptmänner**

| | |
|---|---|
| Curt von Francois | 1893 – 1894 |
| Theodor Leutwein | 1894 – 1898 |

**Gouverneure**

| | |
|---|---|
| Theodor Leutwein | 1898 – 1905 |
| Lothar von Trotha (provisorisch) August – November | 1905 |
| Friedrich von Lindequist | 1905 – 1907 |
| Bruno von Schuckmann | 1907 – 1910 |
| Theodor Seitz | 1910 – 1915 |

## LISTE DER GOUVERNEURE IN DEUTSCH-OSTAFRIKA

**Reichskommissare**

| | |
|---|---|
| Carl Peters | 1885 – 1888 |
| Herrmann von Wissmann | 1888 – 1891 |

**Gouverneure**

| | |
|---|---|
| Julius von Soden | 1891 – 1893 |
| Friedrich von Schele | 1893 – 1895 |
| Herrmann von Wissmann | 1895 – 1896 |
| Eduard von Liebert | 1896 – 1901 |
| Georg von Rechenberg | 1906 – 1912 |
| Heinrich Albert Schnee | 1912 – 1918 |

## LISTE DER GOUVERNEURE IN KAMERUN

| | |
|---|---|
| Julius von Soden | 1885 – 1891 |
| Eugen von Zimmerer | 1891 – 1895 |
| Jesko von Puttkamer | 1895 – 1907 |
| Theodor Seitz | 1907 – 1910 |
| Otto Gleim | 1910 – 1912 |
| Karl Ebermaier | 1912 – 1916/19 |

## LISTE DER DEUTSCHEN GOUVERNEURE VON TOGO

| | |
|---|---|
| Gustav Nachtigal (als Reichskommissar von Westafrika) | 1884 |
| Julius von Soden | 1884 – 1885 |
| Ernst Falkenthal | 1885 – 1887 |
| Jesko von Puttkamer | 1887 – 1888 |
| Eugen von Zimmerer | 1888 – 1891 |
| Jesko von Puttkamer | 1892 – 1895 |
| August von Köhler | 1895 – 1902 |
| Woldemar Horn | 1902 – 1903 |
| Julius auf Neuhofen | 1903 – 1910 |
| Edmund Brückner | 1910 – 1912 |
| Adolf zu Mecklenburg-Schwerin | 1912 – 1914 |
| Hans-Georg von Doering | 1914 |

## DIE PREUSSISCHEN KÖNIGE UND DEUTSCHEN KAISER

| | |
|---|---|
| Friedrich I. (König in Preußen) | 1701 – 1713 |
| Friedrich Wilhelm I. | 1713 – 1740 |
| Friedrich II., der Große (ab 1772 König von Preußen) | 1740 – 1786 |
| Friedrich Wilhelm II. | 1786 – 1797 |
| Friedrich Wilhelm III. | 1797 – 1840 |
| Friedrich Wilhelm VI. | 1840 – 1861 |

Wilhelm I. (Bruder Friedrich Wilhelms IV.
ab 1871 Deutscher Kaiser)　　　1861 – 1888
Friedrich III. (nur 99 Tage im Amt)　　　1888
Wilhelm II. (ab 1918 im Exil)　　　1888 – 1918

## DIE REICHSKANZLER DES DEUTSCHEN KAISERREICHES

Fürst Otto von Bismarck　16.04.1871 – 20.03.1890
Graf Leo von Caprivi　20.03.1890 – 26.10.1894
Fürst Chlodwig
zu Hohenlohe-Schillingfürst　17. – 29.10.1900
Fürst Bernhard von Bülow　14.07. – 17.10.1909
Theobald
von Bethmann-Hollweg　14.07.1909 – 13.07.1917
Georg Michaelis　14.07. – 01.11.1917
Graf Georg von Hertlin　01.11.1917 – 30.09.1918
Prinz Max von Baden　03.10. – 09.11.1918

# REGISTER

Afrikanische Dampfschiffs-Aktiengesellschaft
145
Afrikanistik
64, 71, 286, 288, 289
Ahanta
42, 43, 47, 48
Albers, Hans
169, 254, 255
Ali, Hamadi bin
79
Angra Pequena (siehe Lüderitzbucht)
97, 100, 101
Askari
174, 176, 177, 182, 194, 198, 212, 213, 219
Aufstand der Dahomey
148, 149
Aufstand der Mahdi
77, 78
Bargash bin Said (Sultan von Sansibar)
72, 171, 175, 185
Barth, Heinrich
55, 59-64, 74, 286
Bewegung der blockfreien Staaten
272, 273
Bismarck, Otto von
18, 24, 75, 89, 91, 92-94, 97, 100, 102, 106, 113, 137, 140, 141, 145, 167, 170, 185, 192, 194, 292
Bleke, Jakob van de
42, 47
Blonck, Philipp Pietersen
42, 43, 48
Böhm, Almaz
271, 272
Böhm, Karlheinz
270-273
Brandenburgisch-Africanischamericanische Compagnie (BAAC)
45
Brandenburgisch-Afrikanische Compagnie (BAC)
44, 45
Brandenburgische Flotte
38, 39, 42, 45
Brandenburg-Preußen
38, 40, 41, 44, 50

Bülow, Bernhard von
162
Buren
103, 105, 107, 109, 124, 220
- Burenkrieg
107
Caillié, René
62
Caprivi, Leo von
113, 185
Codelli, Freiherr Anton von
156, 157
Conny, Jan
52
Damara
103, 124, 145
Daresallam
222, 223, 229
Denhardt, Clemens und Gustav
188, 189
Deutsche Afrikakorps
256, 258, 261, 262
Deutsche Kolonialgesellschaft
101, 103, 105, 246, 247
Deutsche Missionen
70, 72, 96, 286
- Norddeutsche Mission („Bremen Mission")
71, 151
- Rheinische Mission
70
Deutsche Schulen
171, 173, 291
Deutsche Schutztruppe
122, 123, 124, 132, 134, 207, 210-213, 219, 224, 225, 227-229, 258
Deutsches Kolonialreich
53, 87, 88, 216, 230, 233, 241, 242, 247, 250, 267, 270
- Gesellschaft für deutsche Kolonisation
165-167, 170
Deutsches Reich
24, 30, 31, 53, 66, 70, 73, 75, 77, 79, 82, 88, 89, 91, 92, 94-96, 100, 101, 105, 205, 206, 225, 227, 230, 231, 235, 236, 241, 243, 245, 247

Deutsches Reich (Nationalsozialismus)
95, 169, 234, 237, 241, 248, 250, 254, 258, 262, 263, 288, 298
Deutsch-Ostafrika
66, 67, 69, 72, 78, 79, 87, 129, 136, 137, 158, 159, 164-167, 177, 181-183, 185-195, 197, 200, 204, 205, 207, 225, 227, 230, 234, 245, 255, 282, 289, 291
- Deutsch-Ostafrikanische Gesellschaft (DOAG)
167, 170, 181
- Deutsch-Ostafrikanische Zeitung
190, 191
Deutsch-Südwestafrika
17, 18, 70, 71, 75, 96, 97, 100-103, 105, 108, 109, 113, 117, 119, 120, 126, 129, 131, 132, 135, 137, 140, 141, 145, 158, 165, 167, 185, 207, 219-221, 225, 226, 233, 273, 290, 291
Deutsch-Togoland (Togo)
71, 75, 100, 105, 118, 136, 137, 140-142, 151, 154-158, 160, 161, 164, 167, 185, 207, 211-213, 216, 219, 235, 289, 300
Deutsch-Westafrika
35, 37, 42-44, 60, 64, 70, 75, 100, 102, 105, 137, 140, 141, 144, 145
Diamant
103-105
Dreikaiserjahr
94
Dubois, Nicholas
52
Efendi, Enim
77
Eisenbahn
57, 113, 116-118, 124, 131, 155, 156, 190, 191, 211, 227
Elfenbein
37, 44-46
Entente Cordiale
162, 213, 216, 217
Erster Weltkrieg
24, 70, 71, 87, 103, 202-204, 206-208, 210, 212, 213, 216-219, 225-227, 230, 231, 233, 234, 236, 237, 241, 243, 262, 267, 273, 289

# REGISTER

Fort Dorothea
45

Fort Jacob
32-34, 87

Fort James (siehe Fort Jacob)
35-37

Fort Louise
45

Francois, Curt von
108, 109, 113

Franz Ferdinand von Österreich-Este
206, 207

Fregatte Chur Prinz von Brandenburg
42, 43

Fregatte Morian
42, 43, 48

Friedrich I., König von Preußen
(siehe Friedrich III.)
40, 45, 51, 52

Friedrich II., der Große
40, 49

Friedrich III. von Brandenburg
(Friedrich I.)
40, 50, 51, 94, 95

Friedrich Wilhelm
39, 40, 42-44, 46, 47, 50, 51

Funkstelle Kamina
118, 157, 160, 161, 207, 211

Gambia-Fluss
32, 34-37

Geer, Isaak van de
42, 47

Gold
44, 46, 105

Goldküste
42, 43, 71

Göring, Heinrich
105, 108, 109

Götzen, Gustav Adolf Graf von
194-196

Gravenreuth, Karl von
146, 148

Groeben, Otto Friedrich von der
(Major)
43, 46-48, 52

Groß Friedrichsburg
32, 37, 43, 45, 47-52, 87

Grzimek, Bernhard
282, 283, 299

Grzimek, Michael
283

Hagenbeck, Carl
244, 245

Hahn, Carl Hugo
70, 71, 97

Handelskolonie
141, 142, 144, 190

Handelsniederlassung
34, 155

Hehe
175, 177, 182, 183

Helgoland-Sansibar-Vertrag
168, 171, 184, 185, 189, 194

Herero
71, 96, 103, 105, 108, 109, 114, 115, 118, 119, 273, 292
- Aufstand der Herero
70, 71, 96, 113, 118-135, 144, 194, 219, 273, 277, 290
- Entschädigung für Völkermord
271, 274, 275
- Entwicklungshilfe
274, 275

Herzogtum Kurland
32-35

Herzogtum Preußen
31, 40, 41, 49, 51, 52, 92

Hitler, Adolf
169, 247-250, 255, 256, 258, 262, 263

Industrialisierung
89

Internierungslager
69, 131, 135

Jaundo
146

Joseph Fredericks II.
97, 100, 102

Kamerun
71, 75, 100, 105, 136, 137, 140-148, 150, 151, 154, 156, 158, 164, 167, 207, 213-218, 233, 245, 267, 268, 289

Kanonenboot Eber
219

Kap der drei Spitzen
42, 46

Kettler, Jakob (Herzog)
33-36

Kilimandscharo
165, 168, 186, 187, 210, 227

Kisuaheli
173, 174, 200

Koch, Robert
55, 56, 66-69

Kolmanskop
104, 296

Kolonialkrieg
113, 135, 220

Kolonialpolitik
25, 88, 89, 91, 106, 107, 137, 144, 167, 211, 234, 243, 248

Kolonialwarenläden
17, 208, 209, 236, 242, 300, 301

Kolonialzeit
29, 57, 87, 141, 165, 186, 199, 208, 233, 236, 237, 241, 242, 246, 272, 273, 278, 289, 291, 292, 300, 301

Konferenz von Algeciras
162, 163

Kongokonferenz
24, 106, 107, 137, 148, 207

König Bell
141, 213

König Mwanga
168, 193, 194

Königsberg
39, 42, 51

Konzentrationslager
107, 168

Krapf, Johann Ludwig
174

Kreuzer Königsberg
224, 225

Kriegsschiff Elisabeth
102

Kriegsschiff Leipzig
102

Kriegsschiff Möwe
145, 227

Kukawa
60, 62, 64

Kund, Richard
146

# REGISTER

Kunta Kinteh Island
  37
Kurfürstentum Brandenburg
  31, 34, 35, 38-40, 42-49, 52, 87
  - Kurländisches Schiff Krokodil
  34
  - Kurländisches Schiff Walfisch
  34
Laing, Alexander Gordon
  62
Lange, Frans de
  52
Leist, Heinrich
  147, 148
Leopold II., König von Belgien
  106
Lettow-Vorbeck, Paul von
  225, 227, 229, 230
Leutwein, Theodor (Major)
  109, 111, 113, 116, 120, 123, 124, 126, 129, 133, 273
Lindequist, Friedrich von
  132
Livingston, David
  45, 78
Lomé
  154, 155, 157, 158, 161, 211
Lüderitz, Adolf
  96, 97, 100-103, 145, 292
Lüderitzbucht
  18, 97, 98, 101, 102, 118, 131, 158, 219, 292, 293
Maharero, Samuel
  109, 111, 114, 120, 124, 133, 277
Maji-Maji-Aufstand
  165, 194-198, 200
Malaria
  60, 66, 75
Manga Bell, Rudolf Duala
  151, 213
Märzrevolution 1848
  31, 243
Massaker von Hornkranz
  109
May, Karl Friedrich
  18, 59, 76, 79, 82, 83
Menschen für Menschen e.V.
  270-273

Meyer, Hans
  186, 187
Missionsstation Neu-Barmen
  71
Morenga, Jakob
  134
Nachtigal, Gustav
  73-75, 100, 102, 105, 140, 141, 154, 286, 300
Nama
  18, 96, 103, 105, 109, 115, 120, 124, 131, 133-135, 137, 219, 277
  - Aufstand der Nama
  70, 96, 123, 132, 133-135, 219, 277
NATO
  274, 275
Neu-Kurland
  33-35
Nibelungentreue
  95, 205
Niederländische Flotte
  39
Niederländisch-Westindische Kompagnie
  50, 52
Omaruru, Manasse von
  109
Ossietzky, Carl von
  235
Österreich
  31, 40, 41, 49, 92, 93, 95, 106, 162, 205, 206
Österreich-Ungarn
  106, 205, 206
Overweg, Adolf
  54, 59, 60
Owambo
  103
Paasche, Hans
  200, 201
Palmöl
  142, 144, 154
Panthersprung von Agadir
  162
Peters, Carl
  75, 78, 79, 165-170, 254, 300
Pillau
  38, 42-44

Princess Town
  46
Puttkamer, Jesko von
  142, 148, 150
Raule, Benjamin
  38, 42, 44, 49
Reichskolonialamt
  89, 176, 182, 207
Revolution 1848/49
  31, 92
Station Wupperthal
  (siehe Deutsche Missionen)
  70
Richardson, James
  54, 59, 60
Rohlfs, Gerhard
  69, 72-74
Rommel, Erwin
  17, 256, 258, 261-263
Roy, Willy von
  190, 191
Safari
  18, 268, 277-281, 284, 285, 292, 297
Sankt Andreas
  34
Sarotti-Mohr
  17, 236, 237
Schele, Friedrich von
  183
Schifffahrt
  57, 106, 158, 227
Schlacht am Waterberg
  128-130, 133, 277
Schlacht von Lugalo
  182
Schlafkrankheit
  66-68
Schlesische Kriege
  40
Schnee, Heinrich
  225, 246
Schnitzer, Eduard (Enim Pascha)
  75-79, 83, 167, 168, 189, 192, 193
Schutzvertrag
  105, 108, 109, 113, 115, 124, 133, 134, 141, 146, 166, 181, 213
Schwedisch-Brandenburgische Krieg
  38

# REGISTER

Serengeti
269, 284, 285

Siebenjähriger Krieg
40, 49

Sklavenhandel
37, 44, 45, 48, 49, 61, 77, 79, 83, 106, 148, 175, 196, 197

St. Andrews Island
34

Stanley, Henry Morton
78-81, 166, 192, 193

Stresemann, Gustav
243, 246, 247

Swakopmund
220, 290, 291

Taccarary
45

Tappenbeck, Hans
146

Telegraphennetz
118, 124

Timbuktu
60, 62-64, 73

Tripolis
60, 64, 257, 258

Trotha, Lothar von
115, 126, 129-133, 273, 277

Tschadsee
60, 62

Tsetse-Fliege
69

Tuareg
62, 64, 65

Tunis
60, 75, 100, 105, 261

Uganda-Vertrag
189, 194

UNESCO-Weltdokumentenerbe
115

UNESCO-Weltkulturerbe
37, 52

Versailler Vertrag
24, 25, 183, 230-233, 235, 241-243

Victoriasee
69, 79, 227

Vogelsang, Heinrich
97, 100, 103

Völkerschauen
242, 244, 245, 298

Walfischbucht
96, 108, 118, 131, 233

Warschauer Pakt
272

Wehlan, Ernst
147

Westermann, Diedrich
71, 288

Windhoek
70, 103, 114, 116-119, 122, 124, 135, 220, 221, 224, 276, 277

Wissmann, Hermann von
78-81, 176, 177, 181, 182, 192, 196

Witbooi
105, 108, 109, 113-115, 120, 124, 133-135
 - Witbooi, Hendrik
109, 112-115, 131, 133-135
 - Witbooi, Moses
114, 115

Wituland (Witu)
168, 185, 188, 189, 193, 194

Woermann, Adolph
100, 113, 137, 141, 142, 144, 145
 - Woermanndampfer
145
 - Woermann-Linie
145, 158, 159

Zelewski, Emil von
175, 176, 182, 183

Zimmermann, Carl
213, 217

Zingraff, Eugen
146, 148, 191

Zweite Marokko-Krise
146, 162

Zweiter Weltkrieg
17, 24, 169, 234, 237, 244, 250-254, 256, 257-259, 267, 269, 273

# BILDNACHWEIS

**Fotolia.com:**
S. 87 (© Kletr)

**Interfoto, München:**
S. 4-5 (Walter Allgoewer), 7 (HERMANN HISTORICA GmbH), 8-9 (WILDLIFE), 14-15 (Tom Mackie), 25 (Prof.Mag. Michael Floiger), 34 (Sammlung Rauch), 39 (Mary Evans), 40 (DanielD), 41 o. l. (Prof.Mag. Michael Floiger), 41 o. r. (Prof.Mag. Michael Floiger), 44 u. (Mary Evans), 46 (imagebroker), 49 (Toni Schneiders), 58 (Prof.Mag. Michael Floiger), 59 (Sammlung Rauch), 61 o. (Sammlung Rauch), 63 (Mary Evans), 65 (Alinari), 66 (Science & Society), 67 (Sammlung Rauch), 68 o. (Sammlung Rauch), 68 u. (Archiv Friedrich), 69 (Sammlung Rauch), 72 (Sammlung Rauch), 74 (Sammlung Rauch), 75 (Sammlung Rauch), 77 (Sammlung Rauch), 90 u. (TV-Yesterday), 94 o. (Mary Evans), 97 (Prof.Mag. Michael Floiger), 98-99 (Ulrich Doering), 101 o. (Sammlung Rauch), 119 l. (Mary Evans), 120 (Archiv Friedrich), 122 (Mary Evans), 123 (Sammlung Rauch), 125 o. (Sammlung Rauch), 125 u. (Sammlung Rauch), 127 (Mary Evans), 132 (Sammlung Rauch), 134 (Archiv Friedrich), 142 (TV-Yesterday), 147 (History), 149 (Mary Evans), 151 (Sammlung Rauch), 152-153 (Archiv Friedrich), 163 (Mary Evans), 164 (Prof.Mag. Michael Floiger), 174 (Sammlung Rauch), 176 (HERMANN HISTORICA GmbH), 178 (Sammlung Rauch), 180 (Sammlung Rauch), 186 (Archiv Friedrich), 192 (Sammlung Rauch), 199 (Ulrich Doering), 206 (imagebroker), 209 o. (imagebroker), 209 u. (TV-Yesterday), 210 o. (Friedrich), 213-214 (Mary Evans), 217 (Mary Evans), 218 (Mary Evans), 222-223 (Friedrich), 225 (Friedrich), 230 (Sammlung Rauch), 243 (Sammlung Rauch), 255 (Maxl D.), 256 (Alinari), 263 (awkz), 268 (Ulrich Doering), 284 (imagebroker), 296 (imagebroker), 298 (NG Collection), 299 (NG Collection), 302-303 (imagebroker), Nachsatz-U3 (imagebroker)

**mauritius images, Mittenwald:**
S. 20 o. (age), 23 (age), 24 (SuperStock), 26-27 (ib/H.-D. Falkenstein), 28 (United Archives), 29 (United Archives), 45 (ib/FLPA), 71 (age), 83 u. (ib/G_Hanke), 94 u. (ib/Rosseforp), 101 u. (Hartmut Röder), 104 o. (ib/Günter Fischer), 104 u. (John Warburton-Lee), 115 (age), 145 (Christian Handl), 154 (United Archives), 178-179 (ib/BAO), 187 (John Warburton-Lee), 216 (United Archives), 267 (age), 269 (Boelter), 279 (Robert Harding), 280-281 (Steve Bloom), 294-295 (Danita Delimont), 318-319 (Robert Harding)

**picture-alliance, Frankfurt am Main:**
U2-Vorsatz (Prisma Archivo), Vorsatz-S. 1 (Sueddeutsche Zeitung Photo), 2-3 (Sueddeutsche Zeitung Photo), 12 l. (akg-images), 12 Mitte (akg-images), 12 r. (akg-images), 13 l. (akg-images), 13 M. (Sueddeutsche Zeitung Photo), 113 r. (Bildagentur-online/TIPS-Images), 16 (Frans Lanting), 17 (WILDLIFE/M.Harvey), 18 o. (dpa-Bildarchiv), 18 u. (DUMONT Bildarchiv), 19 (Bildagentur-online/Protze-McPhot), 20 u. (Frans Lanting), 21 (AP Images/Rebecca Blackwell), 22 (Frans Lanting), 30 (akg-images), 31 (akg-images), 32 (akg-images), 33 (dpa-Bildarchiv), 35 (akg-images), 36 (akg-images) 37 l. (Mary Evans Picture Library), 37 r. (World Pictures/Photoshot), 38 (akg-images), 41 u. (akg-images), 42 (Sueddeutsche Zeitung Photo), 43 (akg-images), 44 o. (Mary Evans Picture Library), 47 l. (Sueddeutsche Zeitung Photo), 47 r. (Sueddeutsche Zeitung Photo), 50 (Mary Evans Picture Library), 51 (akg-images), 53 (akg-images), 54-55 (akg-images), 56 (dpa-Bildarchiv), 57 (Bildagentur-online/Tetra-Images), 61 u. (akg-images), 62 (Mary Evans Picture Library), 64 (Mary Evans Picture Library), 70 o. (akg-images), 70 u. (AKG), 71 (dpa-Bildarchiv), 76 (akg-images), 78 (Mary Evans Picture Library), 79 (akg-images), 80-81 (akg-images), 82 o. (dpa-Bildarchiv), 82 u. (akg-images), 83 o. (picture alliance), 84-85 (Sueddeutsche Zeitung Photo), 86 (Sueddeutsche Zeitung Photo), 88 (akg-images), 89 (akg-images), 90. (ZB/Berliner Verlag), 92 (dpa), 93 o. (dpa), 93 u. (akg-images), 95 (picture alliance/ZB), 102 (akg-images), 106 (akg-images), 107 o. (akg-images), 107 u. (akg-images), 108 (akg-images), 109 (akg-images), 110-111 (akg-images), 112 (akg-images), 114 (akg-images), 116 o. (Arco Images GmbH), 116 u. (Bildagentur-online/Protze-McPhot), 117 (akg-images), 118 (united archives/Franken), 119 r. (akg-images), 121 (akg-images), 126 (akg-images), 128 (Steve & Ann Toon/Robert Harding), 129 (Thomas Härtrich/transit), 130 (akg-images), 131 (dpa), 135 (africamediaonline), 136 (akg-images), 138-139 (Sueddeutsche Zeitung Photo), 140 (akg-images), 141 l. (Sueddeutsche Zeitung Photo), 141 r. (Sueddeutsche Zeitung Photo), 143 o. (Sueddeutsche Zeitung Photo), 143 u. (akg-images), 144 (akg-images), 148 l. (akg-images), 149 r. (akg-images), 150 (Mary Evans Picture Library), 155 (akg-images), 156 (akg-images), 157 (akg-images), 158 (akg-ima-

# BILDNACHWEIS

ges), 159 (akg-images), 161 (akg-images), 165 (akg-images), 166 (akg-images), 167 (akg-images), 168 (akg-images), 169 (picture alliance), 170 (Sueddeutsche Zeitung Photo), 171 (Sueddeutsche Zeitung Photo), 172 (Sueddeutsche Zeitung Photo), 173 (Sueddeutsche Zeitung Photo), 181 (akg-images), 182 (akg-images), 183 (akg-images), 184 (dpa), 185 (ZB/Stefan Sauer), 189 (Bildagentur-online/TIPS-Images), 190 (Sueddeutsche Zeitung Photo), 191 (Sueddeutsche Zeitung Photo), 193 (Mary Evans Picture Library), 194 (dpa-infografik), 195 (akg-images), 196 l. (dpa), 196 r.(WILDLIFE/M.Harvey), 197 (CHROMORANGE/TipsImages), 200 (dpa-Bildarchiv), 201 (dpa-Bildarchiv), 202-202 (Sueddeutsche Zeitung Photo), 204 (akg-images), 205 (akg-images), 207 (akg-images), 208 (akg-images), 210 u. (Sueddeutsche Zeitung Photo), 211 (dpa), 212 (Sueddeutsche Zeitung Photo), 220 (WZ-Bilddienst), 221 (akg-images), 224 (WZ-Bilddienst), 226 (Sueddeutsche Zeitung Photo), 228 o. (akg-images), 228 u. (akg-images), 231 (akg-images), 232 (ZB/Berliner Verlag), 235 (akg-images), 236 (ZB/Berliner Verlag), 237 (akg-images), 238-239 (akg-images), 240 (ZB/Berliner Verlag), 241 (dpa-Report), 242 (akg-images), 244 (akg-images), 245 (akg-images), 246 (dpa-Bildarchiv), 247 (akg-images), 248 (picture alliance), 249 (Mary Evans Picture Library), 250 (ZB/Berliner Verlag), 251 (ZB/Berliner Verlag), 252-253 (ZB/Berliner Verlag), 254 (picture alliance), 257 (akg-images), 259 o. (Sueddeutsche Zeitung Photo), 259 u. (ZB/Berliner Verlag), 260 (AKG), 261 (Sueddeutsche Zeitung Photo), 262 (akg-images), 264-265 (rp-images), 266 (africamediaonline), 270 (dpa-Fotoreport), 271 (dpa-Fotoreport), 272 (dpa), 274 (dpa-infografik), 275 (akg-images), 276 (dpa-Fotoreport), 276 (dpa-Fotoreport), 282 (Prof.Bernhard Grzimek/OKAPIA), 283 (Prof.Bernhard Grzimek/OKAPIA), 284 (WILDLIFE/S.Muller), 286 (WILDLIFE/M.Harvey), 287 (africamediaonline), 288 (akg-images), 289 o. (akg-images), 289 u. (Sueddeutsche Zeitung Photo), 290 (Arco Images GmbH), 291 (WILDLIFE/T.Dressler), 292 (dpa-Zentralbild), 293 (Bildagentur-online/Protze-McPhot), 297 (Sueddeutsche Zeitung Photo), 300 (ZB/Nestor Bachmann), 301 (Annette Heinze), 314-315 (Sueddeutsche Zeitung Photo), 316-317 (Sueddeutsche Zeitung Photo), 320-Nachsatz (Sueddeutsche Zeitung Photo)

**Karte:**
S. 167 (Grosser Deutscher Kolonialatlas. Hrsg. von Kolonialabtheilung des Auswärtigen Amts. Dietrich Reimer Verlag, Berlin 1901 – 1915)

**Bildstrecke zu Beginn des Buches:**
U2-Vorsatz: Afrika während des Kolonialismus im 19. Jahrhundert: Ein europäischer Kolonialherr wird von vier Einheimischen in seiner Hängematte getragen; Vorsatz-S. 1: Das Schienennetz der deutsch-ostafrikanischen Eisenbahn wird erweitert. Einheimische bei der Arbeit; S. 2-3: Kolonialherren in Deutsch-Ostafrika. Zwischen 1871 und 1918 gehörte die Kolonie zu den Schutzgebieten des Kaiserreichs; S. 4-5: Die Christuskirche und das Reiterdenkmal in Windhoek, Namibia. Das Denkmal soll an die Kolonialkriege des deutschen Kaiserreichs gegen die Herero und Nama von 1903 bis 1907 in Deutsch-Südwestafrika erinnern; S. 8-9: Das Hohenzollernhaus in Swakopmund, Namibia, wurde 1906 als Hotel erbaut. Die Statue auf dem Dach trägt eine Weltkugel.

**Bildstrecke am Ende des Buches:**
S. 302: Auf dem Gipfel des Kilimandscharos im Nordosten von Tansania. Mit 5.893 m ist der Kibo das höchste Bergmassiv Afrikas; S. 314: Ein Hüttenlager von Einheimischen in der Nähe von Daressalam, Tansania; S. 316: Nach dem Gottesdienst in der evangelisch-lutherischen Felsenkirche auf dem Diamantberg in Lüderitz, Namibia: Einheimische auf dem Weg ins Tal; S. 318: Blick vom Parlamentsgarten des Tintenpalast auf die 1907-1910 erbaute Christuskirche in Windhoek, Namibia; S. 320: Der Zweite Weltkrieg im Norden Afrikas. Zwischen März und Mai des Jahres 1941 traf die erste deutsche Offensive im Bardia, Libyen, ein; Nachsatz: Safari-Touristen inmitten einer Zebraherde im Ngorongoro Krater in Tansania, der seit 1979 auf der Liste des UNESCO-Weltkulturerbes steht.

**Schutzumschlag:**
U1: Hintergrund (mauritius images/United Archives), o. re. (D. und J. Zänsdorf), o. li. (mauritius images/United Archives), u. re. (mauritius images/United Archives), u. li. (dpa/akg-images); U3 (© Alexander Emmerich); U4 (Fotolia/MSA)

Der Verlag hat sich bemüht, die Rechteinhaber aller Abbildungen korrekt anzugeben, und bittet, mögliche Falschangaben zu entschuldigen.